Praktische Reisetipps

Menschen und Natur

Dithmarschen

Halbinsel Eiders...

Nordfriesla...

Ausfl...

Anhan

**Hans-Jürgen Fründt**
## Nordseeküste Schleswig-Holstein

*Wo de Nordseewellen trecken an de Strand,*
*wo de geelen Blomen bleun int gröne Land,*
*wo de Möven schrieen schrill int Stormgebrus,*
*dor is mine Heimat, dor bin ik to Hus.*

*Wo die Nordseewellen ziehen an den Strand,*
*wo die gelben Blumen blühen im grünen Land,*
*wo die Möwen schreien schrill im Sturmgebraus,*
*da ist meine Heimat, da bin ich zu Haus.*

*Martha Müller-Grählert* (Volkslied)

## Impressum

Hans-Jürgen Fründt
**Nordseeküste Schleswig-Holstein**
erschienen im
REISE KNOW-HOW Verlag Peter Rump GmbH
Osnabrücker Str. 79, 33649 Bielefeld

© Peter Rump 2001, 2003, 2004, 2008
**5., neu bearbeitete, komplett aktualisierte Auflage 2009**
Alle Rechte vorbehalten

**Gestaltung**
  Umschlag: G. Pawlak, P. Rump (Layout);
      G. Pawlak (Realisierung)
  Inhalt: G. Pawlak (Layout und Realisierung)
  Karten: Catherine Raisin, der Verlag
  Fotos: Hans-Jürgen Fründt (fr), S. Muxfeldt (mf)
  Titelfoto: Hans-Jürgen Fründt

**Lektorat:** Liane Werner
**Lektorat** (Aktualisierung): Christina Hohenhoff

**Druck und Bindung:** MediaPrint, Paderborn

**ISBN 978-3-8317-1767-5**
Printed in Germany

Dieses Buch ist erhältlich in jeder Buchhandlung Deutschlands,
Österreichs, Belgiens, der Niederlande und der Schweiz.
Bitte informieren Sie Ihren Buchhändler über folgende
Bezugsadressen:
**Deutschland**
  Prolit GmbH, Postfach 9, D-35461 Fernwald (Annerod)
  sowie alle Barsortimente
**Schweiz**
  AVA-buch 2000, Postfach, CH-8910 Affoltern
**Österreich**
  Mohr Morawa Buchvertrieb GmbH, Sulzengasse 2, A-1230 Wien
**Niederlande, Belgien**
  Willems Adventure, www.willemsadventure.nl

Wer im Buchhandel trotzdem kein Glück hat,
bekommt unsere Bücher auch über unseren
**Büchershop im Internet: www.reise-know-how.de**

Hans-Jürgen Fründt

# Nordseeküste
# Schleswig-Holstein

## REISE KNOW-HOW im Internet

Aktuelle Reisetipps und Neuigkeiten
Ergänzungen nach Redaktionsschluss
Büchershop und Sonderangebote

**www.reise-know-how.de**
**info@reise-know-how.de**

Wir freuen uns über Anregung und Kritik.

# Vorwort

„Wo de Nordseewellen trecken an de Strand ...", bei diesen Klängen träumt man sich weg. Möchte man Wind und Wellen hautnah spüren, sich im Strandkorb lümmeln, Salzwasser schmecken. Ja, die Nordseeküste weckt schon Sehnsüchte. Nur wer Rummel und Action sucht, liegt hier schief. Die Nordseeküste in Schleswig-Holstein bietet sich nicht marktschreierisch an. Nein, das kann man nicht gerade behaupten. Es sind eher die kleinen Dinge, die ein entspanntes Lächeln auf des Urlaubers gestresstes Gesicht zaubern lassen. Da wären zuallererst die klare Luft und der weite Himmel zu nennen. Gesprenkelt mit zertupften Wolken, die ruck-zuck vorbeirasen. Mit Möwen, die empört kreischend in Kopfhöhe vorbeisegeln. Mit einem Blick bis zum Horizont und weiter. Und schließlich die ewige Frage, wie das doch gleich noch mal war, die Sache mit Ebbe und Flut.

Keine Frage, Urlaub an der Nordseeküste entspannt Geist und Seele. Auch wenn die Sonne mal nicht scheint. Das muss man hinnehmen, eine Sonnengarantie à la Mallorca gibt es nicht. Aber wenn es wirklich mal bedeckt ist, locken genügend Ausflugsziele. Und die liegen nie weit entfernt, sozusagen im Rücken der Nordseeküste. Beispielsweise das Holländerstädtchen Friedrichstadt oder die (gar nicht so) graue Stadt Husum. Natürlich auch das Multimar Wattforum in Tönning oder die Schleusen vom Nord-Ostsee-Kanal. Aber in erster Linie soll es ja an den Strand gehen. An einen „richtigen" wie in St. Peter-Ording oder an einen „grünen" wie zumeist an der Küste. Egal, Hauptsache ans Meer, an die Nordsee, wo „de Nordseewellen trecken an de Strand".

Ich wünsche Ihnen einen erholsamen Urlaub an der Nordseeküste von Schleswig-Holstein und einen neugierigen Blick auf die kleinen Dinge am Wegesrand.

Hans-Jürgen Fründt

# Inhalt

Vorwort 7

## Praktische Reisetipps

Informationsstellen 12
Internet 12
Anreise 13
Unterkunft 16
Essen und Trinken 24
Feste 29
Unterwegs an der
  Nordseeküste 31
Tipps für Kinder 36
Tipps für Regentage 38

## Menschen und Natur

Die Nordsee 42
Das Wattenmeer 57
Das Klima 67

Die Menschen 72
Die Sprache 75
Die Kultur 83
Die Architektur 89
Geschichte 94

## Dithmarschen

Brunsbüttel 117
Marne 125
Burg (Dithmarschen) 132
Friedrichskoog 140
Meldorf 151
Heide 157
Albersdorf 165
Wesselburen 169
Büsum 173

## Halbinsel Eiderstedt

Friedrichstadt 194
Tönning 201
Garding 206

# Kartenverzeichnis

*Nordseeküste Schleswig-Holstein, Nordteil* ...*Umschlag vorn*
*Nordseeküste Schleswig-Holstein, Südteil* ...*Umschlag hinten*
*Büsum* ...................................*174*
*Dithmarschen* ...........................*114*
*Friedrichskoog* .........................*142*
*Friedrichstadt* ..........................*196*
*Halbinsel Eiderstedt* ....................*192*
*Husum* ..................................*240*
*Nordfriesische Dialekte* ..................*82*
*Nordfriesland* ..........................*234*
*Nordstrand* .............................*256*
*St. Peter-Ording* ....................*214/215*
*Von Küste zu Küste* .....................*302*

St. Peter-Ording 211
Weitere Orte und Attrak-
   tionen auf Eiderstedt 226

## Nordfriesland

Husum 237
Nordstrand 254
Beltringharder Koog 265
Bredstedt 267
Sönke-Nissen-Koog 270
Hamburger Hallig 271
Schlüttsiel 273
Hauke-Haien-Koog 274
Dagebüll 275
Niebüll 278
Klanxbüll 282
Friedrich-Wilhelm-
   Lübke-Koog 283
Seebüll 284

Rosenkranz 286
Rickelsbüller Koog 286

## Ausflüge

Sylt 290
Hamburg 292
Tønder 294
Schleswig 295
Helgoland 298
Halligen 299
Bergenhusen 299
Von Küste zu Küste 300

## Anhang

Literaturtipps 306
Sommerferienregelung 307
Register 309
Der Autor 312

## Exkurse

*Ein Hoch auf den Mehlbüdel!* . . . . . . . . . . . . . . . . . . . . . .*27*
*Große Sturmfluten* . . . . . . . . . . . . . . . . . . . . . . . . . . . .*44*
*Gezeiten als Reisemangel* . . . . . . . . . . . . . . . . . . . . . . . .*47*
*Was ist ein Koog?* . . . . . . . . . . . . . . . . . . . . . . . . . . . .*52*
*Schneekatastrophe in Schleswig-Holstein* . . . . . . . . . . . . . .*70*
*Plattdüütsch – kleine Sprachhilfe* . . . . . . . . . . . . . . . . . . .*78*
*Der Nord-Ostsee-Kanal* . . . . . . . . . . . . . . . . . . . . . . . .*122*
*Jecken achtern Dieck* . . . . . . . . . . . . . . . . . . . . . . . . . .*128*
*Aufruhr in Dithmarschen* . . . . . . . . . . . . . . . . . . . . . . . .*134*
*Krabben-Salat* . . . . . . . . . . . . . . . . . . . . . . . . . . . . . .*182*
*Hollywood achtern Dieck* . . . . . . . . . . . . . . . . . . . . . . . .*208*
*Lila Pracht im kalten Monat März* . . . . . . . . . . . . . . . . . .*246*
*Theodor Storm und Husum* . . . . . . . . . . . . . . . . . . . . . . .*248*
*Von Halligen und untergegangenen Inseln* . . . . . . . . . .*252*
*Die Pharisäer von Nordstrand* . . . . . . . . . . . . . . . . . . . . .*261*
*Emil Nolde und das Malverbot* . . . . . . . . . . . . . . . . . . . .*285*

004rs Foto: fr

*Praktische Reisetipps*

# Informationsstellen

**Orte**

Alle hier in diesem Buch vorgestellten Orte haben ein Informationsbüro. Mal heißt es Kurverwaltung, mal Fremdenverkehrsbüro, dann wieder Tourist-Info. Sie machen alle das Gleiche, nämlich kräftig Werbung für „ihren" Ort. Wer diese Büros kontaktiert, erhält zumeist das übliche Prospektmaterial, hoffentlich auch ein **Unterkunftsverzeichnis.** Das wäre das Wichtigste, alle anderen Info-Zettel, Prospekte und Flyer kann sich jeder auch problemlos vor Ort besorgen. Viele Büros legen einen **Zahlschein** bei, mit der Bitte um eine Kostenerstattung. Ein freiwilliger Schritt, man kann, muss aber nicht. Die Adressen sind unter der jeweiligen Ortsbeschreibung zu finden.

**Überregional**

Wer noch keine konkreten Vorstellungen hat und sich erst einen **Überblick** verschaffen möchte, dem hilft die Nordsee-Tourismus-Service GmbH. Dort erhält man Übersichten und allgemeine Infos zur gesamten Nordseeküste des nördlichsten Bundeslandes.

●**Nordsee-Tourismus-Service GmbH,** Zingel 5, 25813 Husum, Tel. (04841) 897575, Hotline: Tel. (01805) 066077 (0,14 €/Min.), Fax 4843, E-Mail: info@nordseetourismus.de, www.nordseetourismus.de.

# Internet

●**www.regional-sh.de**
Jede Menge Infos zu den einzelnen Regionen von Schleswig-Holstein, nicht nur touristische Themen.
●**www.bauernhof-erlebnis.de**
Liefert eine Übersicht über Höfe, die Zimmer oder FeWos vermieten.
●**www.nordseetourismus.de**
Alle wichtigen Orte an der Nordsee werden vorgestellt; mit vielfältigen Tipps.
●**www.multimar-wattforum.de**
Die neue Attraktion rund ums Wattenmeer und die Nordseeküste im Netz.

• **www.adler-schiffe.de**
  Infos zu den Hallig- und Insel-Verbindungen der Adler-schiffe.
• **www.wattenmeer-nationalpark.de**
  Vertiefende Hintergründe und Infos über das fragile Ökosystem und den Nationalpark.
• **www.sh-tourist.de**
  Bietet ein breites Angebot an Infos zum ganzen Ferienland.
• **www.elbfaehre.de**
  Infos und Fahrplan der Elbfähre zwischen Glückstadt und Wischhafen.
• **www.wattenmeerfahrten.de** und **www.halligmeerfahrten.de**
  Zwei Anbieter, ein Ziel: Kurztrips von Schüttsiel zu den Halligen.

# *Anreise*

## Per Auto

**A-23**

Zunächst immer Richtung **Hamburg,** dann durch den **Elbtunnel** (hoffentlich ohne Stau) und dann auf der Autobahn A-23 Richtung Itzehoe, Heide. In Heide endet die Autobahn und es geht weiter nach Norden auf der **Bundesstraße B-5.** Wer einen der drei großen Urlaubsorte Friedrichskoog, Büsum oder St. Peter-Ording als Ziel gewählt hat, fährt über die **A-23.** Nur wer noch weiter nördlich sein Feriendomizil aufschlägt, kann eine Variante über die **A-7** nutzen.

Und noch ein **Tipp:** Wer über die A-23 nach Norden fährt, überquert auch den Nord-Ostsee-Kanal. Etwa in Höhe Kilometer 69, kurz nach der **Ausfahrt Nr. 6 „Hanerau-Hademarschen"** befindet sich ein Parkplatz unmittelbar vor dem Kanal. Von dort kann man schön erhöht auf die unten vorbeituckernden Schiffe gucken.

**A-7**

Nach dem Passieren des **Elbtunnels** gabelt sich die Autobahn alsbald. Wer nicht ab Heide auf einer Bundesstraße fahren möchte, fährt deshalb ab dieser Gabelung auf der **A-7 Richtung Flensburg** weiter. Diese Autobahn verläuft zwar tendenziell eher in Richtung Ostseeküste, führt dafür aber durchgehend bis zur dänischen Grenze. Und ganz oben im Norden ist unser Bundesland nicht so breit, nach einer Querfahrt von ca. 40–45 km erreicht man auch wieder die Nordseeküste.

Spart man Zeit? Eher nicht, es ist wohl eine Geschmacksfrage, ob jemand lieber Autobahn fährt.

**Problem Elbtunnel**

Sollte es nun doch zu einem **Stau** vor dem Elbtunnel kommen, können Sie eine Umgehung fahren. Dazu kurz vor Hamburg die Autobahn A-7 auf der **Abfahrt Nr. 32 (Heimfeld)** verlassen und auf der B-73 Richtung Stade fahren. Ab Stade weiter auf der B-495 bis Wischhafen. Von dort pendelt eine **Autofähre** über die Elbe nach Glückstadt. Frequenz: alle 30 Minuten, bei großem Verkehrsaufkommen auch häufiger. Fahrzeit: knappe 25 Minuten.

● **Tipp:** Unten im Bauch der Fähre gibt es eine urige Gastronomie mit oberleckerer Bockwurst!
● **Infos:** Tel. (04124) 2430 oder www.elbfaehre.de.

**Glückstadt**

In Glückstadt angekommen lohnt ein Bummel durch den **Ortskern** am Marktplatz und zum nahen malerischen Hafen. Speziell am Marktplatz liegen auch einige gute Lokale für eine anständige Pause.

**Weiterfahrt:** Von Glückstadt sind es nur 20 ausgeschilderte Kilometer bis zur A-23, die bei Hohenfelde wieder erreicht wird.

## Per Rad und Fähre

Für Radfahrer (und Wanderer, falls es tatsächlich jemand geben sollte, der auf Schusters Rappen sich der Nordseeküste nähert) gibt es eine **Fähr-**

Am Hafen in Glückstadt

**verbindung** über die Elbe von Cuxhaven nach Brunsbüttel. Gefahren wird von Anfang Mai bis Ende Okt. nur am Dienstag und Donnerstag. Abfahrt in Cuxhaven, Alte Liebe um 11.00 und 19.00 Uhr.

● **Infos:** PSB, Tel. (04823) 92610 oder www.psb-brandt.de.

## Per Bahn

Zumindest einige Orte kann man mit der Bahn erreichen, aber bei weitem nicht alle. Der gängige Weg führt zunächst nach **Hamburg.** Dort wird umgestiegen und von Hamburg-Altona (!), nicht vom Hauptbahnhof, startet etwa einmal pro Stunde ein Zug der **NOB** (Nord-Ostsee-Bahn), der entlang der Westküste bis hoch nach Sylt fährt und die wichtigsten Stationen entlang der Nordseeküste passiert. Über diesen Weg erreichen auch Nordseeküsten-Urlauber ihr Ziel.

Praktisch alle Züge Richtung Sylt halten in **Heide, Husum, Niebüll,** etliche (nicht alle) auch in **Meldorf** und **Bredstedt.** Von dort muss man sich zumeist abholen lassen. Ausnahmen: Von Heide fährt ein Anschlusszug direkt nach **Büsum** und von Husum ein anderer nach **St. Peter Ording.**

Von Niebüll gibt es dann noch eine Verbindung nach **Dagebüll.**

**Tipp:** Die Eisenbahner erzählen gerne, dass Reisende in Hamburg Hauptbahnhof umsteigen müssten und dann noch einmal in Elmshorn. Das ist zumeist unnötig, da sehr viele Fernzüge, die Hamburg als Ziel haben, auch bis Hamburg-Altona durchfahren. So spart man sich ein unnötiges Umsteigen.

Einige wenige Intercity-Züge der DB fahren auch noch hoch bis Sylt. Diese Züge halten an einigen Bahnhöfen entlang der Nordseeküste, aber deutlich seltener als die NOB.

●**Infos:** Tel. (01809) 1018011, www.db.de, www.nord-ost see-bahn.de.

## *Unterkunft*

### Auswahl und Buchung

**Auswahl**  Unterkünfte gibt es wie den sprichwörtlichen Sand am Meer, die Verschiedenheit könnte nicht größer sein. Kaum ein Ort, in dem nicht Ferienwohnungen (FeWos) oder Apartments angeboten werden. Und genau hier liegt die Schwierigkeit: Es ist schlichtweg unmöglich, einen halbwegs brauchbaren Überblick zu geben, denn die Auswahl ist einfach zu groß. An dieser Stelle kann nur eine Charakterisierung erfolgen, ansonsten sei noch mal der Tipp wiederholt, sich von der Kurverwaltung des bevorzugten Ortes das **Unterkunftsverzeichnis** schicken zu lassen. Das sind teilweise recht umfangreiche Kataloge, in denen die Unterkünfte meist mit Foto und erklärendem Text beschrieben sind.

**Lage der Unterkunft**  Ein kleiner Wermutstropfen kann nicht verschwiegen werden. So manche Unterkunft liegt alles andere als strandnah, manches Mal sogar **etliche Ki-**

**lometer im Hinterland.** Das mag nicht alle Urlauber stören. Wem Ruhe über alles geht, der wird sich auch an abseitigen Lagen nicht stören. Außerdem kann man ja mal wieder seine Fahrradkünste zeigen. Wer sich aber gerne ins Nachtleben stürzt, der sollte schon sehr aufmerksam hinschauen, wo „seine" Bleibe genau liegt.

**Miet-**
**vertrag**

Hat nun der zukünftige Feriengast eine adäquate Unterkunft ausgewählt und bestätigt der Vermieter, dass der angestrebte Termin frei ist, wird ein Mietvertrag geschlossen. Dieser ist bindend und kann nicht einseitig aufgekündigt werden. Nimmt der Gast die Unterkunft nicht in Anspruch oder reist er vorzeitig ab, muss er trotzdem den vereinbarten Preis zahlen, Gründe für die **Absage** spielen keine Rolle. Der Anspruch auf Bezahlung erstreckt sich dabei auf die gesamte vereinbarte Zeitdauer, es sei denn, der Gastgeber kann die Unterkunft noch anderweitig vermieten. Dazu ist der Vermieter nach Treu und Glauben verpflichtet.

Und umgekehrt? Was passiert, wenn der Vermieter mal **einen Gast „ausbucht"?** Weil beispielsweise eine FeWo versehentlich doppelt vermietet wurde (selbst mehr als einmal erlebt)? Dann muss adäquater Ersatz gestellt werden, wobei „gleichwertig" eben relativ ist. Abspeisen lassen muss sich jedenfalls niemand.

**Anreise**

Meist wünschen die Vermieter, dass der Gast zum frühen Nachmittag **anreist** bzw. bis etwa 10 Uhr **abreist.** Die Zwischenzeit wird dann genutzt, um die Unterkunft zu „endreinigen".

**Preise**

Die Preise schwanken teilweise ganz erheblich je nach Saison. In diesem Buch sind immer die Angaben für den **Sommer** zu finden, naturgemäß sind in dieser Zeit die Preise am höchsten. Die Sommersaison erstreckt sich etwa von Mitte Juni bis Ende August, außerhalb dieser Zeit fallen die Preise teilweise um die Hälfte. Leider existiert keine allgemeingültige Regelung für den Terminus „Hochsaison".

Zu den angegebenen Preisen addieren sich bei Ferienwohnungen noch Extrakosten für die so genannte **Endreinigung.** Diese muss im Vertrag aufgeführt sein und schwankt etwa zwischen 15 und 45 €. Wer möchte, kann auch ein **Wäschepaket** bestellen. Das enthält Handtücher und Bettwäsche, der Preis liegt bei etwa 15 € pro Person. Das Wäschepaket wird aber längst nicht von allen Vermietern angeboten, deshalb lieber vorher nachfragen!

**Hunde und Raucher**

**Hunde** sind nicht überall gerne gesehen und die Zahl der **Nichtraucherwohnungen** nimmt stetig zu. Auch hier lieber einmal mehr vorher genau nachfragen.

**Angaben im Buch**

In diesem Buch werden die Unterkünfte in **Preiskategorien** zusammengefasst. Die Angaben beziehen sich grundsätzlich auf ein Doppelzimmer und auf die teuerste Saisonzeit, also die Phase zwischen Juni und Ende August.

**Preiskategorien bei Hotels, Pensionen oder Privatvermietern:**

| | |
|---|---|
| € | bis 30 € |
| €€ | 30–50 € |
| €€€ | 50–70 € |
| €€€€ | 70–100 € |
| €€€€€ | über 100 € |

**Preiskategorien bei Ferienwohnungen oder Ferienhäusern:**

| | |
|---|---|
| € | bis 50 € |
| €€ | 50–70 € |
| €€€ | 70–100 € |
| €€€€ | 100–125 € |
| €€€€€ | über 125 € |

Die in diesem Buch empfohlenen Häuser beruhen ausschließlich auf **persönlicher Auswahl des Autors.** Dabei wurde getreu der alten Makler-Weisheit vorgegangen, nach der nur drei Dinge für eine Immobilie zählen: die Lage, die Lage und die Lage. Ein schnuckeliges Reetdachhaus an einer lauten Durchgangsstraße wird deshalb nur im Ausnahmefall genannt werden.

## Unterkunftskategorien

**Ferienwohnungen**

Das allergrößte Kontingent stellen die Ferienwohnungen (FeWos), die vor allem **bei Familien beliebt** sind. Kein Wunder, sind sie doch (pro Nase) meist deutlich billiger als Hotels und man kann sich selbst verpflegen und muss nicht zu festen Zeiten in den Hotel-Speisesaal.

Das Angebot an FeWos ist förmlich explodiert, als der Tourismus in Schleswig-Holstein im größeren Stil einsetzte. Jeder, der noch ein Zimmer unter dem Dach frei hatte, baute dieses zur FeWo oder zum Apartment um. Und hier muss ein **kritisches Wort zur Qualität einiger FeWos** fallen, die auf dem Stand der 1950er Jahre geblieben sind. So ist es nicht eben selten, dass ein Hausbesitzer seine Gäste oben unter dem Dach einquartiert, häufig ohne separaten Eingang. Das hat in den 50er Jahren wahrscheinlich nicht allzu viele Urlauber gestört, heute aber dürften nicht wenige etwas mehr Komfort und Eigenständigkeit suchen.

Und die gibt es ja auch: Einige ganz hervorragende FeWos im Reihenhausstil oder im kleinen Haus mit nur wenigen Wohnungen sind natürlich auch zu finden. Diese sind mit allem erdenklichen Komfort eingerichtet. Der Vermieter wohnt meist sonstwo, jedenfalls nicht eine Etage tiefer. Die Unterschiede in der Qualität drücken sich aber nicht immer im Preis aus, hier gilt es also sorgfältig auszuwählen.

**Ferien-
häuser**

Im Nachbarland **Dänemark** gibt es Tausende von Ferienhäusern, also einzeln stehende Häuser, die der Tourist ganz allein mietet. In Schleswig-Holstein sind sie **nicht so verbreitet,** wenngleich man sie auch dort finden kann.

**Bauernhöfe**

Eine Unterkunft auf dem Bauernhof bietet sich besonders für Reisende mit Kindern an. Für die **Kinder** ist es das Größte, gibt es auf einem Hof doch immer etwas zu entdecken. Außerdem befindet man sich mitten in der Natur und bekommt einen Bezug zum ländlichen Alltag und den Tieren. Aber Achtung, manche Höfe werden nicht mehr bewirtschaftet, sind also reine Ferienwohnungen ohne bäuerlichen Betrieb.

Einen ausgezeichneten Überblick gibt der Prospekt **„Urlaub auf dem Bauernhof in Schleswig-Holstein",** zu beziehen von der Arbeitsgemeinschaft „Ferien auf dem Bauernhof". In dem Prospekt werden nicht nur alle Höfe mit Preis, Lage, Angebot und Foto vorgestellt, es werden auch Kompakt-Angebote gemacht, wie beispielsweise „Bauernhof-Hopper" für Radfahrer, die von Hof zu Hof radeln und nur eine Nacht bleiben.

● **Arbeitsgemeinschaft Ferien auf dem Bauernhof,** Holstenstr. 106–108, 24103 Kiel, Tel. (0431) 9797345, Fax (0431) 9797107, E-Mail: info@bauernhof-erlebnis.de, www.bauernhof-erlebnis.de.

**Hotels**

Hotels sind in den Nordseeorten auch zu finden, aber nicht übermäßig viele (Ausnahme: St. Peter-Ording), in den größeren Städten jedoch immer einige. Ausgesprochene Billigangebote gibt es so gut wie gar nicht, selbst einfache Hotels wissen um ihren **Preis.** Mitunter kann man aber gerade in den besseren Häusern **Spartarife** über das Wochenende bekommen.

Solche Ferienhäuser gibt es auch, sie sind aber rar

602/rs Foto: fr

Eine kritische Anmerkung zum Schluss. Natürlich sind die Kosten in der Hauptsaison am höchsten, das ist überall auf der Welt so. Die Nordseeküste hat dem aber noch eine Variante hinzugefügt, den **„Erste-Nacht-Aufschlag"** bei Hotels. Soll heißen, wer nur eine Nacht bleibt, zahlt mehr. Ab der zweiten Nacht wird das Zimmer billiger.

Manchmal aber, so selbst erlebt, wird für eine Nacht **gar nicht erst vermietet** – mit der Begründung, dass ja die Endreinigung bereits nach einer Nacht anfiele und der Aufwand zu hoch sei.

Das betrifft aber nun wirklich nicht jedes Haus und ist auch schon weniger geworden, das sei zugegeben.

**Pensionen und Privatzimmer**

Einfache Pensionen und Privatzimmer gibt es in jedem Ort. Die Preise – zumindest der meisten Pensionen – zählen wie die der Hotels ebenfalls nicht zur Billigkategorie, die Privatzimmer sind dagegen durchaus schon für 15 € zu bekommen.

**Campingplätze**

Campingplätze gibt es entlang der ganzen Küste, aber längst nicht alle liegen direkt am Meer, sodass man auch nicht immer Strandzugang hat. Auf sehr vielen Plätzen dominieren **Dauercamper,** die einen Jahresplatz gemietet haben und jedes Wochenende hier verbringen. Warum auch nicht, besser an der Nordseeluft als in der Großstadt. Auf manchem Campingplatz sind so bis zu 80 % der Plätze vergeben, für die Urlauber oder Wochenendausflügler bleibt da nicht viel.

Die **Ausstattung** der Plätze ist durchweg in Ordnung, aber der eine oder andere könnte ruhig mal über den Zaun schauen und sich Anregungen holen. Angesichts der erstklassigen Ausstattung etlicher spanischer, italienischer oder dänischer Plätze bleibt hier manchmal noch Nachholbedarf.

**Jugend-**
**herbergen**

Jugendherbergen sind nicht einmal im Dutzend zu finden, die Mehrheit in den größeren Orten. Interessante Überraschung: Schlafsäle, in denen ganze Fußballmannschaften Platz fanden, sind absolut out. **Zwei- bzw. Vierbettzimmer** gelten mittlerweile als Standard und Familien erhalten (meist) auf Wunsch auch einen eigenen Raum.

● **Infos:** www.jugendherberge.de, mit der Möglichkeit einer Online-Buchung.

So sitzt man wahrlich in der ersten Reihe

# Essen und Trinken

## Essen

**Allgemeine Merkmale**

Schon von den Wikingern hieß es, dass sie einen unstillbaren Hunger auf Met, Frauen und Schweinefleisch hatten. Falls das stimmt, ist uns Holsteinern zumindest die Grundrichtung der Speisen vererbt worden, nämlich dass die **Küche kräftig** sein muss. Ein zweiter Merksatz, auch hier nicht ohne das berühmte Körnchen Wahrheit, lautet: „Wat de Buer nich kennt, dat fritt he nich." (Was der Bauer nicht kennt, das frisst er nicht.) Das soll heißen, dass kulinarische Köstlichkeiten von außerhalb, die über Pizza und Chop Suey hinausgehen, schwer in Schleswig-Holstein Fuß fassen. **Bodenständigkeit** ist nicht nur ein Merkmal der Bewohner, das drückt sich auch in der Küche aus.

**Fisch**

Da wäre zunächst einmal Fisch zu nennen: Seezunge, Scholle, Aal, Makrele, Hering usw. bekommt man wohl überall an der Küste. Fisch wird gebraten, gedünstet, gekocht oder auch geräuchert serviert, soweit nichts Neues. Aber was ist **Grüner Aal**? Nichts weiter als in Wasser und Wein gekochter Aal – wer hätte das gedacht?

**Fleisch, Gemüse, Obst**

Auch nicht jedermanns Sache ist **Swattsuer,** Schwarzsauer, eine Speise, bei der kleingeschnittene Fleischstückchen in Blut gekocht werden.

**Rübenmus** wird gern im Herbst gegessen, wenn die Rüben geerntet worden sind. Man zerkleinert zunächst Steckrüben, lässt sie lange garen, kocht dann Möhren (oder auch Kartoffeln) und zermust schließlich das ganze Gemüse in einem Topf. Serviert wird das Rübenmus mit klein gewürfeltem Speck und Kochwurst.

**Grünkohl** mit Schweinebacke, Kochwurst und gezuckerten Kartoffeln, ein weiteres Gericht, das wohl auch den Wikingern gemundet hätte. Serviert wird es aber nur in der kalten Jahreszeit.

690ns Foto: fr

In der Sommerzeit wird gern **Rote Grütze** angeboten, ein leckerer Nachtisch aus eingekochten Himbeeren, Johannisbeeren oder Kirschen mit Milch oder Vanillesauce.

Und dann wäre da noch **Labskaus,** ein eigenwilliges Essen, das nicht jeder mag. Das liegt aber mehr an seinem Äußeren, denn das Gericht leuchtet einem rot entgegen. Die Bestandteile sind: Pökelfleisch vom Rind oder Schwein, Gurken, Matjesfilets, Rote Beete (daher die Farbe) und Kartoffeln. Das alles wird gut vermischt und mit einem Spiegelei garniert. Es schmeckt besser, als es aussieht.

Wer im Frühsommer kommt, sollte einmal **Spargel** mit Katenschinken probieren, dazu ein paar Salzkartoffeln, fertig!

Und wer auf der Speisekarte ein **Bauernfrühstück** entdeckt, ist endgültig überzeugt, dass die Holsteiner Bauern von den Wikingern abstam-

Kein Augenschmaus, aber lecker: Labskaus

men. Dieses deftige Frühstück besteht nämlich aus Bratkartoffeln, Würfelschinken, Gurken und Rührei.

**Süßes und Würziges gemischt**

**Mehlbüdel** gibt es auf verschiedenste Arten, aber eins bleibt immer gleich, dass zunächst ein Mehlkloß geformt werden muss. Den legt man in ein großes Tuch, das mit Mehl bestäubt wurde. Das Tuch wird dann zusammengeknotet und ins kochende Wasser gehängt. Zum fertigen Mehlbüdel wird dann Backobst und Rauchfleisch serviert.

**Großer Hans** ist ebenfalls eine Speise, die einfach daherkommt, aber eine lange Zubereitung erfordert. Süßer Teig wird im Wasserbad gegart und nach 1½ Stunden mit Bauchfleisch und Backpflaumen auf den Tisch gestellt.

**Holsteiner Aalsuppe** ist eine Art Fischsuppe mit Aal, könnte man meinen, aber weit gefehlt. Gut, grüner Aal landet auch im Suppentopf, aber vor allem Fleisch: Gepökeltes vom Schwein, auch vom Rind, ein dicker Schinkenknochen ebenso. Dazu kommen noch Birnen und Gemüse und ein paar Bohnen. Macht viel Mühe, schmeckt aber sehr herzhaft.

**Birnen, Bohnen, Speck:** Der Name sagt schon, was an Zutaten genommen werden muss. Die süßen Birnen geben einen leckeren geschmacklichen Kontrast zum würzigen Speck, das Gericht gibt es im Herbst nach der Birnenernte.

## Getränke

**Schnaps und Bier**

Wer so deftig isst, benötigt einen **Klaren** zum Nachspülen, einen „Verteiler", wie es so schön an der Küste heißt, oder auch einen „Lütten". Gemeint ist Korn oder besser noch Aquavit, wobei die dänischen oder norwegischen Schnäpse von Kennern bevorzugt werden. Eiskalt serviert, das Glas muss noch eisbeschlagen sein, und dann heißt es: „Nich' lang' schnacken – Kopp in' n Nacken", und weg damit!

Reisetipps

# Ein Hoch auf den Mehlbüdel!

Wir Schleswig-Holsteiner sind ja ruhige Gesellen. Trotzen stur den Naturgewalten, machen nicht viele Worte davon. Nein, rheinische Fröhlichkeit oder gar Geselligkeit kann man uns nicht nachsagen. Das nun nicht. Aber feiern tun wir auch, oh ja! Es dauert zwar, bis wir so richtig in Schwung kommen, so drei, vier Glas Köm etwa (immer mit Wasser, niemals zum Bier, übrigens! Jedenfalls bei einer echten Feier, oder besser gesagt: Sauferei), aber dann ...

Und was feiern wir so? Och, da gibt es eine ganze Menge, vor allem das, was Acker und Meer so hergeben. Da wären beispielsweise die Kohl-Tage in Dithmarschen – an einem Wochenende im Herbst dreht sich alles nur um den Kohl. Oder die Kappelner Heringstage: Freten un supen an der Schlei und jede Menge Heringe verdrücken steht auf dem Programm.

Weiter geht es: Glückstädter Matjestage, Sylter Lamm-Woche, Dorschfestival in Heiligenhafen – es geht querbeet durch die Jahreszeiten und durchs Land. In Haffkrug feiert man den Aal, das macht man auch in Kiel. Dort wird die Kieler Woche (der weltweit größte Segelwettbewerb) mit einer Spaßregatta eröffnet. Am Ziel der so genannten Aalregatta erhält jeder Segler einen Aal in die Faust. So ähnlich geht es in Flensburg bei der Rumregatta auch zu, hier erhält der Zweite (!) den Hauptpreis, eine Drei-Liter-Flasche besten Rum.

Was fehlt? Eine Feier zu Ehren der Steckrübe gibt es (in Schleswig), natürlich wird auch der Grünkohl geehrt und die Muschel hat lange Saison (alle Monate mit R). Auch Bacchus wird gehuldigt, in Scharbeutz bei Zehntels Schlotzenfest. Der Vergangenheit sowieso, beim Heider Marktfrieden etwa oder anlässlich der Wikingertage in Schleswig. Und den Wind, den ewigen Begleiter an unseren Küsten, feiert man auch. Beim Surfweltcup auf Sylt oder beim Drachenfest in Damp. Selbst der Raps hat sein Fest (auf Fehmarn). Die Natur ist eben feierwürdig bei uns in Schleswig-Holstein.

Aber einer, der fehlt dann doch noch. Ich weiß auch nicht, warum. Einen Tag des Mehlbüdels, den gibt es noch nicht. Hat noch jemand Termine frei?

Beim Heider Marktfrieden

Und dazu gibt es **Bier** und sonst nichts! Die Bügelflasche mit dem Plopp-Geräusch aus Flensburg hat ja mittlerweile fast Kult-Status, aber auch andere, meist kräftige Biere werden in Schleswig-Holstein gebraut. So beispielsweise das andere Bügelflaschenbier, diesmal aus Dithmarschen, das so genannte „Beugelbuddelbeer".

**Grog mit Variationen**

Wer im Winter die Küste besucht, kommt um einen **heißen Grog** nicht herum. Norddeutsch-trockene Beschreibung: „Rum mut, Water dörv, Zucker kann" (Rum muss, Wasser darf, Zucker kann) – damit sind die Bestandteile schon genannt. Diese Mischung wärmt herrlich durch, z.B. nach einem ausgedehnten Spaziergang am winterlichen Strand. Serviert wird der Grog in dünnen, hohen Gläsern, in denen ein Stößel steckt, mit dem man den Zucker zerkleinert und umrührt.

Mischt man den Rum nicht mit Wasser, sondern mit Rotwein, entsteht ein **„Eisbrecher",** da taut dann sogar der Norden auf.

**Harmloses mit Schuss**

Tja, und dann gibt es noch so nette Getränke wie **Pharisäer, Tee-Punsch** oder Tote Tante. Allen gemein ist, dass sie vermeintlich „nur" Tee oder Kaffee beinhalten, aber in Wirklichkeit in den Gläsern immer ein Schuss Rum oder Korn versteckt ist. Wie es zu der Bezeichnung Pharisäer kam, wird unter der Ortsbeschreibung von Nordstrand verraten.

Der Name **„Tote Tante"** wurde mir mal von einem kernigen Dithmarscher so erklärt: „Tscha, mien Jung, neeech, dat ischa nun so, neeech. Wenn du 'ne Tante hast, 'ne reiche obendrein, neeech, dann lad' sie mal ein. Stellst ihr erst 'nen Pharisäer hin, dat schmeckt ehr bestimmt, neeech. Dann gib's 'nen Eiergrog. Dazu haussu 'n Eigelb ins Glas, noch 'nen Etlöppel Zucker und, na kloor, hittes Water. Ach ja, un ja nich' den Rum vergessen! So, un' dann gift dat wat anners, nämlich 'ne Tass' Tee-Punsch, neeech. Un' dann, mien Jung, dann is' dat sowiet. Weissu, was du dann nämlich hast? 'Ne Tote Tante!" Alles klar? Wer's nicht glaubt, hier das richtige Rezept: ½ Tasse süße Schokolade, 1 großes Schnapsglas Rum und obendrauf einen Klecks Schlagsahne ergibt eine „echte" Tote Tante.

## *Feste*

In den Sommermonaten finden in allen Orten an der Küste irgendwann Sommer-, Dorf-, Schützen- oder sonst welche -feste statt. Man kann die Ankündigungsplakate gar nicht übersehen. Für einige Feierlichkeiten lohnt aber vielleicht sogar mal ein Blick über den Tellerrand und eine kleine Anreise. Da die genauen Termine natürlich schwanken können, hier nur ein paar Rahmen-Tipps.

**Februar**
- **Biikebrennen:** So etwas ähnliches wie das Nationalfest der Friesen. Am 21.2. werden bei Anbruch der Dunkelheit große Holzstapel verbrannt, friesische Ansprachen gehalten und dann geht es ab in den nächsten Krug, Grünkohl satt fassen.

**März**
- **Husum:** Im Schlossgarten blühen Millionen von Krokussen, eine lilafarbene Pracht sondergleichen.

**April**
- **Lammtage:** An der gesamten Nordseeküste und auf den Inseln (manchmal schon im März).

**Mai**
- **Albersdorf:** Großes Pfingstfest.
- **Husum:** Oldtimertage in den Messehallen.
- **Meldorf:** Meldorfer Festwoche.

**Juni**
- **Brunsbüttel:** Der längste Flohmarkt an der Westküste.
- **Büsum:** Wattenturnier, Pferdespringen im Watt.
- **Friedrichskoog:** Matjestage, wo dem jungen Hering gehuldigt wird.
- **Glückstadt:** Dito.

131ms Foto: fr

- **Husum:** Kunsthandwerkermarkt im Speicher.
- **Wesselburen:** Turnier der Westernreiter.

### Juli

- **Brunsbüttel:** Wattolümpiade, „das matschigste Sport-Ereignis des Jahres", denn es treffen sich mehrere hundert „Wattleten" im matschigen Watt zum sportlichen Wettkampf im Wattfußball oder im Aalstaffellauf. Infos im Netz unter www.watt oluempiade.de.
- **Heide:** Stadtfest; alle 2 Jahre (2010, 2012 etc.) findet der Heider Marktfrieden statt, ein großes Volksfest auf dem Heider Marktplatz vor historischem Hintergrund.
- **Husum:** Markt der Völker im Speicher.
- **Meldorf:** Fest der Weber.
- **Wesselburen:** Ulmenfest.
- **Tönning:** Mittelalterlicher Hexenmarkt.

### August

- **Büsum:** Am zweiten Augustwochenende finden die Krabbentage mit Krabbenkutter-Regatta statt.
- **Friedrichskoog:** Krabbenkutter-Regatta.
- **Friedrichstadt:** großes Fest auf dem Marktplatz.

- **Husum:** Husumer Hafentage.
- **Tönning:** 3. Sonntag: Peermarkt, alles rund ums Pferd.

**September**
- **Husum:** Pole-Poppenspäler-Tage. (Eine der liebevollsten Novellen von *Theodor Storm* handelt von dem alten Puppenspieler Pole Poppenspäler.) Dieses Fest erinnert an die Kunst des Marionettenspiels.
- **Meldorf, Wesselburen, Heide** und in anderen Orten von Dithmarschen: Kohltage.

**Oktober**
- **Husum:** Krabbentage.

## Unterwegs an der Nordseeküste Schleswig-Holstein

### Per Auto

Wer die schleswig-holsteinische Nordseeküste erkunden möchte, kommt um ein eigenes Fahrzeug nicht herum. Leider, aber so ist es nun mal. Radtouren erlauben naturgemäß nur einen beschränkten Radius, Linienbusse pendeln zwar zur nächst größeren Stadt, viel weiter dann aber auch nicht.

Entlang der Küste verläuft bis Heide die Autobahn **A 23.** Sie geht nahtlos in die **B 5** über, eine gut ausgebaute Bundesstraße, die bis zur dänischen Grenze führt. Diese Strecke hat ein relativ hohes Verkehrsaufkommen. Immerhin pendeln über die Autobahn nicht gerade wenige Menschen täglich zur Arbeit bis nach Hamburg, etliche sogar aus dem fernen Heide. Weiterhin fließt entlang der A 23 und der B 5 ein Großteil des Ur-

Krokusblüte im Schlossgarten von Husum

laubsverkehrs Richtung Dänemark, Sylt und zu anderen nordfriesischen Inseln.

Das Bild ändert sich, sobald diese Hauptverkehrsader verlassen wird und der Urlaubsgast auf den kleinen, teilweise schmalen **Nebenstraßen** durchs Land rollt. Da kommt einem dann vielleicht mal ein Trecker oder Ähnliches entgegen. Viele Wege führen zur Küste, verlaufen parallel zum Deich, nur wenige kreuzen die B 5. Dem Ausflügler sei also wärmstens angeraten, über die schmalen Seitenstraßen zu rollen, auch wenn es natürlich deutlich länger dauert. Aber was soll's, man hat schließlich Urlaub!

## Per Bus

Ausflüge per **Linienbus** lassen sich prinzipiell nur in die nächste größere Stadt organisieren. Der grundsätzliche Fahrplan lautet dabei immer: morgens vom Dorf rein in die Stadt, Besorgungen erledigen und mittags zurück. Mit viel Glück fährt am Abend noch mal ein Bus, bringt arbeitende Pendler zurück.

Davon ausgenommen bleiben natürlich Sonderfahrten. Die werden in jedem Ferienort angeboten. So gibt es beispielsweise **Ausflugsfahrten** nach Hamburg oder nach Kiel, auch nach Flensburg oder gar ins benachbarte Dänemark, zum Legoland beispielsweise. Sehr beliebt sind auch Tagestrips nach Sylt, all diese Touren werden durch Aushänge angekündigt, die man eigentlich nicht übersehen kann.

## Per Bahn

Bestimmte Ziele lassen sich ganz hervorragend per Bahn erreichen, dazu zählen vor allem Hamburg und die Insel **Sylt.** Von der Hansestadt zieht sich bereits seit gut 100 Jahren ein Gleisstrang entlang der Westküste, passiert Orte wie Heide,

Husum, Niebüll und Klanxbüll, bevor es dann über den Hindenburgdamm auf die Insel Sylt geht. Die genannten Orte wären auch die besten Zusteige-stationen, denn die Züge halten längst nicht an je-dem kleinen Bahnhof. Wer nach Sylt möchte, soll-te überlegen, mit seinem Auto zunächst bis Nie-büll oder gar bis Klanxbüll zu fahren. In beiden Or-ten befinden sich große, gebührenpflichtige Park-plätze in Bahnhofsnähe, die sich im Lauf des Tages zumeist gut füllen. Am Wochenende garantiert! Von überallher kommen nämlich Tagesgäste, die einen Kurzbesuch auf Deutschlands nördlichster Insel absolvieren wollen.

Weitere Ziele, die sich per Bahn erreichen las-sen, wären **Flensburg, Kiel oder Schleswig.** Da diese Städte an der Ostseeküste liegen, muss man zunächst mit einer Verbindungsbahn von Heide oder Husum Richtung Ostsee fahren, vor allem

Züge nach Sylt sind oft voll

mit den schicken Zügen der Nord-Ostsee-Bahn eine nette Tour.

Seit Sommer 2000 kann man per Bahn auch wieder einen Besuch in **Dänemark** machen, Details finden sich unter der Ortsbeschreibung von Niebüll.

## Per Schiff

Eine ganze Reihe von Inseln lassen sich per Fähre oder Ausflugsschiff erreichen. Zumeist werden die Nordfriesischen Inseln oder Halligen angesteuert, von einigen Häfen geht es auch zur Hochseeinsel Helgoland. Hier eine kleine Übersicht:

Von **Büsum** wird hauptsächlich Helgoland angefahren.

Von **Husum** werden zumeist Ausflugstouren ins Wattenmeer angeboten.

Vom Hafen **Strucklahnungshörn** auf Nordstrand pendelt eine Fähre zur Nachbarinsel Pellworm, außerdem legen hier zweimal am Tag die Schiffe der Sylter Adler-Linie ab, die über Hallig Hooge, Amrum nach Hörnum auf Sylt und zurück fahren. Auch möglich: eine kombinierte Tour zu Fuß durchs Watt nach Nordstrandischmoor und von dort zurück per Fähre nach Nordstrand.

Vom kleinen Hafen **Schlüttsiel** werden Trips zu den Halligen Hooge, Oland, Gröde und Langeness angeboten.

**Dagebüll** ist schon ein größerer Fährhafen im Vergleich zu den anderen, dort legen die regulären Fährschiffe nach Amrum und Föhr ab. Dagebüll hat auch einen kleinen Bahnhof, der direkt an der Mole liegt. Einige wenige Fernzüge enden direkt dort am Hafen, der Reisende muss nur ein paar Schritte vom Zug bis zur Fähre gehen.

Weitere Bootsfahrten kann man von **Brunsbüttel** auf dem Nord-Ostsee-Kanal, auf der Elbe, teilweise sogar bis Hamburg unternehmen und, weniger spektakulär, auf der Wilster Au, einem schmalen Flusslauf, der ins flache Marschland führt.

Und dann wäre da natürlich noch **Friedrichstadt,** die so genannte „Holländerstadt", die von einigen Kanälen durchzogen wird. Ständig tuckern kleine Ausflugsdampfer durch den Ort, die eine Stadtrundfahrt vom Wasser aus bieten.

### Per Fahrrad

Keine Frage, Radfahren ist die beste Art, sich der Natur zu nähern, die Gerüche aufzunehmen, dem Vogelgezwitscher zu lauschen. Nur, die Natur macht es dem Radler nicht ganz einfach, Stichwort: **Wind.** Zumeist weht er aus westlicher Richtung, kommt also vom Meer. Wie man es auch dreht und wendet, plant und organisiert, einen Teil jeder Radtour fährt man gegen den Wind, garantiert! Denn Windstille kommt so gut wie nie vor!

132ns Foto: fr

Der Autor dieses Reiseführers hat ein Fahrradbuch herausgegeben, in dem eine Radtour in 14 Etappen durch Schleswig-Holstein vorgestellt wird. Vier Etappen führen entlang dieser Nordseeküste.

● **„Rund Schleswig-Holstein per Rad in 14 Etappen",** erschienen im Conrad Stein-Verlag.

## Tipps für Kinder

Selbst das genügsamste Kind will irgendwann nicht mehr nur am Strand spielen, sondern mal etwas anderes erleben. Hier ein paar Tipps.

**Schiffe anschauen:** Nicht nur für die Kurzen ein Heidenspaß; je größer der Dampfer, desto neugieriger auch die Größeren. Auf der Nordsee bleiben die Schiffe ja zumeist briefmarkenklein, auf dem Nord-Ostsee-Kanal sieht man sie dagegen hautnah. Am besten in der Schleusenanlage von Brunsbüttel oder in Burg von der Terrasse des Burger Fährhauses aus.

**Waldmuseum:** In Burg steht auch das Waldmuseum richtig schön im Wald und liefert einen profunden Einblick in unser heimatliches Ökosystem.

**Seehundstation** in Friedrichskoog: Die possierlichen Tiere paddeln ganz verspielt im Wasser herum, gucken mit ihren Knopfaugen neugierig zurück. Hier werden Heuler aufgezogen, also Jungtiere, die von ihrer Mutter getrennt wurden und die später in der Nordsee ausgewildert werden.

**Indoor-Spielhalle:** Eine riesige Indoor-Spielhalle in Form eines Wales hat in Friedrichskoog eröffnet. Unzählige Spiel- und Sport-Möglichkeiten werden dort geboten.

**Multimar Wattforum** in Tönning: siehe Tipps für Regentage.

**Puppentheater** von *Marianne Vocke* in Garding. Eine kleine Privatbühne, auf der Frau *Vocke* liebevolle Marionettenstücke spielt.

**Krabbenkutter anschauen:** Möglich in Büsum, Husum oder Friedrichskoog, wenn die Fischer nicht gerade mal wieder ausgelaufen sind.

**Besuch in der Steinzeit:** In die Steinzeit reisen kann man in Albersdorf, wo ein Lehrpfad rund um eine steinzeitliche Siedlung angelegt wurde. Spezielle Kinderprogramme sind über das Büro der ÖAZA erfragbar.

**Freibäder** gibt es in vielen Orten, das in Albersdorf hat eine 77 m lange Rutsche und in Brunsbüttel kann man beim Planschen im Becken sogar die Schiffe bestaunen, die gerade in den Kanal ein- oder auslaufen.

**Freizeitbäder** gibt es ebenfalls in etlichen Orten. Spektakulär sind die in Brunsbüttel, in Büsum und in St. Peter-Ording.

**Grachtenfahrten:** In der „Holländerstadt" Friedrichstadt kann man auf den Kanälen und Grachten durch die Stadt schippern, sowohl auf einem Ausflugsdampfer, als auch in einem Tretboot.

**Sturmflutwelt Blanker Hans** in Büsum. Viel Informatives wird zum Thema „Sturmflut" in audiovisuellen Medien vermittelt, außerdem gibt es eine spektakuläre Fahrt mit einer „Rettungskapsel".

Der **Zoo** von St. Peter-Ording heißt **Westküstenpark:** Einmal Tiere aus nächster Nähe begucken und streicheln und auch den flinken Seehunden zuschauen.

**Kinderspielhaus:** In St. Peter Ording wurde im Ortsteil Dorf im ehemaligen Gerätehaus der Feuerwehr ein großes Kinderspielhaus eingerichtet.

**Tolk Schau:** Unweit vom an der Ostsee gelegenen Ort Schleswig lockt der Freizeitpark Tolk Schau in Tolk. Keine spektakulären Attraktionen werden geboten, sondern mehr die ruhigere Variante.

**Land und Leute Park** bei Wesselburen: Ein kleiner Freizeitpark, der den Kids die heimische Natur und die Tiere näher bringt und außerdem etliche „ruhige" Fahranlagen anbietet.

**Phänomenta** in Flensburg: Ein Anfass- und Mitmach-Museum, das versucht, technische Phänomene gezielt Kindern näher zu bringen.

## Tipps für Regentage

Wenn es draußen „pladdert", muss man irgendwas drinnen unternehmen. Ideal wäre da schon der Besuch in einem **Freizeitbad,** Details siehe unter „Tipps für Kids". Weitere Vorschläge:

**Meldorfer Museen:** Sowohl das Landwirtschaftliche als auch das Dithmarscher Museum bieten Einblicke in die jüngere Vergangenheit. Älteren Erwachsenen dürfte so manche Erinnerung hochkommen und die Kids staunen, wie Opa bloß ohne Handy klarkam.

**Multimar Wattforum** in Tönning: Nicht nur ein Tipp für Regentage, einfach ein Muss! Das Wattenmeer und die Nordsee samt Bewohner werden anschaulich vorgestellt. An vielen Mitmach-Modellen erfährt man einiges Wissenswertes rund um die Küste, beispielsweise, wie eigentlich Wel-

Reisetipps

009ns Foto: fr

len entstehen oder wie das noch mal geht, die Sache mit Ebbe und Flut.

**Naturzentrum** Bredstedt: Anhand von mehreren Modellen wird der Besucher hautnah über die unterschiedlichen nordfriesischen Landschaften aufgeklärt. Täuschend echt aufgebaut, sodass man regelrecht Teil des Ganzen wird.

**Aquarium** in Büsum: Dort schwimmen große und kleine Fische herum, die nicht nur aus der Nordseeregion stammen.

**Haus Peters** in Tetenbüll: Ein Kaufmannsladen, originalgetreu aus dem vergangenen Jahrhundert, hinübergerettet in unsere heutige Zeit.

**NordseeMuseum** in Husum: Auch hier werden an vielen Mitmach-Stationen mit audiovisuellen Medien die Nordsee und das Wattenmeer erklärt.

Schafen macht Regen nicht viel aus

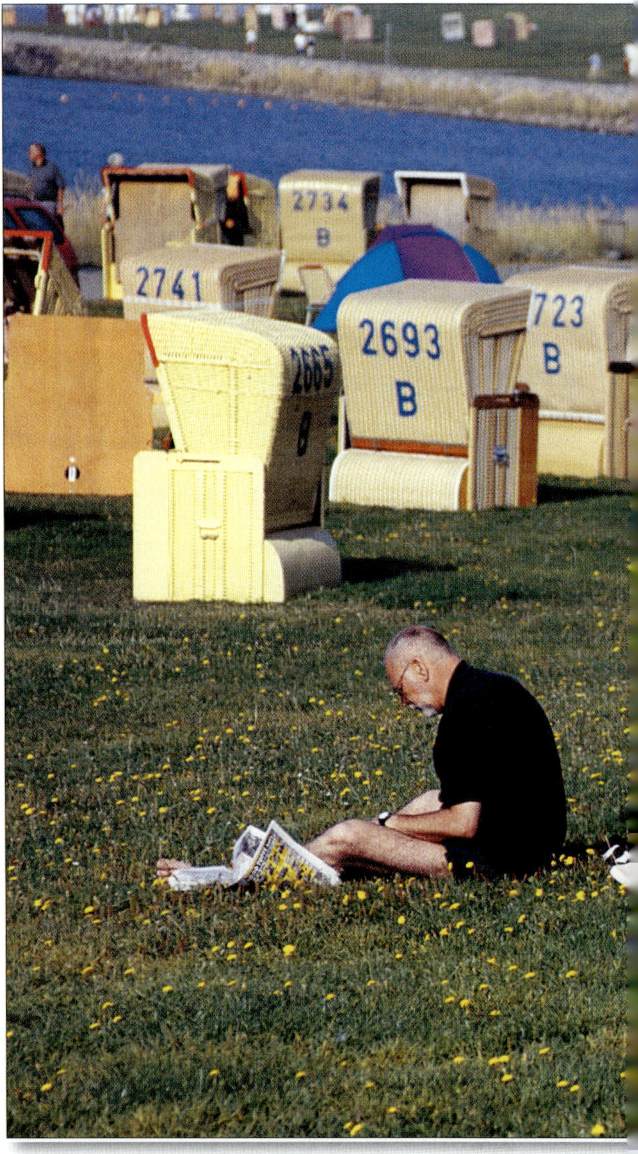
2734
B
2741
2693
B
723
B

010ns Foto: fr

Menschen und Natur

## *Die Nordsee*

Klare Sache, **Nordseewellen,** die sich krachend
brechen, einem gischtsprühend die Füße wegzie-
hen, dürften das schönste Strandvergnügen sein.
Schon *Thomas Mann* verglich die Nordseewellen
mit „Prankenschlägen, nach denen er sich das
ganze Jahr zurücksehnt". Wo sonst kommt man
mit den Elementen so unmittelbar in Kontakt, wird
sich der eigenen Nichtigkeit angesichts der Ur-
kraft des Wassers bewusst? An der Nordsee eben.
Aber gleich eine Einschränkung: Nordseewellen
wird man auf den Inseln Sylt und Amrum vielleicht
erleben können, an der restlichen Nordseeküste
eher nicht. Auf dem Festland läuft das Wasser bei
Ebbe und Flut ganz langsam ab und entsprechend
genauso langsam wieder auf, weil der Meeresboden über lange Distanzen nur geringe Höhenunterschiede im Vergleich zum Festlandsboden
aufweist. Wenn sich tatsächlich mal Wellen am
Festlandsufer brechen, haben wir eine Sturmflut
und dann hat da auch kein Urlauber mehr etwas
zu suchen.

## Geschichte

**Entstehung**  Die Nordsee entstand vor langer Zeit, etwa vor 10.000 Jahren. Damals war sie noch klein und flach. England und Nordeuropa bildeten eine Einheit und die heutigen Nordfriesischen Inseln gab es noch nicht. Aber dann schmolzen die Gletscher der letzten **Eiszeit** langsam ab, der Nordseepegel stieg. Landmassen erhoben sich, vom Druck des Eises befreit, niedrig gelegenes Land versank in den Fluten und Inseln entstanden.

Der **Wasserpegel** stieg langsam. Vor etwa 5000 Jahren lag der Wasserstand gut 10 m unter dem heute gültigen Normalnull.

Knapp 1000 Jahre später entstanden die ersten **Watten,** der gestiegene Wasserpegel staute schließlich auch die Flüsse und ein breiter, schlammiger Streifen bildete sich. Hier lagerten sich im Lauf der Jahrtausende viele Sinkstoffe ab, Nährboden für Kleinstlebewesen aller Art. Durch die Gezeiten fielen diese Gebiete periodisch trocken und wurden dann ebenso regelmäßig wieder überschwemmt. Kleine Inseln entstanden, auf denen Menschen siedelten.

**Sturm-fluten**  Am 16. Januar 1362 kam es zu einer vernichtenden Überschwemmung, die **Marcellusflut** ging als **„Grote Mandränke"** in die Geschichte ein. Sie überschwemmte alles Land, Deiche brachen, Orte wurden überflutet. Das Wasser riss ganze Landstriche auseinander, die sagenhafte Insel Rungholt verschwand von der Karte, Husum wurde quasi über Nacht zur Hafenstadt.

In der Nacht vom 11. auf den 12. Oktober 1634 schlug die Nordsee abermals zu, in der **„Zweiten Groten Mandränke"** wurde die Insel „Strand" in vier Teile auseinander gerissen: Pellworm, Nordstrand und die Hallig Nordstrandischmoor entstanden nebst der heute so benannten Hamburger Hallig. 10.000 Menschen und über 50.000

*Menschen und Natur*

## Große Sturmfluten

1164: Am 16. Februar Julianenflut, man spricht von 20.000 Opfern.

1219: Am 16. Januar Marcellusflut, 36.000 Tote.

1287: Luciaflut, fand am 14. Dezember statt, angeblich 50.000 Ertrunkene.

1362: Marcellusflut oder auch „Grote Mandränke" genannt, die Insel Rungholt ging unter, angeblich 100.000 Tote.
   Drei weitere Sturmfluten im 14. Jh. gelten als nicht restlos gesichert, aber ziemlich wahrscheinlich: 1313, 1341, 1380.

1436: Am 1. November fegte ein Orkan über die Küste, genannt die Allerheiligenflut, auf Sylt versank Eidum in den Fluten.

1483: Zwei Sturmfluten in einem Jahr.

1532: Am 2. Januar forderte die „Große Flut" allein auf Nordstrand 1600 Tote.

1570: Allerheiligenflut mit mehreren Tausend Opfern.

1634: Zweite Grote Mandränke, die schlimmste Sturmflut bisher, die Insel Strand wurde in mehrere Teile zerrissen, rund 10.000 Tote.

1717: Die Weihnachtsflut forderte 12.000 Tote, schwere Deichschäden.

1825: Große Sturmflut mit 800 Toten und sehr schweren Schäden.

1962: Am 17. Februar stieg das Wasser so hoch, dass weite Teile Hamburgs überflutet wurden, etwa 300 Tote im Hamburger Raum.

1976: Große Flut mit dem höchsten Pegel, der je gemessen wurde, 6,45 Meter über NN.

1981: Schwere Sturmflut, der Pegelstand lag über dem von 1962, aber die Schäden blieben geringer, vor allem die Zahl der Opfer.

1990: Allein im Februar zogen fünf Stürme übers Land.

1994: Große Flut, der Pegel überstieg die 6-Meter-Marke.

1995: Dito.

1999: Zwei große Fluten, einmal im Februar, dann wieder im Herbst, setzten der Küste zu, der Pegel blieb knapp unter 6 Meter.

2006: Schwere Sturmflut im November (Allerheiligenflut).

2007: Im November fegte Orkan „Tilo" durch die Nordsee.

133ns Foto: fr

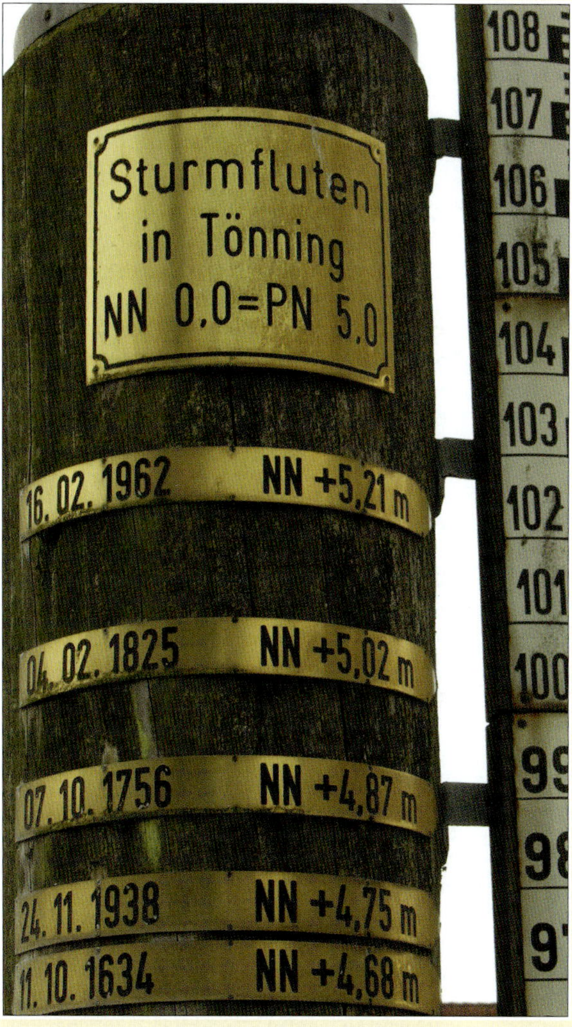

Sturmfluten
in Tönning
NN 0.0=PN 5.0
16. 02. 1962 NN +5,21 m
04. 02. 1825 NN +5,02 m
07. 10. 1756 NN +4,87 m
24. 11. 1938 NN +4,75 m
11. 10. 1634 NN +4,68 m
108
107
106
105
104
103
102
101
100

Tiere ertranken in der schlimmsten Sturmflut, die die Nordseeküste bisher heimgesucht hat.

Beide Fluten haben weite Teile des ehemaligen Nordfrieslands dauerhaft unter Wasser gesetzt und mit für die Entstehung der Nordfriesischen Inseln gesorgt.

## Ebbe und Flut

Die Nordsee wird durch die **Gezeiten** geprägt, **Tiden** genannt. Fließt das Wasser ab, spricht man von **Ebbe,** auflaufendes Wasser wird **Flut** genannt. **Hochwasser** ist der höchste Stand des Wassers. Hat das ablaufende Wasser seinen niedrigsten Stand erreicht, so heißt das **Niedrigwasser.** Wenig später beginnt das Wasser wieder aufzulaufen. Der kurze Zeitraum dazwischen wird Stauwasser genannt, hier „steht" das Wasser.

Sechs Stunden läuft das Wasser auf, dann läuft das Wasser wieder sechs Stunden ab und erneut geht es von vorn los. Nach exakt 12 Stunden und 25 Minuten wird dann wieder Hochwasser erreicht. Dieses Phänomen kann weltweit beobachtet werden und hängt mit dem **Mond** zusammen. Ein kompliziertes Zusammenwirken der Anziehungskräfte und der Fliehkraft des Mondes und der Erde erzeugt ein Ansteigen und Absinken des Wasserstands, an den Küsten als Ebbe und Flut spürbar.

Gefährlich wird es bei Neumond oder Vollmond, da sich dann die Kräfte verstärken und die Tide „an Land springt", was auch Springtide oder **Springflut** genannt wird. Herrscht bei auflaufendem Wasser starker Westwind, kommt es zu einer der gefürchteten Sturmfluten.

Das Gegenteil ist eine **Nipptide.** Bei Halbmond heben sich die Kräfte von Sonne, Mond und Erde zum Teil auf, die Flut nippt nur schwach ans Ufer.

Genaue Tiden können im **Gezeitenkalender** nachgelesen werden, die auch in den Kurverwaltungen ausliegen.

Menschen und Natur

## *Gezeiten als Reisemangel*

Die Klagewut einiger Menschen kann einen manchmal nur noch sprachlos machen. Warum, so darf sich der Küstenbewohner fragen, verreisen eigentlich manche Leute überhaupt noch? Wahrscheinlich wollen sie sich ärgern. Und dann klagen. Kürzlich musste sich ein Stuttgarter Gericht mit „zu weit vordringenden Fluten" beschäftigen. Zwar spielte sich der Fall in Kenia ab, aber vorstellbar wäre er wohl auch an der Nordseeküste. Man reklamierte, dass das Wasser immer so weit anstiege, dass es den ganzen Strand bedecke. Und das, so beschwerten sich die Urlauber, stand nicht im Katalog. Folglich sei es ein Mangel, den es zu entschädigen gelte.

Mir als „Eingeborenem" des Landes zwischen den Meeren bleibt ob solch einer Argumentation glatt die Spucke weg. Dem Richter nicht. Er sprach Recht und den Klägern eine Minderung des Reisepreises um 40 % zu (allerdings gab es noch ein paar weitere Mängel).

Also liebe Nordsee-Urlauber, schauen Sie doch mal im Prospekt nach, ob da wirklich steht, dass das Wasser zweimal am Tag wegläuft und irgendwann auch wieder kommt. Und den Strand überspült! Brauchen Sie vielleicht noch eine Rechtsschutzversicherung?

## Die Küste

**Strände**

Warum fährt man ans Meer? Natürlich, um zu baden, die gute Luft zu genießen und sich am Strand zu sonnen. Am Strand? Die Nordseeküste in Schleswig-Holstein, das heißt die Küste auf dem Festland, hat aber so gut wie **keine klassischen Strände.** Leider nein. Das muss hier in aller Deutlichkeit gesagt werden, damit es keine Enttäuschungen gibt.

Der breite Strand lockt viele Urlauber...

... manchmal ist aber auch ein wenig mehr Platz!

677ns Foto: fr

Menschen und Natur

Herrliche, weiße Sandstrände, gesprenkelt mit Strandkörben, im Hintergrund wiegt sich der Strandhafer auf den Dünen im Wind. So in etwa stellt man sich die Nordseeküste vor. Und das gibt es ja auch, auf Sylt und auf Amrum, beides große Inseln in der Nordsee.

Wie sieht es auf dem Festland aus? Bis auf eine einzige Ausnahme gibt es nichts dergleichen. Die Ausnahme heißt **St. Peter-Ording.** Dort öffnet sich ein richtig breiter Strand. Der ist so breit, dass sogar Hunderte von Autos dort parken können. Zumindest an den wenigen heißen Sommerwochenenden flüchten sich halb Hamburg und ein Drittel von Schleswig-Holsteins Bürgern nach St. Peter an den Strand. Dann parken dort in der prallen Sonne wirklich Tausende von Autos, aalen sich nicht mehr zu zählende Leiber am schattenlosen Strand. Bis alle krebsrot abends wieder nach Hause „stop-and-goen". Aber es gibt eben an der ganzen Festlandsnordseeküste keinen vergleichbaren Strand.

In **Büsum,** dem zweitgrößten Ferienort an der Nordseeküste, hat man aus der Not eine Tugend gemacht, verkauft das Nicht-Vorhandensein als **„grünen Strand".** Nicht ungeschickt wird hier der weit abfallende Deich als Strandersatz angeboten und auch angenommen. Mit Strandkörben und Liegewiesen, es geht ja auch so ganz gut. Eine kleine Ecke Sandstrand hat man dann in Büsum auch noch geschaffen, sozusagen für die Unverbesserlichen.

Auch in **Friedrichskoog,** der touristischen Nummer 3 an der Küste, muss der Urlauber mit einem Deich vorlieb nehmen.

Überall sonst entlang der Küste sieht es nicht anders aus, werden **Badestellen,** die wenigstens bei Ebbe mal ein wenig Sand rausrücken, als Geheimtipp gehandelt. Jeder Vermieter hat da garantiert eine unschlagbare Empfehlung!

**Gefahren beim Baden**

Eines muss in aller Deutlichkeit gesagt werden: An der Festlandsküste sind **Wellen** selten! Durch die geringen Höhenunterschiede zwischen Festland- und Meeresboden zieht sich das Wasser teilweise kilometerweit zurück. Wer es nicht glauben mag, sollte nur einmal bei ablaufendem Wasser in St. Peter-Ording am Strand stehen. Richtig langsam fließt das Wasser ab und sechs Stunden später wieder auf. Krachende Wellen können da zumeist gar nicht entstehen. Für Kleinkinder natürlich ein ungefährlicher Badespaß, für „Wellenreiter" eine Enttäuschung.

Manchmal entstehen sie dann ja doch, aber – ehrlich gesagt – sehr selten. Wer mal so richtig in den Wellen toben will, muss ins Wellenbad gehen oder einen Ausflug nach Sylt oder Amrum machen. So toll es dort auch ist, mit den Wellen zu kämpfen, wenn sie anrollen und sich über dem Kopf brechen, man sollte auch die Gefahren kennen. Zunächst darf die **Strömung** nicht unterschätzt werden. Besonders bei ablaufendem Wasser wird der Badende unweigerlich weggetrieben,

6T1ns Foto: fr

selbst geübte Schwimmer haben bei starker Strömung Schwierigkeiten, wieder an Land zu kommen. Kinder dürfen deshalb nie allein gelassen werden, selbst wenn sie nur am Ufer planschen. Die Wellen brechen sich nicht immer an der gleichen Stelle, manche rollen weiter aus und können eine unglaubliche Sogwirkung entwickeln, wenn sie zurückfließen. Das kann einem kleinen Menschen glatt die Beine wegreißen. Wer es nicht glaubt, braucht sich nur mal bei etwas stärkeren Wellen bis zu den Knien ins Wasser zu stellen, das genügt meist schon für einen bleibenden Eindruck.

Wellen entwickeln unglaubliche **Kräfte,** können auch Erwachsene glatt zu Boden schleudern.

Oben auf'm Deich

## Was ist ein Koog?

Wer heute beispielsweise von Marne kommend in Richtung Friedrichskoog fährt, wundert sich vielleicht über die vielen Deiche, die mitten auf der Wiese stehen und scheinbar keinen Nutzen haben. Das täuscht, denn vor vielen Jahrzehnten schwappte hier die Nordsee an den Deich. Einst lag Marne am Meer, das mag man aus heutiger Sicht gar nicht glauben, aber es stimmt.

Die Menschen an der Westküste erkannten schon früh, dass der Boden am Meer äußerst fruchtbar ist. Man musste ihn „nur" entwässern. Also wurden zuerst Lahnungen ins Meer gebaut. Lahnungen sind kleine Dämme im Abstand von 200 bis vielleicht 400 Metern, die von der Küste aus ins Meer hineinragen. Sie bestehen mindestens aus einer doppelten Reihe von Pfählen, nicht selten sogar aus mehreren Reihen. Man rammt sie in den Wattenboden, verdrahtet sie miteinander und füllt die Zwischenräume mit Reisig und Buschwerk. Allzu hoch sind die Pfähle nicht, bei Flut werden sie zumeist überspült, aber das Wasser läuft dann langsamer ab.

Um Land zu gewinnen, baut man dann noch quer verlaufende Dämme aus gleichem Material, so wird ein mehrere Hektar großes Gebiet abgeteilt. Das hat zur Folge, dass die Gezeiten in dem abgeteilten Gebiet nicht mehr so stark bemerkbar sind. Das Wasser beruhigt sich, Schwebstoffe sinken ab. Im Lauf der Jahre verschlickt das Gebiet immer mehr, steigt regelrecht an. Die Gezeiten erreichen schließlich das neue Land seltener. Wind und Sonne trocknen den Boden immer stärker aus.

Auf diese Art wird Land gewonnen, **Marschland.** Es dauert zwar Jahre, aber allmählich wird der Boden von Sinkstoffen belegt, erste Pflanzen sprießen (zumeist der robuste Queller). Das Land steigt langsam an, ergrünt, Schafe finden Nahrung. Dann muss der Koog entwässert werden, erste Wege werden gebaut. Schließlich kommt es zur Eindeichung. Das alles dauert: Durchschnittlich rechneten die Planer mit Zeitspannen von 15 bis teilweise 40 Jahren!

Insgesamt entstanden so an der Westküste 90 Köge seit 1436, als erstmals neues Land mit dem Alten Wiedingharder Koog gewonnen wurde. Wer sich eine de-

Menschen und Natur

taillierte Karte der Westküste anschaut, wird bemerken, dass beinahe durchgängig von der dänischen Grenze bis zur Elbe Köge existieren. Die Nordseeküste von Schleswig-Holstein ist also weitestgehend künstlich geschaffen.

**Landgewinnung** war zur Zeit der Nazis ein Riesenthema, „Schaffung von neuem Lebensraum" hieß es damals. Wahnwitzige Projekte wurden ernsthaft erwogen, z.B. einen einzigen durchgehenden Deich von Sylt bis Eiderstedt zu bauen. Realisiert wurden während der braunen Jahre tatsächlich 10 Köge, einer trug sogar den Namen des Führers. Dieser schaute am 29. August 1935 persönlich mit großem Gefolge in „seinem" Koog vorbei. Nach Kriegsende wurde der Koog dann sofort umbenannt.

So wurde seit dem 15. Jh. immer wieder „vorgedeicht", die Küstenlinie tatsächlich verschoben. Grobe Richtung: von Ost nach West. 1718 erschuf man den Sophienkoog, 1787 den Kronprinzenkoog, 1854 den Friedrichskoog und 1935 den Dieksanderkoog. Und so lag die Stadt Marne nach der Entstehung des Koogs etliche Kilometer vom Meer entfernt.

Der letzte Koog wurde in den 80er Jahren des 20. Jahrhunderts in Angriff genommen. Es ist der Beltringharder Koog, seine 3400 Hektar stehen heute unter Naturschutz. Seitdem wurden keine Köge mehr angelegt, vom Gedanken der Landgewinnung hat man sich verabschiedet.

134ns Foto: fr

Schürfwunden wären da noch das Harmloseste, schlimmer wäre es, die Besinnung zu verlieren und dann von der Strömung ins Meer hinausgetragen zu werden. Je höher die Wellen sich aufbauen, desto stärker ist auch der Rückfluss und damit der Sog.

Es gibt immer **bewachte Strandzonen,** wo erfahrene Rettungsschwimmer aufpassen. Rigoros pfeifen sie mit ihren Trillerpfeifen Unbelehrbare zurück. Erscheint den Rettungsschwimmern das Baden als zu gefährlich, ziehen sie einen roten Ball als Warnzeichen auf. Das bedeutet, dass nur im bewachten Strandabschnitt gebadet werden darf und dass es generell nicht ungefährlich ist. Bei zwei roten Bällen gilt absolutes Badeverbot.

**Deiche**    So oder so ähnlich steht es in vielen kleinen Lokalzeitungen in Schleswig-Holstein:

> **Deichschauen**
>
> im Deich- und Hauptsielverband (Ortsname). Am 10. Juli und 10. Oktober finden die Schauen der Mitteldeiche statt. Die Deichschläge sind zu diesen Terminen in schaufähigen Zustand zu setzen. Die Übersteiger sind in einem sicheren Zustand zu halten.
>
> Der Oberdeichgraf

Deiche sind das A und O an der Küste, das steht außer Frage. „Wer nicht will deichen, der muss weichen", hieß es früher und war bitterernst gemeint. Wer seiner **Deichpflicht** nicht nachkam, wurde enteignet. Seit 1970 hat der Staat zwar einen Großteil vom **Küstenschutz** übernommen, trotzdem werden Anrainer immer noch in die Pflicht genommen. Und darüber wacht, wie schon zu Zeiten des „Schimmelreiters" *Hauke Haien,* der Deichgraf.

Deiche schützen das Land gegen Hochwasser, aber genauso wichtig sind Entwässerungsgräben, so genannte **Siele.** Denn der Deich unterbricht natürliche Entwässerungsrinnen, das waren zu-

meist die Priele. Fehlende Kanäle würden zu einem Süßwasserstau führen. Deshalb sind Acker- und Weideland von Gräben durchzogen, die Oberflächen- und Grundwasser in einem Siel durch den Deich leiten. Das Siel wurde so gebaut, dass es Wasser vom Meer nicht hineinlässt, es fällt von alleine zu. Umgekehrt kann das Wasser aus den Gräben bei Ebbe das Sieltor öffnen und abfließen.

Seit etwa dem 11. Jh. wird **Deichbau** betrieben. Zuerst noch recht einfach, später äußerst verfeinert. Heute fallen Deiche zur Wasserseite sehr flach ab, das war noch zu Zeiten von *Storms* „Schimmelreiter" völlig anders. Damals waren es einfache Wände aus Holzbohlen, die auf der Rückseite mit Klei geschützt waren, mehr nicht. Deichbau war knüppelharte Handarbeit, schwerer

„Wer nicht will deichen, der muss weichen."

Kleiboden musste transportiert und an der Holzwand festgestampft werden. Heute verrichten diese Arbeiten Bagger. Sie legen zunächst einen Sandkern an. Darauf wird eine dicke Schicht Kleiboden gelegt, die an der Außenböschung sacht zum Wasser abfällt. Zum Schluss folgt eine Rasendecke, die später von Schafen kurz gefressen und gleichzeitig festgetrampelt wird.

Wenn „normale" **Hochwasser** auftreten, rollen die Wellen an der langen Böschung ab, die früheren Deiche wurden oftmals von starken Wellen schnell zerschlagen. Deichbrüche treten heute vor allem bei sehr hohen Sturmfluten auf, wenn die Flut über die Deichkrone schwappt. Dann wird der Deich aufgeweicht und irgendwann bricht er.

Damit dies nicht passiert, kontrollieren erfahrene **Deichgrafen** immer noch regelmäßig die Deiche und reparieren kleine Löcher sofort. Die Anwohner werden aber nicht mehr ganz so stark wie früher in die Pflicht genommen. Sie zahlen heute Mitgliedsbeiträge an den Deich- und Sielverband, der die Deiche dann überprüft.

●**Tipp:** In Büsum gibt es ein Deichmuseum, wo auf der freien Wiese verschiedene Deiche aus acht Jahrhunderten nachgebaut wurden. Sehr deutlich lassen sich die unterschiedlichen Bau-Techniken erkennen.

**Salzwiesen** Die Salzwiesen liegen im Übergangsbereich, gehören nicht mehr richtig zum Meer, sind noch nicht richtig Land. Nur dort, wo sie nicht mehr regelmäßig überflutet werden, bildet sich eine eigenständige Vegetation aus **Salzpflanzen** auf dem besonders fruchtbaren Boden. Vor allem Andelgras, Queller, Rotschwingel und Strandflieder wachsen hier, alles Pflanzen, die den hohen Salzgehalt ertragen. Speziell hier brüten auch viele **Vögel** in den Sommermonaten, wenn die Pflanzen blühen und ihnen somit eine besonders gute Tarnung bieten.

## Das Wattenmeer

Menschen und Natur

Es quatscht und matscht, es schmatzt und saugt, bei jedem Schritt, bei jedem Tritt. Aber nur wer barfuß läuft, spürt es so richtig, das beinahe Unbeschreibliche. Kurz nur saugt sich der **Schlick** am Fuß fest, mag gar nicht recht loslassen. Dann muss er doch – die Kräfte des Wanderers sind stärker, und – schmatz – zieht dieser den Fuß heraus aus dem Schlick, und – platsch – setzt er ihn schon wieder auf. Und abermals: schmatz, platsch, quatsch, platsch und so fort.

● **Literaturtipp: „Wandern im Watt",** erschienen in der Praxis-Reihe des REISE KNOW-HOW Verlags.

Eine graue Schlickwüste, ein Nichts aus Wasserresten, Schlamm und Muscheln, so mag der erste, oberflächliche Eindruck ausfallen. Das Watt lebt aber, und wie! Länderübergreifend wurde das Wattenmeer zum **Nationalpark** erklärt. Entlang der Nordseeküste erstreckt sich der Nationalpark Wattenmeer über etwa 450 km zwischen dem dänischen Esbjerg und dem holländischen Den Helder, es ist damit das größte zusammenhängende Wattgebiet der Welt. Insgesamt misst es etwa 7300 km², der Anteil von Schleswig-Holstein beträgt 4400 km².

Das Watt lebt von den **Gezeiten,** alle 6,13 Stunden wird es überflutet, knapp sechs Stunden später liegt es wieder trocken. Es wird von unzähligen **Prielen** durchzogen, schmalen Wasserläufen, die auch bei Ebbe nur teilweise trockenfallen. Diese Priele kanalisieren die Gezeitenströme, die den Schlick heranführen.

Der blauschwarze **Boden** wird so ständig angereichert durch Mikroorganismen, von denen sich Wattwürmer, Muscheln und Krebse ernähren. Das wiederum lockt Wattvögel an, die, Beute pickend, im Watt herumstolzieren. Etwa **4200 Tierarten** leben hier, davon 250 endemische, also Tiere, die nirgendwo sonst auf der Welt vorkommen.

## Tierwelt im Watt

**Würmer,
Muscheln,
Schnecken**

Das Watt ist Lebensraum einer großen Zahl von Tierchen. In einem Quadratmeter Watt können bis zu 50 Wattwürmer oder 20.000 Herzmuscheln oder gar 100.000 Wattschnecken leben, unvorstellbar!

Ein Wattwanderer wird sicherlich die vielen kleinen Häufchen bemerken, Kothäufchen, wo sich ein **Wattwurm** (Pierwurm) einen Gang gegraben hat.

Ebenfalls **unterirdisch** leben Sandklaffmuschel, Plattmuschel, Schlickkrebs und Pfeffermuschel. Auffällig ist auch der Bäumchenröhrenwurm, dessen kunstvoll zusammengeklebte Röhre ein Stückchen aus dem Boden schaut. Durch diese Röhre wird Wasser angesaugt, werden Nahrungspartikel aufgenommen und dann wieder ausgestoßen.

Andere Tiere, hauptsächlich Schnecken, Krebse und einige Muschelarten, leben **oberirdisch,** sie

So einsam im Watt nur in Strandnähe laufen!

entwickelten einen harten Panzer gegen das Austrocknen und als Schutz gegen Vögel.

**Miesmuscheln** dagegen leben nicht eingegraben, sondern schließen sich oberirdisch zu großen Gruppen zusammen, sodass Muschelbänke entstehen.

Schon am Strand sind sie ständig zu finden, die hellen **Herzmuscheln.** Im Watt leben sie knapp unter der Oberfläche des Bodens. Sie filtern durch ein Röhrchen Plankton über das Wasser ein, durch ein zweites Röhrchen wird das Wasser wieder ausgestoßen. Wattführer zeigen gern einen Trick, den sie den Möwen abgeschaut haben: Die Vögel trampeln mit ihren Füßchen auf dem weichen Wattboden, dadurch kommen die Muscheln an die Oberfläche und sind eine sichere Beute für die Trampler.

Die **Sandklaffmuschel** lebt im Wattboden in einer Tiefe von 15–25 cm. Auch sie filtert durch ein Röhrchen Wasser in ihren Körper hinein und durch ein zweites Röhrchen wieder hinaus.

Ähnlich leben die **Pfeffermuschel** und die **Plattmuschel,** beide in etwa 7–12 cm Tiefe.

**Quallen**

Quallen möchte wohl jeder Badende aus dem Weg schwimmen. Besonders bei Ostwind treten sie verstärkt auf, sie schwimmen nämlich gegen die Strömung. Bei Westwind, der meist an der Nordsee vorherrscht, tummeln sie sich also in der offenen See. Manche dieser zu 98 % aus Wasser bestehenden Tiere haben Tentakeln, die um einiges größer sind als ihr eigener Körper. Vor allem die **Nesselqualle** kann das typische Brennen erzeugen, das ein Mensch bei Berührung mit den Nesselzellen erleidet. Etwa 20 cm im Durchmesser und leicht bläulich bzw. violett gefärbt, wird sie auch Feuerqualle genannt. Diesen Namen gab der Volksmund auch der **Kompassqualle,** die ebenfalls mit ihren Nesselkapseln für Brennen auf der Haut sorgen kann. Zur Unterscheidung: Die Kompassqualle weist braune Streifen auf, die vom Zentrum an die äußeren Ränder laufen. Auch häufig

*Menschen und Natur*

zu sehen ist die **Ohrenqualle,** die bis zu 30 cm misst und vier klar erkennbare ohrenförmige Geschlechtsorgane aufweist.

**Fische**

Kein Wunder, dass Fische auf Nahrungssuche in Scharen kommen. Unterschieden wird hier zwischen so genannten **Stammfischen und Saisongästen** – beinahe so wie an Land. Die Stammgäste verbringen ihr gesamtes Leben im Watt, die Saisongäste ziehen sich zumindest zum Laichen in die Nordsee zurück.

Besonders augenfällig sind hierbei die **Schollen,** auch Plattfische genannt. Sie verlassen bei Flut die Priele und ziehen sich bei Ebbe dorthin zurück. Falls sie es einmal nicht schaffen, graben sie sich im feuchten Boden ein und warten auf die nächste Flut. Dann kann man „Schollen pedden" gehen, Schollen treten. Einfach mit dem nackten Fuß auf die Scholle treten, so festhalten, und ab in den Korb. Abends gibt's dann gebratene Scholle mit Speckkartoffeln.

**Vögel**

Auch die Vogelwelt kennt Gastvögel und Dauergäste. Tausende von **Zugvögeln** kommen im Frühjahr und Herbst, futtern sich hier durch. Die Gesamtzahl dieser gefiederten Gäste soll bis zu zwei Millionen betragen, die sich dann mit Möwen, Austernfischern und anderen Dauergästen um Beute streiten.

Ein langer roter Schnabel und schwarz-weißes Gefieder sind die markantesten Merkmale des **Austernfischers.** Nicht zu überhören ist auch sein Trillern, beinahe das ganze Jahr über. Austernfischer halten dem Norden die Treue, flüchten nicht in wärmere Gefilde. Im April brüten sie in den Salzwiesen; Spaziergänger sollten in dieser Zeit besonders aufpassen, damit sie sich nicht versehentlich einem Nest nähern. Oft fliegt dann einer der Elternvögel heftig kreischend auf die Eindringlinge zu, spätestens dann muss man umkehren. Der Austernfischer taucht übrigens gar nicht nach der Aus-

01 Sns Foto: fr

ter, er bevorzugt Wattwürmer, Schnecken und Miesmuscheln. Mit seinem starken Schnabel knackt er jede Muschel.

Auch die **Eiderenten** verbleiben im Winter im Watt, allerdings brüten viele im Sommer in weiter nördlich gelegenen Zonen. Dort herrscht mehr Ruhe. Eiderenten tragen ein schwarz-weißes Gefieder (Männchen), die Weibchen ein leicht bräunliches.

Elegant segeln die **Möwen** heran, hocken sich ungeniert auf Strandkörbe und Buhnen – sie sind alles andere als scheu. Ihr Gefieder glänzt hell, leicht silbrig bis grau, markant ist auch ihr kräftiger Schnabel. Vor allem die Silbermöwe kann eine erstaunliche Spannweite erreichen, immerhin bis zu 1,40 m. Auch die Lachmöwe mit ihrem im Sommer dunkelbraunen Kopf begleitet häufig die Schiffe, ihre heiseren Schreie ausstoßend.

Farbenfroh zeigen sich die **Brandgänse:** ein grüner Kopf mit rotem Schnabel und schwarz-weißes Gefieder, so stolzieren sie über die Dünen.

Etwas Ausruhen vor dem Weiterfliegen

Auffälligstes Merkmal der **Seeschwalbe** ist der gegabelte Schwanz. Sie kann stoßartig ins Meer abtauchen und kleine Fische jagen.

Den **Sandregenpfeifer** erkennt man gut an einem schwarzen, geschlossenen Band am Hals.

Der **Säbelschnäbler** trägt ein schwarz-weißes Gefieder und hat blaugraue Füße sowie einen längeren, nach oben gebogenen Schnabel. Nicht zu überhören ist sein „pluit-pluit".

Der **Brachvogel** wächst bis zur Größe einer Lachmöwe, gilt damit als größter Vogel des Wattenmeeres. Er hat einen langen, nach unten leicht gebogenen Schnabel.

**Seehunde**  Der wohl berühmteste Bewohner des Wattenmeeres ist der Seehund. 1989 wurden gerade 1700 Tiere in Schleswig-Holstein gezählt, zehn Jahre später war der **Bestand** im gesamten Wattenmeer auf etwa 13.000 angewachsen.

Seehunde ziehen sich zum Gebären und Säugen auf Sandbänke zurück, südlich von Hörnum beispielsweise, sodass dort auch von den **„Seehundbänken"** gesprochen wird. Die Tiere auf den Sandbänken wollen und sollen ihre Ruhe haben, sie sind schon genügend Stressfaktoren ausgesetzt. Deshalb gilt für Surfer oder Segler: Abstand halten! Nicht hinfahren und die Tiere „besuchen", respektiert ihren Lebensraum!

Seehunde werden zumeist im Juli **geboren,** sie kommen auf einer der vielen Sandbänke zur Welt. Wenn wenig später die Flut diesen Geburtsort wieder überspült, müssen sie sofort ihre ersten Schwimmversuche starten. Die Jungtiere wachsen schnell, schon nach wenigen Wochen hat sich ihr Gewicht teilweise verdreifacht.

Nach der Säugephase mit nahrhafter Muttermilch von 45 % Fettgehalt (zum Vergleich: Sahne hat 38 %) müssen die Tiere nun das Jagen lernen. Dabei kommt es oft zur Trennung von der Mutter. Wattwanderer finden dann manchmal kläglich schreiende **„Heuler".** Heuler sind Jungtiere, die

von ihrem Rudel kurzfristig getrennt wurden und sich nun allein im Watt orientieren müssen. Sie wirken hilflos heulend, aber dies ist Bestandteil des Abnabelungsprozesses. Die kleinen, niedlichen Tiere rühren das Herz, doch niemals sollten sie angefasst werden, sonst nimmt die Mutter sie unter Umständen nicht mehr an. Sie schwimmt meist ganz in der Nähe, traut sich bei den Menschenmassen aber nicht an ihr Junges.

Also: Niemals den Heuler anfassen, andere Gäste fernhalten, großen Abstand wahren und Polizei bzw. Kurverwaltung verständigen.

Im Jahr 2002 starben viele Seehunde am Staupe-Virus. Experten schätzen, dass 40–50 % der gesamten Nordseepopulation der Krankheit zum Opfer fiel. Allerdings erwiesen sich drei Jahre später die Jungen der überlebenden Tiere als besonders kräftig. Im Jahr 2008 wurden dann sogar 20.500 Seehunde gezählt, die höchste Zahl seit Beginn der Zählung.

Niemals so dicht an einen Heuler herangehen!

**Kegel-robben**

Stolze 2,20 m groß können sie werden und bringen ein Gewicht von bis zu 300 kg auf die Waage. Damit gehören sie zu den größeren Tieren der Nordsee. Eine recht kleine Gruppe sammelt sich auf einer **Sandbank bei Hörnum,** dort kommen auch die Jungtiere zur Welt, erstaunlicherweise im kalten Winter. Die Kegelrobbe gilt als stark gefährdet; sollten Wanderer ein Tier am Strand entdecken, lieber einen großen Bogen machen.

## Wattwanderungen

Eine Wattwanderung gehört einfach dazu, hier einige **Regeln für Wattwanderungen:**

- Niemals allein gehen, jedenfalls nicht ins offene Watt, niemals ohne Uhr und Kenntnis der Tide.
- Niemals bei auflaufendem Wasser starten.
- Keinen Priel zwischen sich und dem Land lassen, Priele laufen bei Flut zuerst voll und schneiden dann den Rückweg ab.
- Im Watt fängt man sich schnell einen Sonnenbrand, an Kopfbedeckung und Sonnenschutz denken.
- Im Priel baden kann aufgrund der Strömungen gefährlich sein.
- Vor einer Wattwanderung beim Vermieter abmelden.
- Keine Wattwanderung bei Nebel und Gewitter starten.
- Barfuß im Watt laufen macht den größten Spaß, ansonsten Gummistiefel anziehen.
- Kameras und Camcorder mitzunehmen lohnt sich bestimmt, ein Kompass kann bei plötzlich aufziehendem Nebel Lebensretter sein.
- Aber am meisten bringt eine geführte Tour, denn der Wattführer erklärt so manches Geheimnis, das einem ansonsten entgeht. Angeboten werden Touren vor allem in Büsum, Friedrichskoog und Nordstrand.

Menschen und Natur

645ns Foto: fr

## Nationalpark Schleswig-Holsteinisches Wattenmeer

Am 1. Oktober 1985 wurde der Nationalpark zum Schutz des Wattenmeeres in Schleswig-Holstein gegründet. Er umfasst das **Gebiet** des Wattenmeeres zwischen der Elbmündung im Süden und der Grenze zu Dänemark im Norden; die Nordfriesischen Inseln und einige Halligen bleiben allerdings ausgenommen. Die Gesamtfläche beträgt 441.000 Hektar. Insgesamt 4200 Tierarten leben hier, 250 davon zählen zu den endemischen Arten. Im Gebiet des Nationalparks leben nur

Wattwandern

zwei Menschen ganzjährig, nämlich auf Hallig Süderoog, und zusätzlich drei im Sommerhalbjahr (eine Person auf der Insel Trischen und zwei auf Hallig Südfall).

„Wat denn een sin Uhl, is denn annern sin Nachtigall", heißt es trocken an der Küste (was dem einen seine Eule, ist dem anderen seine Nachtigall), soll heißen, dass nicht alle Küstenbewohner begeistert waren von der **Einrichtung des Schutzgebietes.** Vor allem Fischer, aber auch Schafzüchter sahen sich in ihrem Bereich eingeschränkt und protestierten heftigst gegen die „Fremdbestimmung". Speziell die Muschel- und Krabbenfischer bemängelten, dass man ihre Fanggebiete zu stark beschränken wollte. Aber auch das gibt es: Eine Erdölplattform steht in der Kernzone und fördert jährlich 900.000 Tonnen Öl. Sie ist fein säuberlich aus dem Nationalparkgebiet ausgeklammert. Und die Bundeswehr erprobt schon seit den 1970er Jahren ihre Waffen in der Meldorfer Bucht.

Nach langem Streit wurde schließlich das Schleswig-Holsteinische Nationalparkgesetz doch noch novelliert, aber beide Seiten mussten Federn lassen. Der Nationalpark wird erheblich größer, um 40 % auf 441.000 Hektar. Neu ist vor allem eine Null-Nutzungszone von 12.500 Hektar bei Sylt, südlich vom Hindenburgdamm. Eine zweite Null-Zone war nicht durchzusetzen, genauso wenig wie ein 150 Meter langer Streifen im Deichvorland. Eine Abgeordnete brachte es auf den Punkt: „Das Nationalparkgesetz stellt das politisch Machbare dar. Nicht mehr, aber auch nicht weniger."

**Und wo genau beginnt der Nationalpark?** Am Strand oder am Deich oder irgendwo weit draußen im Watt? Hinweisschilder geben folgende Erklärung: „Der Nationalpark beginnt im Abstand von 150 m von der seewärtigen Kante der Krone der Landschaftsschutz- oder Sommerdeiche, vom Böschungsfuß der Deckwerke bei unbedeichten Uferstrecken und von der Abbruchkante oder der Mthw-Linie" (Mitteltidenhochwasser-Linie).

# Das Klima

In Schleswig-Holstein gilt der Schnack: „Hinterm Kanal ändert sich das Wetter." Gemeint ist der Nord-Ostsee-Kanal und eine derartige Aussage dürfte bestenfalls Wunschdenken sein, obwohl, manchmal bin ich mir nicht so sicher ...

Die vorgeschobene Lage im Meer erzeugt ein ganz spezielles **Reizklima,** das durch den warmen Golfstrom aus dem Atlantik geprägt wird. Der besondere Reiz des Nordseeklimas liegt im Zusammenspiel von Sonnenlicht, Luft und kühlendem Wind. Die Nordseeluft ist salzhaltig und feucht, hervorgerufen durch das Brechen der Wellen, das die Jod- und Salzteile des Wassers zerstäubt. Der Westwind trägt diese Luft ans Land, der Mensch nimmt sie dann auf. Genau das hat Auswirkungen auf die Schleimhäute, Allergiker z.B. atmen in der reinen Luft endlich wieder frei durch. Es kann aber auch zunächst zu einem Schnupfen kommen, was sich allerdings nach ein paar Tagen reguliert.

Da die Luft durch den Wind ständig etwas kühler ist, wird der **Körper gezwungen zu reagieren.** Blutgefäße ziehen sich zusammen, der Herzschlag verlangsamt sich, der Blutdruck steigt. Sogar ein kurzfristiges Unwohlsein könnte eintreten, längerfristig aber setzt ein Abhärtungsprozess ein, der positive Auswirkungen auf Kreislauf und Durchblutung hat.

Wer sich am Strand aufhält, darf die Kraft der **Sonne** nicht unterschätzen. Durch den ständig wehenden Wind empfindet man es nicht als so warm, warum sich also besonders schützen? Das krebsrote Ergebnis kann man dann abends vor dem Badezimmerspiegel bewundern. Die Gefahren der Sonnenbestrahlung dürfen nicht verkannt werden. Zwar herrscht über Schleswig-Holstein noch kein Ozonloch, aber übermäßige UV-Bestrahlung führt nicht nur zu einem Sonnenbrand, sondern erhöht auch die Gefahr von Hautkrebs. Am besten im Schatten aufhalten, beispielsweise im Strandkorb oder unter einem Sonnenschirm.

Menschen und Natur

Sonnenbestrahlung in Maßen hat aber auch positive Auswirkungen auf den menschlichen Körper. Sie verstärkt die Bildung von Vitamin D, das bei der Calciumaufnahme eine wichtige Rolle spielt. Dies ist für die Knochenbildung wichtig und beugt Osteoporose vor. Schon eine fünfzehnminütige direkte Sonnenbestrahlung führt zur ausreichenden Bildung von Vitamin D, besonders für ältere Menschen nicht ganz unwichtig.

Eine Konstante des Nordseeklimas ist die **Unbeständigkeit.** Zwar gibt es generelle Tendenzen, aber ein wolkenverhangener Himmel kann ruckzuck aufklaren und schon scheint die Sonne wieder. Durch den Golfstrom und den Wind kommt es zu einem relativ milden Grundklima.

Der Wind weht zumeist aus Westen, beschert der Küste vor allem im Januar, Februar schwere

Eine Sonnenuhr in Schleswig-Holstein – purer Optimismus?

## Windstärken

| Bft* | km/h | Wind und Zustand der See |
|------|------|--------------------------|
| 0 | 0-1 | Still, es herrscht Windstille, Rauch steigt senkrecht auf, das Meer ist glatt. |
| 1 | 2-5 | Leiser Luftzug, leichte Kräuselung der See. |
| 2 | 6-11 | Leichte Brise, leichter Wind spürbar. |
| 3 | 12-19 | Schwache Brise, vereinzelte Schaumköpfe auf dem Meer, Fahnen stehen im Wind gestreckt. |
| 4 | 20-28 | Mäßige Brise, vermehrt Schaumköpfe auf dem Meer. |
| 5 | 29-38 | Frische Brise, überall Schaumköpfe auf dem Meer. |
| 6 | 39-49 | Starker Wind, große Wellen entstehen, etwas Gischt wird gebildet. |
| 7 | 50-61 | Steifer Wind, Wellen türmen sich, weißer Schaum in Windrichtung, ganze Bäume schwanken. |
| 8 | 62-74 | Stürmischer Wind, relativ hohe Wellenberge, gegen den Wind gehen fällt schwer. |
| 9 | 75-88 | Sturm, hohe Wellenberge entstehen, Dachziegel können abgeweht werden. |
| 10 | 89-102 | Schwerer Sturm, sehr hohe Wellenberge, weißer Schaum auf dem Meer, Bäume können entwurzelt werden. |
| 11 | 103-117 | Orkanartiger Sturm, sehr hohe Wellenberge. |
| 12 | 118 und mehr | Orkan, das Meer ist vollständig weiß, die Luft ist mit Gischt durchsetzt. |

(* = Beaufort)

Menschen und Natur

# Schneekatastrophe in Schleswig-Holstein

Allzu oft schneit es ja nicht gerade bei uns. Eher selten eigentlich. Und noch seltener ist, dass der Schnee viel länger als eine Woche liegen bleibt. Aber zur Jahreswende 1978/79 passierte es dann doch einmal. Es fiel derart viel Schnee, dass sogar Katastrophenalarm ausgelöst wurde.

Da ich damals in Hamburg arbeitete, erlebte ich es hautnah. Der Tag vor Silvester: Nach Feierabend sollte es mit der S-Bahn zurückgehen nach Hause in die Kleinstadt im südlichen Schleswig-Holstein. Es schneite bereits den ganzen Tag und hörte einfach nicht auf. Dazu kam ein überraschender Temperaturabfall. Die Fahrt mit der S-Bahn war nach wenigen Stationen vorbei. Nichts ging mehr, die Stromschiene war eingefroren, der Zug bekam keinen „Saft" mehr. Erst nach Stunden ging es weiter.

Am nächsten Tag lief überhaupt nichts mehr. Die Straßen waren unpassierbar geworden. In vielen Landkreisen wurde ein Fahrverbot verhängt, trotzdem steckten Tausende auf den Autobahnen in den Schneeverwehungen fest. In einigen Dörfern wurden die Lebensmittel knapp und Nachschub konnte nicht gebracht werden.

Schlimmer noch: Vereinzelt fiel der Strom aus. Überirdische Leitungen vereisten, trugen das Gewicht nicht mehr, zerrissen. Die Menschen saßen frierend im Dunkeln, die Bauern konnten ihre Melkmaschinen nicht mehr anschließen. Die Kühe mussten wieder per Hand gemolken werden, aber wohin mit der Milch? Niemand konnte sie abholen. Die Straßen waren nicht mehr befahrbar, Menschen erfroren in ihren Autos.

Gegen Mittag des 29. Dezember wurde in vielen Kreisen Katastrophenalarm ausgelöst. Die Bundeswehr versuchte mit Bergepanzern und Hubschraubern zu völlig eingeschneiten Orten vorzudringen. Dazu sollten zuerst die wichtigsten Straßen vom Schnee geräumt werden. Aber das gelang nicht, Gerät fehlte ebenso wie Know-how, außerdem schneite es immer noch. Selbst Panzer kamen nur mühsam voran. Tausende von Helfern versuchten ihr Möglichstes.

An der Westküste bei Niebüll „strandeten" über 1000 Menschen (viele Sylt-Urlauber), die wegen des

Menschen und Natur

Fahrverbots hängengeblieben waren. Sie mussten irgendwie untergebracht werden. Auch in Dänemark hingen Autofahrer fest, sie durften die Grenze nicht passieren wegen des Fahrverbots. Der NDR sendete pausenlos Tipps und Nachrichten, für die gesamte Bundeswehr gab es einen Alarmplan. Das Schlimmste war: Es fehlten Schneeräumer. Auf Sturmfluten ist das Land vorbereitet, aber auf Schnee nicht. Im benachbarten Dänemark gab man den Versuch der Räumung ganz pragmatisch auf. Hat eh keinen Sinn, warten wir auf Tauwetter. Aber auch das gab es: Die Menschen rückten enger zusammen, halfen sich gegenseitig. Fragten beim Nachbarn an, ob alles in Ordnung sei. Not schweißt zusammen.

Tauwetter kam dann endlich und ließ die Schneeberge langsam verschwinden. Knapp 5 Wochen später ging es jedoch wieder los. Am 13. Februar trafen Sturmflut, Schnee und Kälte abermals zusammen, erneut wurde Katastrophenalarm ausgelöst, Fahrverbote wurden ausgesprochen.

Die Bilanz beider Unwetter: 14 Tote und Schäden von 140 Mio. DM (entspricht ca. 72 Mio. Euro). Natürlich ging es danach nicht ohne Kritik ab. Man schob sich gegenseitig Inkompetenz und mangelnde Verantwortung zu. Skandinavier und Alpenbewohner brachten ihre Sichtweise auch noch ins Spiel, nämlich das Schnee ein Naturphänomen sei und alles eine Frage der Vorbereitung. Das mag so sein, aber wann schneit es schon mal derart in Schleswig-Holstein? Seit 1979 jedenfalls nicht mehr, bislang!

643ns Foto: fr

Stürme. Die Monate Mai und Juni gelten als die schönsten **Monate** mit der geringsten Bewölkung, in dieser Zeit ist die Wahrscheinlichkeit von strahlend blauem Himmel am größten. Juli und August bringen hoffentlich ebenso schöne Tage, vereinzelt kommt es zu Gewitterschauern. Auch September und Oktober glänzen oft noch mit schönen Phasen und geringen Niederschlägen, bevor dann im November wieder mit schweren Herbststürmen gerechnet werden muss.

Die Nordsee erwärmt sich langsamer als das nahe Festland, die **Wassertemperaturen** übersteigen selten einmal 20 Grad.

- Literaturtipp: „**Sonne, Wind und Reisewetter**", erschienen in der Praxis-Reihe des Reise Know-How Verlags.

## *Die Menschen*

**Allgemeines**

Da haben wir den Salat. Nun sitze ich hier und soll etwas erzählen über die Menschen an der Westküste. Aber was nur? Es sind doch einfach ganz normale Menschen. Vielleicht etwas mehr geprägt von der Natur als Binnenländer. Schweigsamer sicherlich, machen halt nicht viel Aufhebens von den Dingen. Und **zuverlässig** sind sie. Ein „Jo" ist ein „Jo", das ist besser als jeder Vertrag. Das glauben Sie nicht? Dann fragen Sie mal Zugezogene. Wenn, sagen wir mal, ein Düsseldorfer in seiner Stadt umziehen will, dann fragt er 25 Freunde, 20 Feinde, 15 Arbeitskollegen und 10 Mann aus seiner Stammkneipe. Am Ende freut er sich, wenn 5 kommen. Zugesagt hatten selbstverständlich alle. Das erzählte mir übrigens ein Düsseldorfer und nicht etwa ein Kölner.

Wenn jemand an der schleswig-holsteinischen Westküste umzieht, sagen wir mal von Tönning nach Garding, dann fragt er 5 Nachbarn. Die sagen kurz mal „Jo", das war's. Am nächsten Morgen stehen 10 Mann auf der Matte, jeder hat noch einen Kumpel mitgebracht. Das erzählte mir übrigens ein Zugereister, ein Berliner.

So sind sie eben, bodenständig, zupackend, **nicht lange herumredend.** Rheinische Kommunikationsfreude kommt nicht auf. „Dat is een Schnacker!" (Das ist ein Schnacker) gilt als abfällige Wertung. Ein Schnacker ist jemand, der viel redet und wenig macht, der nur rumdröhnt und alles andere als zuverlässig ist. Für den ein „Jo" eben kein „Jo" bedeutet.

Eigentlich ganz normale Leutchen eben, obwohl, **feine Trennlinien** gibt es schon. Kaum wahrnehmbar, aber doch vorhanden. Erzählte doch meine Marktfrau neulich: „Die Neue, die konnt ich nich' gebrauchen. Die kam aus 'ser Stadt!" Gemeint war „meine" Stadt und das erklärte alles. Sie, die Neue, war natürlich unzuverlässig, typisch Städterin eben. Und die Marktfrau? Sie kam vom Dorf, nicht mal 5 km entfernt. Feine Trennlinie.

**Dithmarscher und Friesen**

Komplizierter wird es nördlich vom Kanal. Da wohnen die Dithmarscher (unten) und die Friesen (oben). Beide leben seit Jahrhunderten an der Westküste. Und doch entwickelten sie sich anders. Die Friesen wurden **Seeleute,** die Dithmarscher wurden **Bauern.** Ziemlich allgemein, was? Natürlich betrieben auch die Friesen Landwirtschaft, natürlich hatten auch die Dithmarscher ihre Boote.

Die **Friesen** wurden schon früh (im 11. Jh.) von den Dänen geschluckt. Hat ihnen aber nichts ausgemacht. Sprachen einfach weiter ihre eigene Sprache, die verstand und versteht eh kein Fremder. Sie pflegten ihre Deiche und schickten ihre Söhne als Kapitäne auf alle Weltmeere. Stoisch ertrugen sie Dänen, Preußen und die CDU. Sogar die Touristen. Denn, das lehrt uns bereits *Theodor Storm* via „Schimmelreiter": „Ihr höret wohl schon, Herr, die Friesen rechnen gut." Und wie sie das können, fragen Sie mal einen Sylt-Urlauber! Aber auch an der Westküste schaffen es die Friesen, kleinste Dörfer touristisch aufzupeppen, frei nach dem Motto, das jahrelang in einer Sylter Kneipe an der Wand zu lesen war: „Touristen sind wie Ziegen. Sie meckern und wollen doch gemolken werden".

Und die **Dithmarscher?** Die wussten schon immer, was sie hatten. Marschboden nämlich, den ließen sie sich nicht so einfach wegnehmen, den verteidigten sie z.B. in der Schlacht von Hemmingstedt (siehe „Geschichte"). Sie spuckten kräftig in die Hände, verschoben kurzerhand die Küstenlinie, rangen dem Meer neuen Boden ab. Das taten die Friesen auch, aber irgendwie sind die Dithmarscher bekannter als erfolgreiche Bauern. Heute ernten sie übrigens Kohlköpfe im Herbst, so viele wie sonst nirgendwo in Europa.

Die Dithmarscher waren lange Zeit frei, sie hatten lange Jahre eine selbstständige Bauernrepublik. Das weiß nur kaum jemand. Der friesische **Freiheitsruf** „Lieber Tod als Sklave" dürfte dagegen vielen bekannt sein, leider aber waren die Friesen tatsächlich nie so frei. Sie verkauften die Geschichte nur geschickter, konnten halt schon immer gut rechnen.

So ist dann jeder stolz auf seine **Eigenarten.** Der Mensch prägte die Küste und die Landschaft, sowohl im Norden wie im Süden. Und die Landschaft prägte den Menschen. Friesen und Dithmarscher sind beide ziemlich gefestigt, ruhen in sich selbst. Beobachten den Rest der Welt distanziert, eher verhalten als neugierig. „Neumodscher Kroom" kommt ihnen nicht so schnell ins Haus. Zugezogene haben es deshalb nicht leicht. Es dauert halt ein bisschen, bis man im Dorf nicht mehr die „Angeheiratete" oder der „Städter" ist, so etwa drei Generationen. Es kann auch sein, dass der Nachbar über'n Gartenzaun keine zehn Worte mit einem spricht, im Jahresdurchschnitt. Wenn man ihn aber mal fragt, ob er nicht am Samstag mit anpacken könne, dann gibt's nur eine Antwort. Na, wissen Sie, welche?

Menschen und Natur

# Die Sprache

## Plattdeutsch

**Platt und Hoch- deutsch**
Das niederdeutsche Idiom war lange Zeit (vom 13. bis zum 16. Jh.) die vielleicht wichtigste Spra- che in Nordeuropa, sie war Handelssprache der weitverzweigten Hanse. Die Hanse ging unter, die Sprache blieb erhalten, über Jahrhunderte sprach man in Norddeutschland **Niederdeutsch.** Hoch- deutsch kam nur ganz langsam auf, natürlich zunächst in den Städten. Beschleunigt wurde die- se Tendenz noch, seitdem die Kinder in den Schu- len auf Hochdeutsch unterrichtet wurden. Hoch- deutsch wurde Schriftsprache, dagegen sprachen die Handwerker, Seemänner und Kneipenhocker weiterhin Platt. Hochdeutsch wurde die „feinere"

„Jecke" in Dithmarschen – Karneval in Marne

Sprache. In den Städten sprach man immer seltener **Plattdeutsch,** in den Dörfern war und ist es noch größtenteils anders. Platt drohte langsam, aber sicher auszusterben. Wie viele Menschen heute noch Platt sprechen, ist nicht bekannt.

**Kein Platt**

Kennen Sie den: Zwei Fischer hocken am Tresen, **schweigen sich an.** Zum Nachbestellen werden nur zwei Finger gehoben – abwechselnd, weil, das ist ja gerecht. Nach ein paar Stunden sagt einer der beiden: „Tjaaaa, neeech!" Sagt der andere: „Wat sabbelst du bloß heut wieder so viel!" So sind sie oder besser gesagt, so sind sie auch, die Holsteiner, schweigsam und nicht aus der Ruhe zu bringen.

**Reden auf Platt**

Platt ist keine schwere Sprache, sie drückt viele Sachverhalte **knapp und bündig** aus. Wer zum ersten Mal an die Küste kommt und zwei Fischer Platt schnacken hört, wird wohl kaum etwas verstehen. Hier ein paar Tipps zum Mitschnacken: „Moin, moin" ist ein Allerweltsgruß, je weiter man nach Norden kommt, desto verbreiteter ist er als Guten-Tag-Ersatz. Zuerst stutzt man sicherlich, wenn kurz vor der Tagesschau jemand mit „Moin" grüßt, aber das spiegelt nur die **Gelassenheit** wieder. Außerdem bedeutet Moin an dieser Stelle soviel wie „gut", wird im Plattdeutschen auch als Begriff für beispielsweise moijen Wind (guten Wind) beim Segeln gebraucht. Bei Moin, moin wünscht man sich also „einen Guten". Die Gelassenheit drückt sich auch mit „immer sutsche" aus – schön ruhig, keine Panik, nicht herumstressen. In etwa so bewegt sich der Holsteiner. Das wäre schon mal ein guter Start in die typisch norddeutsche Stimmungslage.

**Schimpfen auf Platt**

Holsteiner sind ruhige Genossen; wenn sie sich etwas zu sagen haben, dann meist **ohne Schnörkel,** eben direkt ins Gesicht. Auf Platt wirkt das aber halb so schlimm, denn Platt klingt **gemütlich,**

Menschen und Natur

selbst derbe Beleidigungen werden auf Platt abgefedert. Ein „Schietbüdel" wird nie übersetzbar sein, denn dann würde aus dem plattdeutschen Kosewort eine hochdeutsche Beleidigung, nämlich „Scheißbeutel" – brrr, wie das klingt!

Hierzu passt eine **Anekdote:** 1994 beriet die Bürgerschaft in Hamburg (ja, ja, so vornehm gediegen nennt sich das Parlament der Hansestadt) über einen Antrag auf Aufnahme des Plattdeutschen in die Europäische Charta für Minderheitssprachen, natürlich „op Platt". Selten wurde bei einer Politikerdebatte so gelacht wie an diesem Abend, schenkelklopfend brüllten die Abgeordneten über Beiträge wie: „De Hamborger Senoot un sien Beamten sitt dor mit ‚n breden Mors und kiekt nur to." (Der Hamburger Senat und seine Beamten sitzen auf ihrem breiten Arsch und gucken nur zu.) Das war selbst auf Platt nicht mehr fein genug, und unter feixendem Gelächter ermahnte der Sitzungspräsident den Sprecher zur Ordnung: „Mors, dat geiht nich!" (Arsch, das geht

---

„Achter de Kark" = Hinter der Kirche

# Plattdüütsch – kleine Sprachhilfe

Wen es erstmalig nach Norddeutschland verschlägt, wird vielleicht manches Mal etwas verständnislos den Gesprächen der „Eingeborenen" lauschen und möglicherweise nur „Bahnhof verstehen". Das ist auch kein Wunder, beispielsweise folgenden, nicht untypischen Monolog, der die Küstenbewohner ein wenig charakterisiert, muss man nicht auf Anhieb verstehen:

*Dat schall ober Minschen geben, de dat Stormwedder besonners geern möögt. De fort in Harvst an de See un freut sik, wennt so richdich störmt un jüm de stiebe Wind um de Ohrn haut. „Sleech Wedder gifft dat nich," seggt se, „ober falsche Kledasch." Un wenn denn noch'n poor nördliche Grogs mit wenich Woter achter de Binn kippt ward, kannt nich mehr schöner warrn.*

Na, etwas verstanden? Falls doch nicht: Die „Übersetzung" steht unten.

Platt ist weit verbreitet, mit einigen Begriffen wird auch ein Quiddje („Zugereister" – ein Hamburger Schnack) immer mal wieder konfrontiert werden. Damit es Ihnen nicht nur spanisch vorkommt, hier eine kleine Übersicht:

| | |
|---|---|
| Achtern | hinten |
| *Adjüüs* | Tschüs |
| *Appeln* | Äpfel |
| *Beer* | Bier |
| *Börgermeister* | Bürgermeister |
| *Bug* | vorderer Teil vom Schiff |
| *Deern* | (Dirne, ist aber nicht in dem heutigen Sinn zu verstehen) Mädchen |
| *Dokter* | Arzt |
| *Dörpstrot* | Dorfstraße |
| *Duckdalben* | Pfahl, an dem Boote festmachen |
| *Eerdbeern* | Erdbeeren |
| *Fleesch* | Fleisch |
| *Fofftein moken* | (Fünfzehn machen) Pause einlegen |
| *Füürwehr* | Feuerwehr |
| *Gewidder* | Gewitter |
| *Goden Dag ok* | Guten Tag auch |
| *Gröönhöker* | Gemüsehändler |
| *Heck* | hinterer Teil vom Schiff |
| *Hitten* | Hitze |
| *Höker* | Kaufmann |

| | |
|---|---|
| *Kantüffeln* | Kartoffeln |
| *Kark* | Kirche |
| *Karkhoff* | (Kirchhof) Friedhof |
| *Kiek mol wedder in* | Schau mal wieder rein |
| *Klöben* | Gebäck mit Rosinen |
| *klönen* | plaudern, reden |
| *Klönschnack* | ruhige Unterhaltung |
| *Köm* | (Kümmel) Schnaps |
| *Kröger* | Gastwirt |
| *Krog* | (Krug) Gastwirtschaft |
| *de Luft ward bruddich* | die Luft wird schwül |
| *Melk* | Milch |
| *Moin moin* | Guten Morgen, guten Tag |
| *Muster* | Senf |
| *neerich* | geizig |
| *Paster* | Pastor |
| *Putz* | Polizist |
| *Putzbüdel* | Frisör |
| *Reet* | zum Dachdecken genutztes getrocknetes Schilf |
| *Reetdachkate* | ein mit Reet eingedecktes Haus |
| *Regenwedder* | Regenwetter |
| *Rundstückn* | (Rundstück) Brötchen |
| *schnacken* | reden, unterhalten |
| *Schüün* | Scheune |
| *Slachter* | Schlachter |
| *Sommerdach* | Sommertag |
| *Sprütenhuus* | Spritzenhaus |
| *de Sünn schient* | die Sonne scheint |
| *sutsche* | schön langsam |
| *Stuten* | Weiß- oder Rosinenbrot |
| *dat is noch lang keen Schiet* | (das ist noch lange kein Scheiß) das ist gut, so muss es sein |
| *Schietbüdel* | (Scheißbeutel) sagt man als Kosewort zu Kindern |

Na, mal einen zarten Versuch der Kommunikation wagen?
Probieren Sie es doch mal mit folgendem Gruß:

| | |
|---|---|
| *Moin moin, wo geid?* | Guten Morgen (oder auch Hallo bzw. Guten Tag), wie geht's? |

Die Antwort wird plattdeutsch-trocken ausfallen:

| | |
|---|---|
| *Mut jo!* | Muss ja! |

*Menschen und Natur*

Damit ist alles gesagt, jetzt wäre das Wetter als Thema dran, und damit kommen wir zur Übersetzung unseres kleinen Monologes von oben:

Es soll aber Menschen geben, die das Sturmwetter besonders gerne mögen. Sie fahren im Herbst an die See und freuen sich, wenn es so richtig stürmt und ihnen der steife Wind um die Ohren haut. „Schlechtes Wetter gibt es nicht", sagen sie, „aber falsche Kleidung." Wenn dann noch ein paar nördliche Grogs mit wenig Wasser hinter die Binde gekippt werden, kann es nicht mehr schöner sein.

Der Autor hat zusammen mit seinem Vater ein Buch zum Thema Plattdeutsch geschrieben. Es ist als Band Nr. 120 der Reihe Kauderwelsch in diesem Verlag erschienen. Titel: **„Plattdüütsch – das echte Norddeutsch".** Humorvoll wird den Plattdeutschen aufs Maul geschaut, deren Charakter und Wesen beleuchtet und ein Einstieg in die Geheimnisse der plattdeutschen Sprache gegeben.

nicht). Darauf der Sprecher: „Denn seg ik Achtersteven" (Dann sag ich Hinterteil). Natürlich wurde der Antrag angenommen, einstimmig.

**Platt am Tresen**

Wer in eine kleine Dorfkneipe kommt, hat manchmal nicht viel Auswahl an Sitzmöglichkeiten. Vielleicht sind alle Tische besetzt, vielleicht ist gerade noch ein Eckchen am Tresen frei. Egal wo man sich niederlässt, eine **plattdüütsch-kurze Begrüßung** muss sein. Dazu dreimal kurz auf den Tisch klopfen und einfach sagen „Ik mok mol so" (Ich mach mal so), das kürzt das Begrüßen ab, man muss nicht jedem einzeln die Hand geben, nicht lange „sabbeln" – und man wird sofort als Kenner ausgewiesen.

Zwei Sätze sind noch wichtig für das **Überleben am Tresen:** „Gif mi noch'n Lütt un Lütt" (Gib mir noch ein Kleines und einen Kurzen), gemeint ist ein kleines Bier und ein Schnaps. Der andere Satz lautet: „Gif mi noch een ut de Buddel" (Gib mir noch einen aus der Schnaps-Flasche). Und wer aus guter Laune heraus eine **Runde Schnaps** ausgibt, der muss diesen „freigeben", also zum Trinken auffordern. Dazu genügt eigentlich „Prost", aber plattdeutscher wäre „Nich' lang' schnacken – Kopp in'n Nacken", Übersetzung überflüssig, oder?

**Platt**
**zum Lesen**

Wer sich schon mal auf Platt einstimmen will, kann es ja mal mit **Asterix** versuchen. Ein Abenteuer des streitbaren Galliers gibt es jetzt „op Platt", der Titel: „De Törn för nix", Original: „Die Odyssee". Kleine Kostprobe: „Wi schrievt dat Johr 50 v. Chr. Heel Gallien is in Römsche Hand." Das kommt einem bekannt vor, nicht wahr?

## Friesisch

„Deus mare, Friso litora fecit" (Gott schuf das Meer, der Friese die Küste). Die Friesen rangen schon immer mit den Naturgewalten, mussten sich und ihr Heim vor Sturm und Wellen schützen. Etwa 50.000 Menschen entlang der Nordseeküste rechnen sich heute zu den **Nordfriesen,** aber nur jeder Fünfte beherrscht noch die friesische Sprache. Damit sich diejenigen, die das Friesische noch sprechen, gleich erkennen, stecken sich manche einen kleinen Silberknopf ans Revers.

Friesisch ist eine **eigenständige Sprache** des Westgermanischen, es hat mehr Gemeinsamkeiten mit dem Englischen als beispielsweise mit dem Plattdeutschen.

Friesisch zerfällt in mehrere **Dialekte,** die derart von einander abweichen, dass sich die Sprecher untereinander nur schwer verständigen können. Auf Sylt wird Söl'ring gesprochen, auf Helgoland Halunder, auf Föhr dagegen Fering und auf Amrum Öömrang. Neben den Dialekten auf den Inseln gibt es noch wenigstens 6 Dialekte auf dem

Menschen und Natur

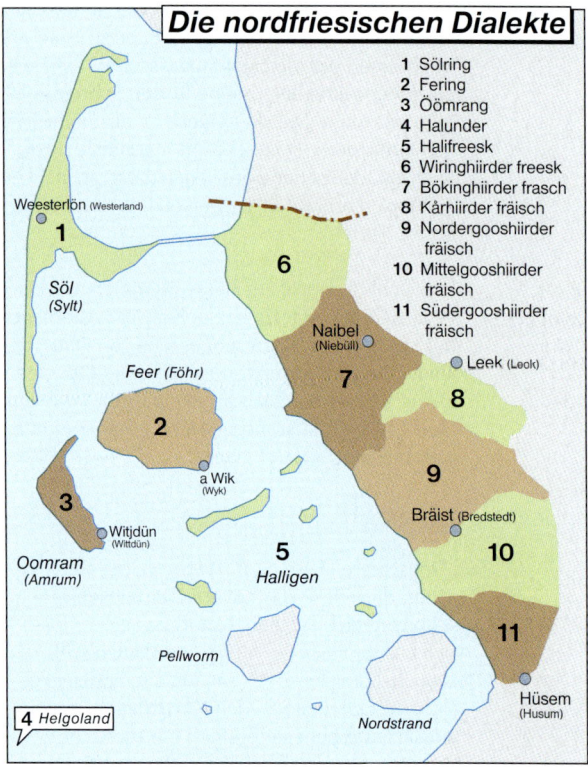

**Die nordfriesischen Dialekte**

1 Sölring
2 Fering
3 Öömrang
4 Halunder
5 Halifreesk
6 Wiringhiirder freesk
7 Bökinghiirder frasch
8 Kårhiirder fräisch
9 Nordergooshiirder fräisch
10 Mittelgooshiirder fräisch
11 Südergooshiirder fräisch

Weesterlön (Westerland)
Söl (Sylt)
Feer (Föhr)
a Wik (Wyk)
Witjdün (Wittdün)
Oomram (Amrum)
Naibel (Niebüll)
Leek (Leok)
Bräist (Bredstedt)
Halligen
Pellworm
Hüsem (Husum)
Nordstrand
Helgoland

Festland. Um Niebüll wird Bökingharder gesprochen, während ein wenig weiter nördlich, bei Klanxbüll, das Wiedingharder vorherrscht, weiter südlich Goesharder, das sich abermals unterteilt. Selbst die Kennzeichnung, dass jemand Friesisch spricht, unterscheidet sich in den verschiedenen Dialekten: „Ma me koost Dü frash / friisk / fresk snååke" (Mit mir kannst du Friesisch sprechen). Ziemlich komplex also.

Und Friesisch ist **vom Aussterben bedroht.** Was auch schon einem seiner Dialekte passierte: Das

Südergoesharder (um Hattstedt, nördlich von Husum) gilt seit 1980 als ausgestorben.

**Sprachunterschiede** gibt es genug, auf Sylt wird beispielsweise groß geschrieben, was auf Amrum klein bleibt. Deshalb liest sich der friesische Nationalstolz auf gut syltisch auch: „Lewer duar üüs Slaav", hingegen auf Öömrang: „Liawer duad üüs slaaw" (Lieber tot als Sklave).

Als Letztes noch eine kaum bekannte Tatsache. Mit dem Schwinden des Friesischen verringert sich auch die Zahl der Leute, die **mehrere Sprachen** beherrschen. Speziell im Grenzbereich zum Nachbarn Dänemark gab es nicht wenige Leute, die fünf Sprachen konnten: Friesisch, Plattdeutsch, Hochdeutsch, Dänisch und dänisches Platt, das Sønderjüsk. Neben Friesisch wird auch Letzteres immer seltener.

*Menschen und Natur*

# Die Kultur

## Friesische Traditionen

**Biike-brennen**

Heimatvereine versuchen friesische Kultur und Traditionen ins 21. Jh. zu retten. Dazu gehört auch das Biikebrennen, das alljährlich am 21. Februar veranstaltet wird. Große Stapel von Busch, Stroh und Tannenbäumen werden Tage vorher aufgeschichtet und unter großer Teilnahme verbrannt. Auf diese Weise wird Abschied genommen vom Winter. Die Flammen sollen aber auch reinigen, von Krankheit und Streit. Außerdem versinnbildlichen sie Fruchtbarkeit und Liebe, symbolisiert durch einen gemeinsamen Sprung über die heruntergebrannte Biike. Und nicht zuletzt verabschiedeten sich früher die Fischer und Seeleute, die im Frühjahr wieder aufs Meer hinausfuhren. Kein Biikebrennen, das nicht mit einem deftigen Grünkohlessen ausklingt.

O19ns Foto: fr

**Friesen-**
**fahne**

Die friesische Fahne kann man gar nicht übersehen, denn sie flattert in so manchem Vorgarten. Die **Farben** Gelb, Rot und Blau (oder auf Friesisch: „Göljn, Rüüdj, Ween") symbolisieren die Farben des Horizontes an einem sonnigen Abend. Die friesische Fahne ist kein offizielles Hoheitszeichen.

**Friesen-**
**wappen**

Das nordfriesische Wappen existiert erst seit 1864, es zeigt einen halben deutschen Reichsadler, eine Krone – nämlich die des dänischen Königs – und einen Grütztopf. Letzterer soll von den friesischen Damen zur Unterstützung ihrer Männer an die jeweilige Kriegsfront geschleppt worden sein. Und natürlich fehlt auch nicht der friesische Wahlspruch: „Lieber tot als Sklave."

Biikebrennen

**Julbogen**
Der **Weihnachtsbaum** der Friesen wird auch Julbogen genannt. Es handelt sich um ein Holzgestell mit etlichen Querstäben, das außen zumeist von Buchsbaum bogenförmig geschmückt wird. An den Querstäben hängt traditioneller Weihnachtsschmuck oder Gebäck.

## Weitere Traditionen

Folgende Traditionen werden in Dithmarschen gepflegt und sind auch im restlichen Schleswig-Holstein bekannt, damit natürlich ebenso in Nordfriesland, ohne dass sie als typisch friesisch gelten.

**Masken-laufen**
Das Maskenlaufen findet am **Silvesterabend** statt. Kleine Gruppen von maskierten und fantasievoll verkleideten Kindern (oder Erwachsenen) ziehen von Haus zu Haus. Sie „rummeln", machen Lärm mit einer alten Schweinsblase (ursprünglich mal, heute eher Trommeln oder Zigarrenkisten) und singen ein Lied. Damit erbitten sie eine milde Gabe, die bei Kindern aus Nüssen und Äpfeln besteht, bei Erwachsenen aus „Köm", Schnaps. Aber wehe, jemand gibt zuwenig! Dann folgt unweigerlich ein Spottreim auf den Geizhals, und den will natürlich niemand über sich hören!

**Eierwerfen**
**Ostern** werden die Eier nicht gesucht, sondern gerollt oder geworfen. An bestimmten Plätzen trifft sich die Jugend, rollt Eier aufeinander zu, in anderen Orten werden sie geworfen. Zerbrechen die Eier, ist man aus dem Spiel, die anderen dürfen weitermachen.

**Boßeln**
Wer sich vor ein paar Jahren Prospektmaterial aus Meldorf schicken ließ, wird eine ganz erstaunliche Broschüre darunter gefunden haben. Sie verkündete nichts Geringeres als eine sportliche Großveranstaltung, nämlich die **Europameisterschaft** im Boßeln (auch **„Klootscheeten"** genannt).

Geboßelt wird in etlichen Regionen Europas und die Besten kommen seit 1969 zu europaweiten Wettkämpfen zusammen.

**Inhalt des Spieles** ist es, dass zwei Mannschaften mit etwa 4 oder 5 Spielern eine kleine, mittelschwere Kugel über eine bestimmte Strecke werfen. Richtig „geworfen" wird die Kugel aber nicht, sondern geschleudert. In etwa so, als ob man einen Anlauf wie beim Speerwerfen nimmt und dann wie ein Diskuswerfer eine (hoffentlich) halbwegs elegante Drehung hinlegt und schließlich die Kugel fortschleudert. Entweder über Felder und Wiesen oder entlang einer Straße. Grundsätzlich wird an der Westküste und auch in Ostfriesland im Winter gespielt. Da kann man dann so richtig über die gefrorenen Felder ziehen und jeden gelungenen Wurf mit einem anständigen Schluck aus der Buddel würdigen. Das sei aber keinesfalls das Wichtigste, keinesfalls nicht!

**Punkte machen** geht so: Werfer 1 von Team A hat einen sehr langen Wurf hingelegt. Dann kommt Werfer 1 von Team B, dem gelingt nur ein kurzer Wurf. Nun liegt Team B hinten, deshalb ist jetzt Werfer 2 von Team B dran. Schafft auch er nicht, den guten Wurf von Werfer 1, Team A, einzuholen, gibt es einen Punkt für Team A. Weiter geht es mit den Werfern 3 beider Teams. Alles klar? Am Ende jedenfalls wartet immer eine gemütliche Kneipe auf alle Boßler, wo man sich bei Grünkohl und Schnaps wieder aufwärmt und die Würfe im Nachhinein immer länger werden.

020hs Foto: fr

6687ns Foto: mf

**Ringreiten**    Ringreiten ist ein über 200 Jahre alter Brauch, der vor allem an der Westküste gepflegt wird. Der Reiter muss versuchen, einen kleinen Ring von 2 cm Durchmesser, der zwischen zwei Stangen aufgehängt ist, mit einer Lanze zu treffen. In vollem Galopp! Etwa 200 Vereine mit 5000 Mitgliedern gibt es, die sogar eine Landesmeisterschaft austragen.

Ringreiten

Ein Friesenhaus

# Die Architektur

## Das Friesenhaus

Die Friesenhäuser wurden grundsätzlich um stämmige Holzbalken errichtet. Zunächst entstand eine Art Gerippe, eine **Ständer-Konstruktion,** erst danach mauerte man mit roten Backsteinen die Wände hoch. Das Dach bestand aus Reet. Sinn dieser Konstruktion war, einer Sturmflut zu trotzen. Bei besonders schweren Stürmen flüchteten die Bewohner auf die obere Etage. Unten konnte das Wasser sogar die Wände eindrücken, das Haus blieb dann trotzdem auf den Balken stehen, und die Bewohner waren (hoffentlich) in der oberen Etage gerettet. Die dicken Balken wurden tief in den Boden eingegraben, der Abstand maß etwa 2,50 m und dieser Zwischenraum wurde „Fach" genannt. Die Wände waren nicht direkt mit den Ständerbalken verbunden, sie standen bis zu einem Meter entfernt im Raum.

688rs Foto: fr

Das gesamte Haus wurde generell in **Ost-West-Richtung** gebaut, so sollte dem Wind wenig Angriffsfläche geboten werden. Menschen und Tiere lebten zumeist unter einem Dach, Stall und Wohnraum lagen unmittelbar nebeneinander.

Die charakteristischen **Spitzgiebel** über der Eingangstür erfüllten eine Fluchtfunktion. Sollte bei einem Brand das brennende Reet ins Haus fallen und die Wege zur Tür versperren, war oben noch ein zweiter Ausgang möglich. Außerdem rutscht brennendes Reet immer an den Längsseiten des Hauses hinunter und nicht an der Giebelseite. Deshalb wurde die Tür an der Giebelseite gebaut, damit brennendes Reet niemals den Ausgang versperrt.

Der **Wohnraum** bestand zumeist aus einem täglich genutzten Wohnzimmer, der Guten Stube (Pesel genannt – so heißen in einigen besseren Restaurants heute noch die Gasträume) und der Küche mit Speisekammer. Der vierte Raum war zur Unterbringung verschiedener Dinge vorgesehen, vereinzelt auch als Schlafraum für Mägde oder Knechte. Ein eigenes Schlafzimmer existierte zumeist nicht, die Betten waren als Alkoven in der Wand eingelassen, zumeist wurde die kühle Außenwand gemieden. Die Schlafkammern waren recht klein, oft mussten sich mehrere Kinder eine teilen und selbst Erwachsene schliefen teilweise halb sitzend.

Da sich das Leben aufgrund des Klimas stark im Innenbereich abspielte, waren die Häuser oftmals behaglich eingerichtet. Die Seefahrer brachten zwischen dem 17. und 19. Jh. beispielsweise kunstvoll **bemalte Kacheln** aus Holland mit, die später so manche Stube schmückten. Diese Kacheln zeigen entweder ein einzelnes Motiv oder ein zusammengesetztes, großflächiges und waren zumeist in Blautönen bemalt.

Die Häuser wurden traditionell mit einer 30–35 cm dicken Schicht **Reet** gedeckt. Ein vernünftig gedecktes Haus hält ein Leben lang, heißt

es, erst nach 60 Jahren muss Reet ausgetauscht werden. Reet isoliert außerordentlich gut, war aber – wen wundert's – schon immer für Feuer anfällig. Früher, als in der Küche noch über offenem Feuer gekocht wurde, brannte so manche Kate ab. In Schleswig-Holstein gilt heute beim Neubau von Gebäuden ein Mindestabstand von 15 m zum nächsten Reetdachhaus, um der Feuergefahr zu begegnen. Ein Vorteil von Reetdächern ist, dass sie den jährlichen Stürmen besser trotzen. Reetdecker wissen ganz genau, dass bei Sturm Dachziegel wegwehen, Reet dagegen nachgibt und liegen bleibt.

Typisch war auch die **Klöndöör** (die Plauder-Tür), die heute kaum noch gebaut wird. Früher gehörte sie zu jedem Haus. Eine Klöndöör ist zweigeteilt, die obere Luke kann unabhängig von

Ein Reetdach wird gedeckt

der unteren geöffnet werden. Die Bewohner öffnen also die obere, lehnen sich gemütlich auf die verschlossene untere und klönen mit den Nachbarn oder vorbeigehenden Passanten.

Nicht fehlen darf ein **Friesenwall,** eine etwa ein Meter hohe Grundstücksgrenze aus aufeinandergesetzten Steinen, die heute zumeist mit Heckenrosen bewachsen sind.

## Der Haubarg

Speziell in Eiderstedt drückten die damaligen Bauern ihren Stolz im Bau eines **gewaltigen Hauses** aus, das Haubarg genannt wurde. „Je größer, desto reicher", ließen sie die Häuser sprechen. Die Haubarge kamen etwa im 15. bis 17. Jh. durch die Holländer an die Westküste.

Bis dahin bauten die Bauern anders, errichteten ihre Häuser hauptsächlich in Langbauform. Der Haubarg hat eine andere Form. Er besteht im Wesentlichen aus einem **großen zentralen Raum,** der zumeist eckig angeordnet ist. Dieser Raum wurde zum Stapeln des Heus („Hau") und Strohs genutzt und ist deshalb ziemlich hoch. Mächtige Holzpfeiler stützen die umliegenden Wände und das Dach. Die Ernte wurde bis unter das Dach gestapelt.

Um diesen zentralen Raum gruppierten sich der **Wohnbereich** des Bauern, manchmal auch die Stuben der Knechte und Mägde, auf jeden Fall die Küche und auch die Ställe. Somit waren Mensch, Tier und Ernte unter einem Dach untergebracht.

023ns Foto: fr

Im Fall von Sturmfluten konnte man in eine höher gelegene Etage flüchten.

Charakteristisch ist auch das an drei Seiten fast bis auf den Boden reichende **Reetdach.** An der vierten Seite befindet sich das große **Einfahrtstor,** das immerhin einen hoch beladenen Wagen durchlassen kann.

**Heute** existieren noch um die 60 Haubarge. Im 19. Jh. zählte Eiderstedt noch über 200, aber viele wurden zum Opfer der Flammen. Der bekannteste Haubarg ist der so genannte „Rote Haubarg" in Witzwort, unweit von Husum. Übrigens, nicht wundern, der „Rote Haubarg" ist gar nicht rot, sondern weiß.

# Geschichte

## Westküste Schleswig-Holsteins

**Chauken**

Wie waren die geschichtlichen Anfänge an der Nordseeküste dieses Landes, das heute Schleswig-Holstein heißt? Allzu viel ist nicht bekannt, aber ein früher Chronist soll hier doch zitiert werden. Dabei dürfte der folgende Bericht eigentlich gar nicht an dieser Stelle stehen. Mit einiger Sicherheit ist nämlich nicht das Gebiet nördlich der Elbe gemeint gewesen, sondern es ging um die Chauken, die südlich der Elbe lebten. Warum wird es dann hier trotzdem gebracht? Weil sich die **Lebensumstände** kaum anders dargestellt haben dürften, als im Folgenden beschrieben.

Um die Zeitenwende breiteten sich die **Römer** gewaltig aus, hatten auch ganz Germanien unter Kontrolle. Ganz Germanien? Nein, ein tapferes Volk hoch im Norden wollte oder konnte sich nicht unterwerfen. So etwas hat Folgen. Natürlich wurde eine Streitmacht hochgeschickt, um die Sache zu regeln. Die frechen Küstenbewohner sollten mal eben zur Räson gebracht werden. Das aber ging gründlich schief, mehrmals sogar. 47 n. Chr. zog abermals eine römische Strafexpedition nach Norden und diesmal war *Plinius der Ältere* dabei. Der war Chronist, eine Art früher Kriegsreporter also. Und seine **Beschreibung von den Küstenbewohnern** ist bis heute überliefert:

„Gesehen haben wir im Norden die Völkerschaften der Chauken, die die Größeren und die Kleineren heißen. In großartigen Bewegungen ergießt sich dort zweimal im Zeitraum eines jeden Tages und einer Nacht das Meer über eine unendliche Fläche und offenbart einen ewigen Streit der Natur in einer Gegend, von der es zweifelhaft ist, ob sie zum Lande oder zum Meer gehört.

Dort bewohnt ein beklagenswertes Volk hohe Erdhügel, die mit den Händen nach dem Maß der höchsten Flut errichtet sind. In ihren erbauten Hütten gleichen sie Seefahrern, wenn das Wasser das sie umgebende Land bedeckt, und Schiffbrüchigen, wenn es zurückgewichen ist und ihre Hütten gleich gestrandeten Schiffen allein dort liegen.

Von ihren Hütten aus machen sie nach dem Zurückweichen des Meeres Jagd auf die zurückgebliebenen Fische. Ihnen ist es nicht vergönnt, Vieh zu halten, sich von Milch zu ernähren wie ihre Nachbarn, ja nicht einmal mit wilden Tieren zu kämpfen, da jedes Buschwerk fehlt.

Aus Schilfgras und Binsen flechten sie Stricke, um Netze für die Fischerei daraus zu machen. Und indem sie mit den Händen ergriffenen Schlamm mehr im Winde als in der Sonne trocknen, erwärmen sie ihre Speise und die vom Nordwind erstarrten Glieder durch Erde (gemeint war wohl Torf). Zum Trinken dient ihnen nur Regenwasser, das im Vorhof des Hauses in Gruben gesammelt wird. Und diese Völker sagen, wenn sie heute vom römischen Volk besiegt werden sollten, seien sie dann Knechte. In Wirklichkeit aber ist es bei ihnen so: Das Schicksal schont viele, um sie zu strafen."

Harte Worte, aber wohl nicht allzu sehr von der damaligen Wirklichkeit entfernt. Immerhin hatten die Römer ein gewaltiges Imperium aufgebaut und fühlten sich als die Herren der Welt. Die beklagenswerten Küstenbewohner mussten ihnen wie eine Art Dritte-Welt-Bewohner vorgekommen sein. Bleibt die Frage, wer die Chauken waren. *Ptolemäus* notiert dazu etwa Mitte des 2. Jh.: „Das Küstenland bis zur Ems bewohnen die Friesen. Nach diesen kommen die Kleinen Chauken bis zur Weser, dann die Großen Chauken bis zur Elbe." Der Horizont hörte scheinbar spätestens an der Elbe auf. Man darf wohl unterstellen, dass dennoch vereinzelt Menschen weiter nördlich siedelten und dass deren Leben sich kaum anders dargestellt hat. Viel mehr als Vermutungen ist aber auch nicht bekannt. Die Chauken verschwanden

Menschen und Natur

übrigens um das 4. Jh. aus dem geschichtlichen Blickwinkel, gingen wahrscheinlich im sächsischen Stammesverband auf.

**Erste Siedler**

Kleiner Salto rückwärts in der Geschichte. Bis zum 7. Jh. blieb das Geschichtsbuch in Schleswig-Holstein ziemlich dünn. Es gibt wenig an verbrieften Zeugnissen der älteren Zeit. Neuere Funde lassen den Schluss zu, dass bereits vor gut 14.000 Jahren Menschen im heutigen Nordfriesland gelebt haben. Um **3000 v. Chr.** siedelten sich jedenfalls Bauern dauerhaft im Küstenbereich an, etliche Großsteingräber aus dieser Zeit in Albersdorf und auf Sylt belegen es. Auch gibt es Grabhügel aus der **Bronzezeit** (ab etwa 2000 v. Chr.) mit teilweise kostbaren Beigaben. Aus der späteren **Eisenzeit** (um 450 v. Chr.) gibt es ebenfalls Funde, aber diese fielen schon spärlicher aus, die Besiedlung nahm ab.

Schon um die Zeitenwende lebten **Angeln** und **Sachsen** im heutigen Schleswig-Holstein, viele von ihnen zogen während der Völkerwanderung weiter nach Großbritannien. Die Historiker sprechen von einer ziemlichen **Entvölkerung** der Küstenregionen etwa zwischen dem 4. und 6. Jh.

**Friesen**

Erst über die Zeit ab dem 7. Jh. ist wieder etwas mehr bekannt. Die Friesen machten sich nach Norden auf, bevölkerten wieder verstärkt die Küste und die Inseln. Möglicherweise um der Christianisierung zu entgehen, aber das bleibt eine Vermutung. Sie **siedelten** auf den Inseln, an der Küste und in den Uthlanden, den Außenlanden in einer Zone von Marsch und Mooren. Erste **Deiche** wurden gebaut, aber alles noch sehr bescheiden. Immerhin gelang es den Friesen, **Salz** zu gewinnen und damit schnell verderbliche Lebensmittel wie Fisch haltbar zu machen. Damit konnten sie nun handeln. Sie blieben aber weitestgehend für sich, eine vergleichbare politische Macht, wie sie die weiter südlich lebenden Dithmarscher hatten, entwickelten die Nordfriesen nie. Sie gerieten im 11. Jh. unter **dänische Oberhoheit** und dabei blieb es jahrhundertelang bis in die jüngere Geschichte. Ihr Leben war weniger von politischen Mächten, als mehr von den Naturgewalten der Nordsee geprägt. Dazu später mehr.

**Dith-
marscher**

Dithmarschen geriet 1062 ins Machtgebiet des **Herzogs von Stade.** Jener Herzog hockte aber auf der anderen Seite der Elbe im heutigen Niedersächsischen und kümmerte sich herzlich wenig um das „ferne" Dithmarschen. Wozu hat man denn seine Leute? Ein Stellvertreter regelte die Geschäfte und hatte freie Hand. Das ging etliche Jahre einigermaßen gut, dann aber herrschte ein **Graf Rudolf** und die Sache nahm ein böses Ende. Man schrieb das Jahr 1144, besagter Graf forderte einfach zuviel von seinen Bauern, da schlugen ihn die Dithmarscher kurzerhand tot (siehe auch Exkurs „Aufruhr in Dithmarschen", bei der Ortsbeschreibung von Burg). Daraufhin ließ man die Dithmarscher einige Zeit weitgehend in Ruhe.

Die **Christianisierung** bescherte dem Land derweil erste Kirchen. Nach Meldorf, wo Anfang des 9. Jh. das Kreuz errichtet wurde, waren im 13. Jh. weitere Orte in Dithmarschen dran. Bis zum Ende jenes Jahrhunderts standen immerhin 15 (nach anderen Quellen sogar 19) Kirchen, die auch eine gewisse politische Macht ausübten. Aber nicht überall.

**Reiche Großbauern** hatten vor allem im südlichen Dithmarschen das Sagen. Sie deichten ihre fruchtbaren Marschböden ein und besiedelten wertvolles Weideland, was der Grundstock ihres Reichtums war.

Ein weiteres Merkmal waren die so genannten **Geschlechter.** Dabei handelte es sich um Siedlungsgemeinschaften, die zwischen 1000 und 1200 entstanden. Die einzelnen Geschlechter hielten fest zueinander und standen treu zusammen. Der Gedanke der Blutrache wurde genauso

**Menschen und Natur**

gepflegt wie Zusammenhalt bei der Bedrohung durch äußere Feinde. Und die konnten schon im Nachbardorf sitzen.

Gegen diese Geschlechter versuchten sich die **Kirchspielgemeinden** zu etablieren. Die saßen interessanterweise im nördlichen Dithmarschen, die Geschlechter mehr im südlichen Teil.

Aber auch fremde Herrscher bissen sich an den Dithmarschern die Zähne aus. Am 22. Juli 1227 fand die **Schlacht bei Bornhöved** statt. Die Dänen wurden besiegt und die Dithmarscher frei. Sie standen zwar noch unter der Oberhoheit vom Erzbischof von Bremen, aber der war weit weg.

Die Geschlechter hatten derweil einen neuen Erwerbszweig entdeckt. Leute aus ihren Reihen überfielen die Schiffe der Hamburger Kaufleute auf der Elbe. Genau darüber stritten sich die nördlichen Dithmarscher mit den Brüdern aus dem Süden. Das war 1434 und landete in den Geschichtsbüchern als **„Dithmarscher Fehde".** Der Norden warf dem Süden vor, die Hamburger Schiffe anzugreifen, um damit für Unfrieden in der Region zu sorgen. Bevor man sich so richtig die Köpfe einschlug, gründete man den Rat der 48, ein Gremium, das zwischen Geschlechtern und Kirchspiel (eine Art Verwaltungsinstanz) vermitteln sollte, jeden Samstag in Heide auf dem riesigen Marktplatz.

Unterdessen warfen sowohl die **Dänen** als auch die im restlichen Land regierenden Schauenburger Grafen ein gieriges Auge auf die reichen Dithmarscher. Die aber blieben standhaft, bis im Jahr 1500 der Dänenkönig eine Armee von immerhin 12.000 Mann losschickte, um das Land zu erobern. Darunter war auch der gefürchtetste Landserhaufen der damaligen Zeit, die Schweizer Garde, bestehend aus immerhin 4000 Mann. Sofort vergaßen die Nördlichen und Südlichen jegliche Animositäten und schlossen sich zusammen gegen den äußeren Feind. Allzu zahlreich waren die Dithmarscher nicht, knapp 6000 Mann nur. Die

Dänen kamen also, besetzten Meldorf und zogen weiter Richtung Heide. Am 17. Februar 1500 kam es zur **Schlacht bei Hemmingstedt.** Dort hatten die Dithmarscher eine Verteidigungsschanze aufgebaut und stürzten sich auf den schwerfälligen dänischen Trupp – unterstützt von einer Kriegslist: Sie öffneten einfach die Siele und setzten das Land unter Wasser. Und das im Februar! Bitterkalt muss es gewesen sein. Das Ergebnis: Die Dänen wurden vernichtend geschlagen, die Dithmarscher hatten ihre Freiheit verteidigt. Die Schlacht bei Hemmingstedt gilt noch heute als eine Art Nationalepos im Land der Kohlbauern.

Aber nur zwei Generationen später war es dann doch vorbei. Eine besser ausgerüstete dänisch-holsteinische Truppe überrannte 1559 alle Widerstände und eroberte am 13. Juni Heide. Die stolzen Dithmarscher mussten sich nun doch unterwerfen. Nach dieser **Niederlage** wurde das Gebiet zunächst unter den drei siegreichen Anführern aufgeteilt, später dann zweigeteilt. Der Norden gehörte zum Gebiet des Herzogs von Gottorf, während der Süden dem dänischen König unterstand. 1773 ging dann auch der nördliche Teil im Zuge einer großangelegten Tauschaktion an Dänemark.

## Ganz Schleswig-Holstein

Jetzt verlassen wir das kleine Gebiet der Dithmarscher und Nordfriesen und betrachten, was derweil im ganzen Land zwischen den Meeren so passierte.

**Sachsen**
Die Sachsen siedelten im mittleren und westlichen Landesteil von Schleswig-Holstein, ihr Gebiet wurde von Elbe, Nordseeküste und Eider grob skizziert. Im 8. Jh. bekriegte **Karl der Große** (747–814) die Sachsen. 798 besiegten Verbündete von ihm, nämlich die Obotriten, ein elbslawischer Stamm aus Ostholstein, die Sachsen bei Born-

höved (unweit Neumünster). Von Norden kamen derweil die **Dänen** und die wiederum besiegten 808 die Obotriten. Die Folge: Der Norden des Landes wurde dänisch beherrscht, die wichtigste **Stadt Haithabu,** bei Schleswig an der Schlei gelegen, wurde zum entscheidenden Handelsplatz der **Wikinger** und Verkehrsknotenpunkt. Handelsschiffe reisten von der Nordsee kommend über die Eider ins Landesinnere, wechselten dann auf die Treene und gelangten so fast bis nach Haitha-

Ansgar, der Missionar des Nordens

Menschen und Natur

bu. Der Rest des Weges (wenige Kilometer) wurde über Land zurückgelegt.

*Karl der Große* machte derweil Politik. 810 ließ er eine Burg bei Itzehoe bauen, verständigte sich mit den Dänen auf eine **Grenze,** die Eider, und gliederte sein Gebiet (zwischen Elbe und Eider) ins Frankenreich ein.

Mit dieser Grenzfestlegung begann die Phase der **Missionierung.** Mutige Mönche gründeten erste Kirchen (in Hamburg und in Meldorf), manche wagten sich sogar über die Eider zu den Dänen. Beispielsweise *Ansgar,* der sich sogar in die Höhle des Löwen traute, nach Haithabu zu den Wikingern. Das Abenteuer überlebte er sogar, keine Selbstverständlichkeit damals. Zur Belohnung wurde *Ansgar* 831 Erzbischof von Hamburg. 845 überfielen die Wikinger Hamburg, hauten alles kurz und klein und zogen mit reicher Beute wieder ab. Erzbischof *Ansgar* entkam gerade noch nach Bremen.

**Haithabu**

Das politische Schwergewicht lag in den folgenden Jahrhunderten auf der östlichen Seite des heutigen Landes Schleswig-Holstein. Um Haithabu wurde heftig gekämpft, die **Dänen** festigten ihre Macht für lange Zeit bis hinunter zur Eider.

**Stadtgründungen**

Die Schauenburger Grafen regierten zwischen Elbe und Eider, besiedelten und verwalteten planmäßig. So entstanden im 13. Jh. etliche Orte **im östlichen Holstein,** wie beispielsweise Segeberg, Rendsburg, Plön, Neustadt und 1242 die Holstenstadt „tom Kyle" (Kiel).

**Aufruhr gegen die Dänen**

Im nördlich der Eider gelegenen, Schleswig genannten Gebiet regierten die dänischen Könige, aber im Lauf der Zeit bröckelte deren Macht. Die **Herzöge von Schleswig** erstarkten, Spannungen mit dem dänischen Königshaus entstanden, wobei es um Geld (Zölle und Abgaben) ging. Die **Schauenburger** im Süden unterstützten die

Schleswiger bei der Untergrabung der dänischen Macht und schickten Siedler in das wenig bewohnte Gebiet zwischen Schlei und Eider. Eine Heirat über die Grenze hinweg förderte schließlich noch die Bindungen.

Das schauten sich die **Dänen** nicht allzu lange an, zu Beginn des 14. Jh. ließen sie wieder einmal die Muskeln spielen und schon unterwarfen sich die holsteinischen Grafen erneut der dänischen Macht. Fast könnte man sagen: *the same procedure as every year,* denn wie schon so oft vorher konnten die Dänen sich nicht lange halten.

**Streit um Schleswig**

Es ging drunter und drüber in Schleswig-Holsteins Geschichte, wir verkürzen jetzt gewaltig. Die Schauenburger drehten nun erstmals den Spieß um, wehrten sich nicht nur, sondern gingen zum **Angriff gegen die Dänen** über. Expansion nördlich der Eider war angesagt.

Von nun an wurde es mächtig verworren. Kleine Fürsten und mächtige **Herrscher stritten um Ländereien,** die gefordert, verweigert, verschenkt und erobert wurden. *Manfred Jessen-Klingenberg* schreibt in Ploetz „Geschichte Schleswig-Holsteins": „Seit 1340 beginnt ein hundertjähriges Ringen um Schleswig, das sich immer enger mit der gesamtnordischen Geschichte und mit dem Kampf der Hansestädte um ihre Vormacht im Handel der Ostsee und Nordeuropas verflicht." Über ziemlich genau 100 Jahre wurde erheblich gestritten, teilweise gekämpft, oft geschworen, das Land als Lehen weggegeben und später zurückgefordert. Die Hansestädte mischten auch mit, da sie Ruhe schaffen wollten, die sie für ihre Handelstätigkeit brauchten.

**Vereinigung**

Als nichts mehr ging, gab es wieder einmal Krieg, die **Dänen verloren** dabei Flensburg und weitere Gebiete. Dänenkönig *Erich* flüchtete. Sein Nachfolger, *Christoph III.,* musste das Gebiet Schleswig am 13. April 1440 an den Schauenburger Herzog

*Adolf VIII.* als Lehen abtreten. Damit wurden zum ersten Mal **Schleswig und Holstein von einem Herrscher regiert.**

Wie gewonnen, so zerronnen – könnte man über das bislang erfahrene Hin und Her der Geschichte sagen. So auch in diesem Fall. Herzog *Adolf VIII.* starb 1459 und hatte leider keinen Erben. So stand das frisch vereinte Land erneut zur Disposition. Aber erstmals wurde das Problem durch friedliche Verhandlungen gelöst: Neuer Herrscher wurde der dänische König *Christian I.* (Die heutige dänische Königin *Margarethe II.* kann ihren Stammbaum bis zu diesem dänischen Herrscher zurückführen!)

1460 folgte der Vertrag zu Ripen zwischen dem Dänenkönig *Christian I.* (er war auch Herrscher über das Herzogtum Schleswig und die Grafschaft Holstein) und den Ritterständen. Darin wurde festgelegt, dass Schleswig und Holstein auf ewig ungeteilt bleiben sollen. Im Original hieß es: „dat se bliven ewich tosamende ungedelt". Der Vertrag sah auch eine dänische Oberhoheit über Schleswig und Holstein vor, die aber nicht allzu lange währte. Das Schriftstück mit den imponierenden 17 Siegeln kann noch heute im Museum Schloss Gottorf in Schleswig bestaunt werden.

**Erneute Teilung**

*Christian I.* starb 1481, infolgedessen ging das Chaos erneut los. Diesmal stritten sich mehrere Parteien so lange, bis das Land wieder in zwei Teile geteilt wurde. Aber nicht, wie schon mehrfach geschehen, entlang der Eider, nein, diesmal wurde das **Land streifenförmig zerlegt.** Das war 1490 und diese eigenwillige Grenzziehung hielt genau 34 Jahre. Zwischenzeitlich gab es wieder verschiedene Kriege und 1524 zog ein Herzog namens *Friedrich* in Kopenhagen ein, sorgte für Ruhe und Ordnung und wurde zum König gekrönt. Die erste Teilung war damit schon wieder aufgehoben.

Natürlich blieb es nicht dabei, der **Streit ging weiter** und 1544 musste der jetzt regierende *Chris-*

*Menschen und Natur*

*tian III.* erneut einer Teilung zustimmen, diesmal sogar in drei Teile. Auch das konnte natürlich nicht gut gehen, weitere Streitereien waren die Folge.

**Schwedische Besetzung**

Schließlich tauchte ein neuer Machthaber auf, die Schweden besetzten 1643 weite Teile des südlichen Holsteins. Jetzt wurde es gänzlich bunt: Kriege, Verbindungen, Geheimverträge und Friedensverhandlungen lösten einander ab, **jeder kämpfte gegen jeden** und verbündete sich mal hier, mal da. Jeder Herrscher wollte seine Macht sichern und möglichst erweitern, denn der Ostseeraum war ein heiß umkämpftes Pflaster. 1720 kam es wieder einmal zu einem umfangreichen **Friedensvertrag,** in dessen Folge die Schweden sich zurückzogen und Dänemark ein mächtiger Staat mit großem Territorium blieb.

**Dänische Verluste**

Die Napoleonischen Kriege und die Kontinentalsperre, in die Dänemark auf verschlungenen Pfaden verwoben war, brachten dem Königreich Dänemark eine empfindliche **Niederlage.** 1814 wurde bei einem Friedensvertrag beschlossen, dass die Dänen das heutige Gebiet Norwegen an Schweden abtreten mussten. Später folgten weitere **Gebietsabtretungen,** u.a. wurde Vorpommern mit Rügen gegen Lauenburg getauscht und die Insel Helgoland an England abgetreten. Allerdings blieb Schleswig weiterhin dänisch.

**Zwei Fraktionen**

Nachdem der Frieden wieder eingekehrt war, kam die Politik im damals so benannten Herzogtum Schleswig zu Wort. Recht schnell bildeten sich zwei **Positionen zum Verbleib Schleswigs in Dänemark.** Die eine wollte einen dänischen Nationalstaat vom Öresund bis zur Eider, die andere hatte das Ziel, Schleswig und Holstein einem (damals noch nicht existierenden) deutschen Nationalstaat anzuschließen. Bei diesem Stand der Diskussion angelangt, hätte es in früheren Jahrhunderten Krieg gegeben, jetzt warben die beiden

Fraktionen auf Kundgebungen friedlich für ihre jeweilige Position. So ging es einige Jahre, brachte aber keinen Fortschritt.

**Revolution**  Dann erreichen wir das Revolutionsjahr 1848. Selbst im bedächtigen Norden breitete sich umstürzlerisches Gedankengut aus. Eine neu gegründete **Schleswig-Holsteinische Landpartei** griff zur Selbsthilfe, am 24. März 1848 wurde eine provisorische Regierung gebildet, Forderungen wurden gestellt, Reden gehalten und Fäuste geschwungen. Das ließen sich die Dänen nicht bieten, es gab wieder einmal **Krieg.** Und abermals folgten Waffenstillstände, die später gebrochen, und Friedensverträge, die nicht eingehalten wurden.

**Vertrag**  Es dauerte vier lange Jahre, bis 1852 die sieben stärksten europäischen Nationen die Nase voll hatten und den Streit vertraglich lösten. Im Kern verpflichtete sich der dänische König, dass das Herzogtum **Schleswig kein Bestandteil des dänischen Königreichs** sei. Im Gegenzug sollten die Herzogtümer Schleswig und Holstein nicht mehr gemeinsam agieren. Wer nun geglaubt hatte, dass dies der letzte Streit war, unterschätzte die Dickköpfigkeit der Holsteiner – und der Schleswiger. Niemand wollte ernsthaft seine Positionen aufgeben, man warf sich weiterhin Knüppel zwischen die Beine.

**Preußische Herrschaft**  Dann kam **Otto von Bismarck.** Er taktierte und verfolgte eine neue Idee, die Eingliederung der Herzogtümer Schleswig und Holstein in den preußischen Staat. Das konnte nicht ohne Krieg funktionieren und so kam es, wie es kommen musste. 1864 wurde die Eider von preußischen Truppen überschritten und mit der Erstürmung der Düppeler Schanzen waren die **Dänen geschlagen.**

Es folgte ein Friedensvertrag, in dem die Grenzen neu gezogen wurden. Zunächst verwaltete Preußen gemeinsam mit Österreich die beiden

Menschen und Natur

Herzogtümer, eine endgültige Entscheidung über den abschließenden Status wurde vertagt. Es dauerte noch zwei Jahre, dann beschloss der preußische König am 24.12.1866, dass **Schleswig und Holstein der preußischen Monarchie unterstellt** werden. Ein „tolles" Weihnachtsgeschenk, fand die Bevölkerung, die die Preußen genauso ablehnte wie einst die Dänen.

Es gab einige **Änderungen für die Bürger.** So wurde die allgemeine Wehrpflicht eingeführt, ein neues Steuersystem erlassen und der Anschluss an den Deutschen Zollverein beschlossen. Dadurch wurde der Handel mit den skandinavischen Ländern allerdings erschwert. Auch das Rechtssystem wurde neu definiert, alte Systeme, die jahrhundertelang galten, wurden über Bord geworfen. Es gab auch erkennbare **Fortschritte,** Straßen wurden gebaut, Eisenbahnverbindungen geschaffen, der Nord-Ostsee-Kanal entstand. Wirtschaftlich ging

Nachbau der Düppeler Schanzen

Aabenraa hieß füher Apenrade

es der preußischen Kolonie nicht schlecht, dadurch nahm die Protesthaltung der Bevölkerung ab. Nicht jedoch im nördlichen Schleswig, wo sich immer noch viele Bürger als Dänen fühlten.

**Volksab-
stimmung**

Der Erste Weltkrieg brachte Leid und Elend über Europa, aber auch entscheidende Veränderungen im deutsch-dänischen Verhältnis. Im Versailler Vertrag wurde festgelegt, dass es in Nordschleswig zu einer Volksabstimmung über die **Zugehörigkeit zu Dänemark oder zu Deutschland** kommen sollte.

Im Frühjahr 1920 war es soweit, in **zwei Zonen** wurde abgestimmt. Die Zone 1 reichte etwa 50 km ins heutige Dänemark hinein (bis Harderslev), Zone 2 teilweise 30 km ins heutige deutsche Gebiet. Die Abstimmung fiel weitgehend einheitlich aus, Zone 1 wählte die dänische, Zone 2 die deutsche Zugehörigkeit. Ausnahmen waren die Städte Tondern, Sonderburg und Apenrade, aber die Mehrheit zählt nun mal.

Die südliche Grenze der Zone 1 war damit **neue Staatsgrenze** geworden. Gleichzeitig entstanden auf beiden Seiten Minderheiten, aber sowohl Dänen als auch Deutsche gewährten ihnen weitgehende Freiheiten und Unterstützung. 1920 wurde sogar ein Deutscher in das Folketing gewählt, die dänische Abgeordnetenversammlung.

Menschen und Natur

136ns Foto: fr

**Nazizeit**

Die Jahre ab 1933 bescherten auch Schleswig-Holstein den Nationalsozialismus. Besonders die Landbevölkerung begrüßte die neuen Machthaber. Bis 1933 konnte die **NSDAP** ihren Stimmenanteil auf 53,3 % schrauben, im Reichsdurchschnitt errang sie dagegen zum damaligen Zeitpunkt nur 43,9 %.

Die deutsch-dänischen Beziehungen hatten sich gerade etwas stabilisiert, als es zur Katastrophe kam. Am 9. April 1940 wurde das Königreich **Dänemark von den Nazi-Deutschen überfallen** und besetzt. Diese schlimme Zeit ist bei manchen Dänen bis heute nicht vergessen.

**Kriegs-folgen**

Der Zweite Weltkrieg endete offiziell in Flensburg mit der Kapitulation von Großadmiral *Dönitz,* dem Nachfolger *Hitlers.* Allzu große **Schäden** wurden in Schleswig-Holstein nicht registriert, allerdings wurde Kiel zu mehr als 60 % zerbombt, auch Lübeck erlitt große Zerstörungen. Die Westküste blieb zumeist verschont. Nach Kriegsende kamen hunderttausende **Flüchtlinge** aus den ehemaligen Ostgebieten des gerade untergegangenen Tausendjährigen Reiches ins Land. Eine Statistik erwähnt 1,1 Millionen Flüchtlinge, die in Schleswig-Holstein aufgenommen wurden, wodurch sich die Einwohnerzahl des Landes in etwa verdoppelte.

**Land Schleswig-Holstein**

Das Land war von den **Briten** besetzt, die bereits am 7. Februar 1946 einen provisorischen Landtag einsetzten. Vier Monate später wurde eine vorläufige Verfassung des Landes Schleswig-Holstein formuliert und von den Briten akzeptiert. Am 23. August 1946 verfügte die britische Militärkommandantur, dass die Provinzen des Landes Preußen (also auch Schleswig-Holstein) den Status eines Landes bekommen, dies ist die **Geburtsstun-**

---

Für die Durchreise (!) durch Dänemark nach Schweden
benötigte man 1951 noch ein Visum

**de des späteren Bundeslandes Schleswig-Holstein.** 1947 wurde erstmals der Landtag gewählt.

**Aufschwung**

Der **Wiederaufbau** nach dem Zweiten Weltkrieg beinhaltete vor allem, die Landwirtschaft zu organisieren, die Flüchtlinge zu integrieren, Häuser und Wohnungen zu bauen und das stark zerstörte Kiel zu erneuern.

Im Lauf der Jahre richtete das Land sich ein, die **Wirtschaft** entwickelte sich, der Tourismus und die Möglichkeit für viele Schleswig-Holsteiner, in Hamburg zu arbeiten (teilweise wird aus Kiel oder Heide über 100 km je Richtung gependelt), brachten bescheidenen **Wohlstand.**

**Verhältnis zu Dänemark**

Am 31. Januar 1946 wurde von der **dänischen Minderheit** der Südschleswigsche Verein gegründet, der ab 1948 als **Südschleswigscher Wählerverband (SSW)** bis heute eine politische Rolle im Landtag spielt. 1954 scheiterte der SSW an der Fünf-Prozent-Klausel (er errang 3,5 %), daraufhin bat die dänische Regierung die Bundesregierung, hier aktiv zu werden. Am 23. Mai 1955 beschloss der Landtag, dass die dänische Minderheit von der Anwendung der Sperrklausel bei Wahlen ausgenommen wird.

Menschen und Natur

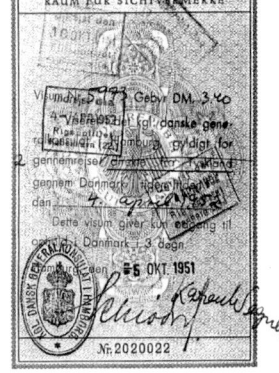

Auf der anderen Seite wurde mit der **deutschen Minderheit in Dänemark** für die Kollaboration mit den Nazis abgerechnet, 2900 Mitmacher mussten ins Gefängnis, ihr Vermögen wurde beschlagnahmt. Später wurde von dänischer Seite ein Amnestiegesetz erlassen, und 1953 wurde wieder ein Deutscher in das Folketing gewählt. Das war um so bemerkenswerter, da Deutsche noch 1952 ein Visum für die Einreise nach Dänemark benötigten.

**Parteien und Affären**

Die CDU regierte von Anfang an, 38 Jahre lang – da platzte die Bombe mit der **Barschel-Affäre.** In aller Kürze rekapituliert: 1987 wurde ein neuer Landtag gewählt. „Der Spiegel" veröffentlichte die Vorwürfe des ehemaligen Pressereferenten von Ministerpräsident *Barschel,* dass sich *Barschel* im Wahlkampf unlauterer Methoden bedient hätte, um an der Macht zu bleiben. Insbesondere SPD-Kandidat *Björn Engholm* wäre das Ziel dieser unwürdigen Methoden gewesen. *Barschel* trat zurück vom Amt des Ministerpräsidenten und gab die Ehrenwort-Konferenz. Neun Tage später wurde er in einem Schweizer Hotel tot aufgefunden. Die offizielle These vom Selbstmord wird von *Barschels* Familie bis heute angezweifelt. 1988 fanden Neuwahlen statt, *Björn Engholm* gewann haushoch. *Engholm* schwamm auf einer Welle des Erfolges, seine SPD machte ihn dann sogar zum Kanzlerkandidaten.

Mittlerweile tauchten immer mehr Fragezeichen auf, die Affäre bekam eine neue Dimension und einen weiteren Namen: **Schubladenaffäre.** Ein SPD-Mann hatte dem ehemaligen Pressereferenten von *Barschel* Geld gegeben – uneigennützig? Schließlich eine erneute politische Bombe: *Engholm* hatte doch schon früher über die Machenschaften gegen ihn Bescheid gewusst, darüber aber nicht die Wahrheit ausgesagt. Die Folge: Rücktritt von Parteivorsitz und Kanzlerkandidatur. *Engholm* verschwand in der politischen Versenkung.

Der Opferbonus, den die SPD 1988 noch hatte, war vier Jahre später weg. *Heide Simonis,* mittlerweile Ministerpräsidentin, gewann zwar mit der SPD, aber längst nicht mehr so überlegen. Die Folge: Sie musste eine ungeliebte **rot-grüne Koalition** eingehen. So hassliebte man sich gegenseitig, „kabbelte" sich mal hier, mal da. Keine guten Voraussetzungen für die Neuwahlen 2000, zumal mit *Volker Rühe* ein starker Mann von der CDU aufgestellt wurde.

*Rühe* führte sich gleich mit kernigen Sprüchen ein und ging die *Simonis*-Regierung frontal an. Das gefiel genügend Wählern, Ende 1999 sah *Rühe* wie der sichere Sieger aus. Dann aber folgte Anfang 2000 das **CDU-Desaster der schwarzen Kassen** und *Rühe* war der erste, der unterging. Die Stimmung der Wähler kippte. Am Wahltag ging *Simonis* als Siegerin hervor und regierte erneut in einer rot-grünen Koalition. Die Grünen rutschten gerade noch mal so eben in den Landtag, der SSW eroberte einen dritten Sitz.

Dann kam es nach der **Landtagswahl 2005** zu einer Patt-Situation. Rot-Grün wollte eigentlich weiterregieren, toleriert vom SSW. Aber bei der Wahl zur Ministerpräsidentin fiel die langjährige Regierungschefin *Heide Simonis* viermal durch, es fehlte ihr jeweils eine Stimme aus dem eigenen Lager. Die Folge: Es bildet sich eine große Koalition unter Führung von **Peter Harry Carstensen** (CDU), der sich durch seine herzhaft-zupackende Art rasch viele Sympathien eroberte. Aber eine Große Koalition ist nur eine Art Ehe auf Zeit, das zeigte sich im September 2007, als sie nach einer strittigen Äußerung von Innenminister *Ralf Stegner* (SPD) kurz vor dem Platzen stand. Um das frühzeitige Aus zu verhindern, musste *Stegner* zurücktreten. Er wird nun seine „neue Freiheit" nutzen und bei den nächsten Landtagswahlen 2010 als Spitzenkandidat für die SPD antreten.

Menschen und Natur

Dithmarschen

Dithmarschen

Ein bisschen eigen waren sie schon immer, die **Dithmarscher.** Und stur! Ziemlich stur sogar. Sie ließen sich nicht gerne was sagen und wollten lieber selbst bestimmen, wo es langgeht. Nach Jahrzehnten erfolgreicher Selbstverwaltung gelang es ihnen im Jahr 1500 in der Schlacht von Hemmingstedt ihre **Freiheit** zu verteidigen, indem sie eine weit überlegene Truppe in die Flucht schlugen. Obwohl sie nur zwei Generationen später dann doch klein beigeben mussten, haben die Zeiten der Selbstbestimmung die Dithmarscher stark geprägt. Und sie sind noch heute sehr stolz darauf.

Geprägt sind sie auch von ihrer Umgebung, vom Wasser (Elbe, Nordsee, Eider und Nord-Ostsee-Kanal) und vom kräftigen Marschboden. So ist Dithmarschen heute sowohl **Bauern- als auch Ferienland.** Die Urlauber sind willkommen, aber den roten Teppich rollt man ihnen nicht aus. Touristische Großsiedlungen gibt es nicht, Büsum bleibt, trotz allem, noch eine relativ bescheidene Ausnahme. Und die Bauern bleiben auch etwas eigen, pflanzen sie doch Kohl an, soviel wie sonst nirgends in Europa. 120 Millionen Kohlköpfe ernten sie alljährlich.

Großstädte gibt es nicht, Heide mit knapp 20.000 Einwohnern ist bereits die Nummer eins. Und mehr als 5 Städte existieren sowieso nicht. Die 136.000 Dithmarscher leben lieber in kleineren Gemeinden, 112 verstreuen sich über den Landkreis. Dithmarschen bleibt eben etwas **ländlich geprägt,** wenn auch in Brunsbüttel und in Heide von der petrochemischen Industrie gewaltige Komplexe hochgezogen wurden.

Den Urlaubern gefällt Dithmarschen offensichtlich so, wie es ist. Gute 2 Millionen Übernachtungen zählt man Jahr für Jahr. Die meisten zieht es nach Büsum, Friedrichskoog und in die Sommerfrische Dithmarschens. Aber auch in den meisten kleineren Orten werden Ferienquartiere angeboten.

# Brunsbüttel

## Überblick

Brunsbüttel ist eine Kleinstadt, die heute vom **Nord-Ostsee-Kanal,** der hier in die Nordsee mündet, geprägt wird. Die Schleusenanlage ist denn auch die größte Attraktion des Ortes. Ein klein wenig Unrecht täte man Brunsbüttel aber doch, reduzierte man es nur auf die Kanalschleusen. Denn als diese vor knapp 100 Jahren gebaut wurden, hatte Brunsbüttel bereits 600 Jahre Geschichte auf dem Buckel. Rund um die Jakobuskirche im Stadtteil Brunsbüttel-Ort kann man noch viele historische Häuser betrachten.

## Geschichte

1286 wurde das Kirchspiel Brunsbüttel erstmals urkundlich erwähnt, allerdings aus wenig rühmlichem Grund: Die Brunsbütteler wurden vertraglich verdonnert, nicht länger die Schiffe der Hamburger Kaufleute auf der Elbe zu überfallen. Vielleicht lag es ja an diesen frühen Sünden, dass sich später nach und nach die Elbe **Alt-Brunsbüttel** holte und es verschlang. Der einstige Ort liegt heute auf dem Grund des breiten Stroms.

Immer wieder auftretende **Sturmfluten** machten die Bewohner so mürbe, dass sie 1654 den Friedhof und 1674 ihr Dorf aufgaben. Der neue Friedhof wurde weiter im Hinterland angelegt, am Platz der heutigen Jakobuskirche. Wie sehr die Menschen seinerzeit von den Naturgewalten drangsaliert wurden, erzählt der Verein für Brunsbütteler Geschichte. Eine besonders schlimme Sturmflut zu Weihnachten 1717 ließ den Deich auf 100 Metern Länge brechen und spülte 62 Häuser komplett fort, 173 Menschen ertranken. Damit nicht genug: In den folgenden 4 Jahren erlitten die gebeutelten Bewohner noch 12 Sturmfluten, kämpften immer

*Dithmarschen*

470ns Foto: fr

wieder gegen gebrochene Deiche und überschwemmte Felder an. Mühsam rang man dem
Meer Land ab, durch Schließung von neu geschaffenen Deichen entstand neues Land, ein Koog.

Dann kam Ende des 19. Jh. die Wende mit dem
Bau des **Nord-Ostsee-Kanals.** Nach 8 Jahren
Buddelei und Plackerei wurde er am 21. Juni 1895
um 4.00 Uhr morgens durch die kaiserliche Jacht
Hohenzollern eingeweiht. Wie stark der Bezug
der Stadt zum Kanal ist, zeigt auch das Brunsbütteler Stadtwappen. Es bildet den Kanal ab, durch
den ein Anker fließt. Dieser symbolisiert die Schifffahrt, ein quergestellter Spaten steht für die traditionelle Landwirtschaft.

Der Kanalbau und die vorteilhafte Lage an Elbe
und Nordsee führten dann in den 70er Jahren des
20. Jh. zu einer verstärkten **Industrieansiedlung.**
Mehrere chemische Großbetriebe wurden am
Elbdeich gebaut, genau wie ein AKW übrigens.

Man mag diese geballte Industrie als optisch störend und ökologisch fragwürdig empfinden, für die wirtschaftliche Situation einer landwirtschaftlich geprägten Region war es ein warmer Regen.

Im Industriegebiet von Brunsbüttel steht die möglicherweise größte **Windkraftanlage** der Welt, sie trägt den Namen Repower 5M. Der Stahlturm alleine misst 126 Meter, bis zur Spitze des senkrecht gestellten Rotorblattes sind es sogar 183 Meter. Damit wird nicht nur das Hamburger Rathaus (112 m) überragt, sondern auch der Kölner Dom (157 m). Der Durchmesser der Rotorblätter beträgt stolze 126 m.

## Sehenswertes

**Kanal-**
**schleusen**

Die Kanalschleusen sind im Ort ausgeschildert, ein Parkplatz liegt direkt am Kanal. Der Besucher kann von zwei **Aussichtspunkten** die Schleusenkammern betrachten. So richtig eindrucksvoll wird das Bild aber erst, wenn ein Schiff in die Schleuse fährt, möglichst ein dicker Pott. Dann kann der Betrachter wirklich nur staunen, mit welcher Präzision selbst größte Schiffe hier durchgelotst werden. Das darf übrigens wörtlich genommen werden, ab einer bestimmten Größe herrscht Lotsenpflicht. Kleinere Segelboote durchqueren ebenfalls gerne den Kanal, vor allem solche, die einen Liegeplatz in einem Hafen an der Ostsee haben. Die Segler sind übrigens verpflichtet durch den Kanal zu „motoren", dürfen also keine Segel setzen. Oder sie lassen sich von einem Frachter schleppen: Ein Tau rübergeworfen, festgemacht und als Dankeschön ein paar Buddeln Bier rüberreichen.

Etwa auf halbem Weg zwischen den Schleusen erinnert ein gewaltiges, zwei Meter hohes **Denkmal** an die Eröffnung des damals noch Kaiser-Wilhelm-Kanal genannten Bauwerks.

Auf dem Kanalgelände befindet sich auch ein interessantes **Schleusenmuseum.** Dort werden et-

Dithmarschen

liche Modelle der Schleusenanlagen ausgestellt, nebst einer maßstabsgetreuen Darstellung des ganzen Kanals. Weiterhin zeugen etliche historische Fotos von der Knochenarbeit des Kanalbaus.

● **Kanalschleuse,** geöffnet: täglich von Sonnenaufgang bis -untergang. Der Pförtner ist immer dort, die Schleuse ist rund um die Uhr besetzt und es herrscht ein ständiges Kommen und Gehen. Öffnungszeiten des Museums vom 15.3.–15.11.: 10.30–17.00 Uhr. Eintritt (Schleuse und Museum): 2 €, Kinder 0,50 €.
● **Internet:** Unter folgender Internetadresse kann man erfahren, wann mal wieder riesige Schiffe die Schleuse passieren: www.nok-sh.de. Info-Telefon per Bandansage: (04852) 885122 oder (04331) 335553.
● **Mole 4,** ein kurzer Spaziergang entlang des Kanals am Freizeitbad Ulitzhörn vorbei zur Spitze, die „Mole 4" genannt wird, bietet einen herrlichen Blick auf Elbe und Kanalmündung.

**Alt-
Brunsbüttel**

Etwas weiter außerhalb am Ortsrand in Richtung Marne liegt rund um die **Jakobuskirche** das alte Brunsbüttel. Die relativ bescheidene und schlichte Jakobuskirche wurde 1678 am Marktplatz errichtet. 1719 schlug ein Blitz ein, woraufhin die Kirche völlig ausbrannte. Der dänische König, der seinerzeit auch Dithmarschen regierte, spendete einen neuen Altar und mit vereinten Kräften baute man die Kirche wieder auf. Heute liegt sie recht hübsch auf einem begrünten Platz etwas erhöht an der Sackstraße.

Sie ist umgeben von einer Reihe **historischer Häuser,** die hauptsächlich entlang der kleinen Straße Markt zu finden sind. Zu Recht wird immer besonders die Fassade des Matthias-Boie-Hauses (Hausnummer 12) hervorgehoben, allerdings strahlen auch die benachbarten Häuser einen nostalgischen Charme aus.

Direkt bei der Kirche stehen **acht Skulpturen,** die 1992 im Rahmen eines Freiluftateliers von einem Kunstprofessor und seinen Studenten erschaffen wurden. Dargestellt ist der Lebenszyklus vom Ei bis zum aktuellen Dasein.

Dithmarschen

**Heimat-museum**

Das Heimatmuseum liegt bei der Jakobuskirche. Tritt man durch die schmale Tür ein, klingelt wie in einem alten Kaufmannsladen erstmal eine Türglocke, irgendwie schon eine gute Einstimmung.

Zu sehen gibt es viele Fotos, Skizzen und Lagepläne zur Entstehung der Stadt und deren Entwicklung zur Zeit des Kanalbaus. Hinweise auf erlittene Sturmfluten, hübsche Schiffsmodelle und ein paar Exemplare einer Kanalzeitung runden das Bild ab.

In den **oberen Etagen** befinden sich dann Sammlungen von alten Möbeln, Trachten und landwirtschaftlichem Gerät. Des Weiteren alte Kücheneinrichtungen, die manch in die Jahre gekommenen Besucher sicher noch an seine Kindheit erinnern. In einem anderen Raum wird sogar das komplette Klassenzimmer einer Schulklasse nachgestellt, mit unglaublich engen Sitzen und

Jakobuskirche

# Der Nord-Ostsee-Kanal

Wenn Sie eines schönen Tages etwas verträumt durch die schleswig-holsteinische Landschaft fahren sollten, sich gerade an dem gelb-grünen Farbenspiel von Raps und Wiesen erfreuen und urplötzlich ein Schiff durchs Bild wandern sehen, dann brauchen Sie nicht zum Arzt gehen. Das ist dann keine Halluzination, sondern der Nord-Ostsee-Kanal.

Am 21. Juni 1995 wurde der Nord-Ostsee-Kanal 100 Jahre alt – ein ehrwürdiges Alter. Es ist heute sicher nicht jedem klar, mit welcher Konsequenz der Bau geplant und später dann umgesetzt wurde.

Vor seiner Existenz mussten Schiffe auf dem Weg von der Nord- in die Ostsee einen weiten Umweg um Norddänemark machen, vorbei am Kap Skagen (nördlichster dänischer Punkt), wo Stürme und Untiefen drohten. Alle Schiffe mit Handelsgütern, z.B. für Danzig, die baltischen Staaten und St. Petersburg, mussten Skagen umschiffen.

Und natürlich waren auch militärische Überlegungen im Spiel. Ein Teil der damals neuen Kaiserlichen Hochseeflotte lag in Kiel, ein anderer Teil in Wilhelmshaven (Nordsee). Da in den vergangenen Jahrhunderten ständige Streitereien und Kriege die Nachbarschaft zu Dänemark beherrscht hatten, wollte man nicht mehr von den Dänen abhängig sein und lange um Durchfahrtsrechte durch das Skagerrak und das Kattegat (am Kap Skagen vorbei) nachfragen müssen. Ein Kanal musste also her.

Lange wurde diskutiert, aber erst Reichskanzler *Bismarcks* Machtspruch brachte die Entscheidung: 1886 wurde ein Gesetz zum Bau des Kanals erlassen. Am 3. Juni 1887 wurde der Grundstein von Kaiser *Wilhelm I.* in Holtenau gelegt. Acht Jahre buddelte und grub man sich quer durchs Land, 156 Millionen Goldmark wurden ausgegeben und teilweise waren 8900 Arbeiter beschäftigt. Stolze Zahlen. 1895 eröffnete Kaiser *Wilhelm II.* (Enkel von *Wilhelm I.)* feierlich das damals noch Kaiser-Wilhelm-Kanal genannte Bauwerk und übergab es der Schifffahrt. Schnell wurde der Kanal von den Reedereien angenommen und schnell erwies er sich als zu klein. Etliche Male musste er erweitert werden.

Dennoch, der Kanal wird genutzt und das nicht nur von Containerschiffen und anderen „Riesen", die übrigens lotsenpflichtig sind. Auch Sportboote und Segelschiffe passieren den Kanal, letztere aber dürfen nur per Motor durchfahren und nicht unter Segeln.

126ns Foto: fr

Dithmarschen

Die nackten Fakten: Länge 99 km, Breite 162 m, Tiefe 11,20 m, geeignet für Schiffe bis zu 235 m Länge. Etwa 43.000 größere Schiffe und gut 20.000 Sportfahrzeuge passieren ihn jährlich. Es gibt 10 Kanalbrücken, 14 Fähren (kostenfrei) und zwei Tunnel (bei Rendsburg im Zuge der B 77, einer der beiden ist ein reiner Fußgängertunnel).

Aber das reicht nun nicht mehr. Da die Schiffe immer größer werden, muss die mittlerweile **am stärksten befahrene künstliche Wasserstraße der Welt** an sechs Stellen ausgebaut werden. Eines Tages sollen hier dann auch Schiffe mit einer Länge von 280 Metern fahren können, um so dem rasant gestiegenen Containerverkehr gerecht zu werden.

Kleines Schmankerl am Rande: Genau wie im Straßenverkehr werden auch auf dem Kanal Temposünder gejagt. Die Höchstgeschwindigkeit beträgt auf dem Kanal 15 km/h. Versteckt hinter Büschen lauern Blitzgeräte – das ist kein Witz! Ein alter Lotsenschnack besagt, dass man nur im Nebel Tempo machen kann, sonst wisse man ja nie, wo die Radarfalle aufgebaut ist. Unter der Telefonnummer (04852) 885122 oder (04331) 335553 erfährt man durch eine Bandansage, wann mal wieder eines der richtig großen Schiffe die Schleuse in Brunsbüttel passiert, oder im Internet unter www.nok-sh.de.

Sütterlinschrift an der Tafel. Weiterhin gibt es einen Überblick über fast vergessenes Handwerk (Fassmacher, Schuster) und eine Reminiszenz an die maritime Vergangenheit: Der Treffpunkt der Brunsbütteler Cap Horniers (das sind Kapitäne, die auf einem Segelschiff Cap Horn umrundet haben) wurde komplett in einer Ecke aufgebaut, stilecht mit Sitzbank und Wimpel. Dort vertellten sich alte Fahrensleute bei Köm und Bier alle 4 Wochen Seemannsgarn.

●**Heimatmuseum,** Am Markt 4, Tel. 7212. Geöffnet: April–Okt. Di. und Do. 14.00–17.00 Uhr, Mi. 10.00–12.00, Sa. und So. 14.00–17.00 Uhr. Nov., Febr., März Di. und Do. 14.00–17.00, Mi. 10.00–12.00 Uhr. Eintritt frei.

## Praktische Reisetipps

**Info**

●**PLZ:** 25541.
●**Vorwahl:** 04852.
●**Einwohner:** 14.500.
●**Tourist-Info:** Koogstraße 70, Tel. 391333, Fax 391150, E-mail: touristeninformation@stadt-brunsbuettel.de, www. brunsbuettel.de.

**Unterkunft**

●**Schleusenhotel** €€€, Koogstraße 67–71, Tel. 9880, Fax 98888. Insgesamt 21 Zimmer werden geboten, das Haus liegt im Zentrum und hat ein Restaurant.
●**Hotel Zur Traube** €€€, Markt 9, Tel. 54610, Fax 546150, www.zur-traube-brunsbuettel.de. Ein historisches Haus, das ziemlich ruhig bei der Jakobuskirche liegt und neben einer Sauna auch eine gemütliche Bierstube hat, wo u.a. norddeutsche Gerichte serviert werden.
●**Campingplatz Am Elbdeich,** Op de Pütten 3, Tel. 6870. Im Ort ausgeschildert liegt dieser kleine Platz direkt am Elbdeich.

**Gastronomie**

●**Zum Yachthafen,** Kreystr. 1, Tel. 2306. Ein Lokal, das unmittelbar am Kanal liegt, von der Terrasse schaut man direkt auf die Kanalfähre und -schleuse.
●**Café Torhaus,** Kreystr. 2, Tel. 940577. Liegt unmittelbar am Kanal vor dem Schleusenmuseum, hat eine große Terrasse. Ab 8.00 Uhr.
●**Pizza Factory,** Koogstr. 73, Tel. 92273. Bietet durchgehend warme Küche ab 11.30 Uhr bis Mitternacht.
●**Pizzeria Don Camilo,** Markt 5, Tel. 530717, täglich außer Di. ab 17.00 Uhr geöffnet.

- **Strandhalle,** Deichstraße 75, Tel. 6600: Geöffnet: täglich von 11.00–23.00 Uhr. Ein Traditionslokal seit 1907. Es liegt direkt am Deich, so dass die Gäste aus dem Wintergarten einen famosen Blick auf die Elbe und die vorbeifahrenden Schiffe haben. Die Küche bietet regionale Speisen.
- **Denkers Landcafé,** Groden 14, Tel. 6437. Liegt sehr schön am Elbdeich und bietet leckerste selbstgebackene Torten, Kuchen sowie belegte Brote. Ab Ostern bis Okt. Fr.–So. 13.30–18.00 Uhr geöffnet.

**Aktivitäten**

- **Baden:** LUV, Am Freizeitbad, Tel. 940450, ein Spaßbad mit allerhand speziellen Bädern und 500 m² großer Saunawelt, sowie 280 m² großem Saunagarten; es ist im Ort ausgeschildert.
  Freibad Ulitzhörn (ausgeschildert) ist beheizt und man kann nebenbei die dicken Pötte im Nord-Ostsee-Kanal begucken. Tel. 2208, geöffnet tägl. 9.00–19.00 Uhr.
- **Markt:** Jeweils am zweiten Samstag im Juni baut sich der „längste Flohmarkt der Westküste" (Eigenwerbung) an der Koogstraße auf, sonst jeden Di. am Marktplatz, Koogstraße.
- **Schiffstouren:** Charter- und Ausflugsfahrten mit der „Germania". Dieses Schiff liegt direkt vor der Kanalschleuse und bietet diverse Touren an, beispielsweise eine Brunchfahrt oder einen Dämmertörn. Infos: PSB, Tel. (04823) 92610 oder www.psb-brandt.de.
- **Fährlinie Brunsbüttel – Cuxhaven.** Eine kleine Fähre ausschließlich für Fußgänger und Radfahrer fährt zwischen Anfang Mai und Ende Okt. an bestimmten Tagen rüber nach Cuxhaven. Immer am Di. und Do. um 8.00 und 16.00 Uhr. Zurück geht es von Cuxhaven um 11.00 und 19.00 Uhr. Infos: PSB, Tel. (04823) 92610, www.psb-brandt.de.

# *Marne*

## Überblick

Die Bundesstraße 5 eilt durch flaches Dithmarscher Land auf Marne zu. Ehe man sich versieht, wurde der Ort auch schon passiert, allzu groß ist er nämlich nicht. Dennoch genießt Marne Stadtrechte und zwar schon seit 1891. In früheren Zeiten, lange vor der Stadt-Ernennung, lag der Ort mal an der Nordseeküste, heute schwappt das Meer sieben Kilometer entfernt ans Ufer. Mehrere

Köge und damit fruchtbares Marschenland wurden der Nordsee abgerungen, haben die Küstenlinie im wahrsten Sinne des Wortes verschoben.

## Sehenswertes

**Alter Kirchhof**

Marne bietet wenige klassische Sehenswürdigkeiten. Ein Spaziergang durch den Ort führt fast zwangsläufig zum Alten Kirchhof. Dort reckt sich der schlanke Turm der **Maria-Magdalena-Kirche** gewaltig in die Höhe, der Kirchturm misst immerhin 61,5 Meter. Das Gotteshaus wurde erst 1904 erbaut, zeigt wohl auch deshalb eine recht nüchterne, fast modern anmutende Bauweise. Älteste Teile sind das Taufbecken aus dem 13. Jh. und die Kanzel aus dem Jahr 1603. Gleich nebenan kann man die grün-weiße **Königlich Privilegierte Sonnenapotheke** gar nicht übersehen. Seit 1755 steht sie hier, so verrät eine Inschrift, die Besitzer pflegen das reich verzierte Gebäude mit sichtbarem Stolz.

Der gepflasterte Platz an der Kirche wird von einigen älteren Häusern begrenzt, u.a. steht dort das wuchtige **Rathaus.** Das rote Backsteingebäude entstand 1914–15 im „historisierenden Neobarockstil", wie eine Infotafel verrät. Oberhalb der Durchfahrt zeigt ein Relief den heiligen Matthäus, den Schutzheiligen von Marne.

**Skatclub Museum**

Der Marner Skatclub wurde 1873 gegründet und seit jenen Tagen sammelten die Skatbrüder Schätze aus aller Welt, die sie über die Jahre zusammengetragen hatten. Später kamen immer mehr Dinge aus der näheren Heimat dazu, so dass heute das Museum des Marner Skatclubs aus gutem Grund das „Heimatmuseum" genannt wird. Es

Das Rathaus wurde 1914–1915 erbaut

430ns Foto: fr

**Dithmarschen**

wird hier eine heimatkundliche Sammlung aus der Stadt und dem nahen Umland gezeigt, u.a. auch die Darstellung des Alltagslebens aus dem 18. und 19. Jh.

●**Heimatmuseum des Marner Skatclubs,** Museumsstraße 2, Tel. 3518 und 730. Geöffnet: Di.–Fr. 15.00–17.00 Uhr, So. 10.00–12.00 Uhr. Zu finden: Durch den Torbogen vom Rathaus gehen, die folgende Straße überqueren und weiter geradeaus in die Museumsstraße.

**Brauerei**

Und dann wäre da noch das **Beugelbuddelbeer** („Bügelflaschenbier" auf Hochdeutsch, aber wie klingt das eigentlich, brrr) der Dithmarscher Brauerei. Es wird so genannt wegen des Bügelverschlusses. Die Brauerei hat ihren Sitz in Marne und kann jeden Samstag besichtigt werden. Sie liegt recht zentral hinter dem Hintzpark (kennt jeder), um telefonische Anmeldung wird allerdings gebeten. Tel. 9620 oder www.dithmarscher.de.

**Müllenhof-brunnen**

Dieser Brunnen wurde 1934 zur Erinnerung an den aus Marne stammenden **Karl Viktor Müllenhof** geschaffen. Er war Germanistikprofessor u.a.

# Jecken achtern Dieck

Anfang November, ein Spaziergang durch Marne. Da bleibt plötzlich der Blick haften an einem Plakat im Schaufenster des Bäckers. Es verkündet Erstaunliches, nämlich den Termin für eine Prunksitzung der Marner Karnevalsgesellschaft im Sitzungssaal vom Holsteinschen Haus. Donnerwetter, gibt's das wirklich? Narren im platten Land? Jecken achtern Dieck? Fünfte Jahreszeit im hohen Norden? Wirklich und wahrhaftig? Klar doch, und wie!

Seit Ende der 1960er Jahre wird in Marne Karneval gefeiert, richtig klassisch mit Büttenreden, Prinzenpaar und Elferrat. Selbst einen eigenen Karnevalsruf können die Marner aufweisen. Was für die Kölner das „Alaaf" und für Düsseldorfer ein „Helau", ist hier ein kernigplattdüütsches „Marn' hol fast!" Alles ganz wie im Rheinland, nur eine Sache, die zeigt dann doch, dass die Norddeutschen selbst die Fünfte Jahreszeit etwas kopfgesteuerter angehen. Fällt der 11.11. auf einen Wochentag, wie es ja häufg passiert, wird die Prunksitzung kurzerhand auf den folgenden Samstag verlegt.

Und dann muss es natürlich auch noch einen echten Rosenmontagsumzug geben. Gibt es auch und zwar schon seit über 20 Jahren! Egal, ob Bauer, Handwerker, Rentner und Schüler etwas komisch und vor allem unverkleidet gucken, die Marner ziehen mit Themenwagen durch ihre windigen Straßen, ganz wie ihre Vorbilder am Rhein. Na denn: „Marn' hol fast!"

139ns Foto: fr

in Berlin. Der Brunnen zeigt Figuren in Dithmarscher Tracht und erinnert an die freie Dithmarscher Republik.

●**Zu finden:** Südlich vom Marktplatz, Ecke Bahnhofstraße,
Süderstraße.

**Draisine**

Zwischen Marne und St. Michaelisdonn können
sportliche Urlauber per Pedalkraft eine Draisine
auf einer 7,5 km langen ehemaligen Bahnstrecke
bewegen.

●**Infos und Anmeldung:** Tel. (04853) 807305, www.mar
schenbahn-draisine.de.
●**Zu finden:** Etwa 1 km außerhalb in Richtung St. Michaelisdonn, ist ausgeschildert.

## Praktische Reisetipps

**Info**

●**PLZ:** 25709.
●**Vorwahl:** 04851.
●**Einwohner:** 6100.
●**Touristik-Info und Touristik Marne-Marschland,** Deich-
straße 2, Tel. 957686, Fax 957688, e-mail: info@urlauban
dernordsee.de, www.urlaubandernordsee.de.

**Unterkunft**

Marne selbst bietet nur wenige Unterkünfte, die meisten
Ferienwohnungen liegen ein paar Kilometer außerhalb in
der Nähe der Nordsee in den Kögen.
●**Hotel Marner Hof** €€€, Kleiner Ring 8, Tel. + Fax 550. Ein
rot-weiß gehaltenes Haus, der Schriftzug des Hotelnamens
deutet das Alter an. Unten befindet sich ein Restaurant, das
u.a. gute Fischgerichte serviert.
●**Ferienhof Claußen** €€, Mitteldeichweg 3, 25706 Kronprinzenkoog, Tel. (04856) 383, Fax 537, www.ferienhof-
claussen.de. Insgesamt drei FeWos auf einem voll bewirt-
schafteten Hof mit diversen Tieren und großem Spielplatz.
●**FeWo Borwieck** €, Schleusenstr. 20, Kronprinzenkoog,
Tel. 3305, Fax 1698, www.borwieck-nordsee.de. Ferien auf
dem Bauernhof mit Ponys und Kleintieren. Der Hof liegt
5 km vom Meer entfernt.
●**Ferienhaus Tine** €€, Schadendorf 11, 25706 Kronprinzenkoog, Tel. 3711. Gemütliches Reetdachhaus auf großem Grundstück mit Sauna und Schwimmbad, 2 km zum
Meer.
●**Ferienhof Ibs** €€, Nordseestr. 2, 5709 Kronprinzenkoog,
Tel. 8223, www.ferienhof-ibs.de. Zwei FeWos auf einem
Bauernhof mit Tieren, außerdem gibt es eine große Spiel-
scheune. Der Hof liegt 4 km von der Nordsee entfernt.

**Dithmarschen**

**Gastro-
nomie**

Alle Hotels in Marne haben ein Restaurant. Des Weiteren:
● **Bistro San Remo,** Alter Kirchhof 2, Tel. 3000, Mo. Ruhe-
tag. Hauptsächlich Pizza und Pasta, ab 18.00 Uhr geöffnet.
● **Stadtkrog,** Alter Kirchhof 6, Tel. 9576277, Mo. ab 18.00
Uhr geöffnet. Bietet Balkanspezialitäten und Pasta sowie
Mittagstisch. Beide Lokale liegen direkt neben der Kirche.

**Aktivitäten**

● **Fahrradverleih:** Firma Lamberty, Süderstraße 23, Tel. 597,
www.lamberty.de, bietet auch einen Bring- und Abhol-
service.
● **Kino:** Capitol, Norderstr. 2, Tel. 3210, www.capitol-
marne.de.
● **Markt:** Mi. 8.00–12.00 Uhr am Marktplatz.
● **Minigolf:** Am Sommerdeich 47 in Kaiser-Wilhelm-Koog,
Gaststätte Severin.
● **Skateboard:** Halfpipe an der Marner Schwimmhalle, Wil-
helmstr. 12.
   Und etwas ganz Besonderes:
● **Wattwandern:** Nach Absprache möglich mit Klaus
Meyer aus Kaiser-Wilhelm-Koog, Tel. (04856) 470.

## Ausflüge

**Neufeld**

Ein kleiner **Hafen** mit knapp 50 Liegeplätzen, wo
man schon eine Prise Meeresluft atmen kann.
Oben auf dem Deich liegt ein gemütliches Lokal,
das seinen Namen nach eben dieser Lage bekommen hat: **„Op'n Diek",** also: „Auf'm Deich".
Geöffnet ab 11.00 Uhr.

**Kronprin-
zenkoog**

In insgesamt drei Schritten entstand diese Gemeinde. Zunächst wurde der **Sophienkoog** 1718
„dem Meer abgerungen", wie es so völlig treffend
heißt. 1787 entstand nach zwei Jahren der **Kronprinzenkoog** selbst, dem der Sophienkoog und
ein weiterer später angegliedert wurden. 1883
weihte man dann die **neugotische Kirche** mit
dem markanten schlanken Turm ein.

In der Neulandhalle befindet sich heute
ein evangelisches Jugend- und Freizeitzentrum

**Kaiser-Wilhelm-Koog**

Dieser Koog wurde 1873 eingedeicht und liegt am Meer, weswegen er auch eine **Badestelle** hat. In dieser Gegend recken sich viele **Windkrafträder** in den Himmel, auch ein eigens eingerichtetes Informationszentrum befindet sich dort. Im nördlichen Bereich steht die **Neulandhalle.** Erbaut in der Nazizeit, sollten dort ideologische Schulungen der umliegenden Bevölkerung vorgenommen werden und die Architektur sollte schon etwas Erhabenes vermitteln. In die Naziideologie („Volk ohne Raum") passte die Idee der Landgewinnung vom Meer perfekt, deshalb gab es sogar einen Adolf-Hitler-Koog, der aber nach Kriegsende umbenannt wurde. Dieser Ungeist ist selbstverständlich verschwunden, das Haus ist seit vielen Jahren ein evangelisches Jugend- und Freizeitzentrum.

● **Gastronomie: Rosencafé Oma Marlies,** Schulstraße 18, Tel. (04856) 1280. geöffnet Fr.–So. 14.00–18.00 Uhr. Selbstgebackene Kuchen und Torten im Angebot, das Lokal ist durchgängig mit Rosen-Motiven dekoriert.

Dithmarschen

140ns Foto: fr

# Burg (Dithmarschen)

## Überblick

Allein 12-mal gibt es den **Ortsnamen** Burg in Deutschland, zwei davon liegen in Schleswig-Holstein. Da tut ein Zusatz not. „Dithmarschen" ist nicht schlecht gewählt, „Nord-Ostsee-Kanal" wäre auch ganz gut, liegt Burg doch keine drei Kilometer entfernt. Aber das geht nicht, zerschneidet der **Kanal** doch erst seit knapp 100 Jahren unser Land, während die Bökelnburg, von der Burg seinen Namen ableitet, immerhin stolze 1200 Jahre zählt.

## Sehenswertes

**Bökeln-burgwall**

Der Bökelnburgwall ist ein kreisrunder **Erdwall** von fünf bis zehn Metern Höhe und einem Durchmesser von 100 Metern. Es handelt sich um die Überreste einer ehemaligen Burg, die um das Jahr 800 n. Chr. zum Schutz der Bevölkerung vor Überfällen erbaut wurde. Der Name leitet sich übrigens von dem nahen Buchenwald ab („Bökeln" = Buchen).

Der **Wall** war damals mit Palisaden gespickt und höchstwahrscheinlich existierte um die Burg auch noch ein Graben. Das Eingangstor lag ungefähr dort, wo heute die kleine **Friedhofskapelle** steht. Nach Süden und Osten war die Burg durch ein Moor geschützt. Im Jahr 1032 flüchtete sich die Bevölkerung vor einem vergeblichen **Slawenüberfall** in die Burg. Das war dann auch die erste schriftliche Erwähnung, nach der der Ort seinen Namen erhielt. Von den Gebäuden der Burg blieb nichts mehr übrig, im Inneren des Ringwalls befindet sich heute ein Friedhof. Besucher können auf dem Wall einmal herumwandern.

Direkt hinter dem Ringwall liegt das **Arboretum,** der Baumgarten. Auf gut 2,5 ha können Bäume

und Sträucher aus aller Welt bestaunt werden. Auf der angrenzenden Freilichtbühne finden vereinzelt Aufführungen statt, übrigens auch manchmal die Moritat um *Graf Rudolf.*

Nur ein paar Schritte entfernt befindet sich der **Marktplatz** mit einer Mischung aus netten älteren Häusern, hohen Bäumen, der königlichen Apotheke und einigen modernen Bauten.

An der Ostseite stehen zwei schöne, alte, reetgedeckte Häuser aus der Mitte des 18. Jh. Ebenfalls beeindruckend ist die **alte Apotheke,** erbaut etwa Ende des 18. Jh. Das Haus Nr. 9 vermietet übrigens Ferienwohnungen.

Nur wenige Schritte entfernt steht die **Petri-Kirche.** Von außen wirkt sie recht schlicht, fast etwas eckig, der nicht zu hohe Turm steht ungefähr mittig. Ursprünglich war sie aus Feldsteinen erbaut, was heute unter dem weißen Putz nicht so recht deutlich wird. Gegründet worden sein soll die Kirche im Jahr 1148, als der Bruder des in der Bökelnburg erschlagenen *Graf Rudolf* in den Ort kam.

Petri-Kirche in Burg

## *Aufruhr in Dithmarschen*

Die Dithmarscher sind ruhige, bedächtige Gesellen. Sie kommen nicht so schnell in Rage, ihr Blut kocht nicht gerade „italienisch" schnell über (pardon – das sind natürlich Pauschalisierungen). Aber einmal war es dann doch soweit: „Dat geid so nich!" (Das geht so nicht) scholl der Ruf durch die Straßen. Das war 1145.

Was war passiert? *Graf Rudolf,* seines Zeichens Landesherr mit Sitz auf der Bökelnburg, verlangte gnadenlos den Zehnten von seinen Bauern, egal wie gut oder, noch egaler, wie schlecht die Ernte auch ausfiel. Die verzagten Bauern trauten sich und baten um Aufschub. *Graf Rudolf,* misstrauisch wie alle Herrscher, glaubte seinen Untertanen kein Wort. Also ließ er sich herab und schaute in die Scheune des reichsten Bauern, mal sehen, was der mir so erzählt, ha! Und was er sah, gefiel ihm gar sehr, nämlich eine dralle Maid. Ernte hin oder her, man ist ja kein Unmensch, neeech, aber das Mädel, die soll mich mal auf der Burg besuchen kommen, und zwar subito!

Das schmeckte nun der Gattin des Grafen überhaupt nicht, wer kann's ihr verdenken. Barsch befahl sie die umgehende Ablieferung aller fälligen Zehnten, aber molto subito!

Das ergrimmte nun die Bauern ziemlich. „Dat geid so nich!", wisperte es dann durch die Hütten und flugs wurde eine List ersonnen. Zum fälligen Termin zogen die Landmänner mit schuldbewusster Miene zur Burg, doch da, welch Pech! Just im Torbogen brach ein Wagen zusammen, das Tor ließ sich nicht mehr schließen. Das war das Zeichen, der Aufruhr brach aus. Die Bauern stürmten aus den Verstecken und in die Burg, alles niedermetzelnd. Über den Rest senken wir den Mantel des Schweigens.

Aber noch einmal Vorhang auf, jedenfalls ein Stückchen. Drei Jahre später verschlug es einen Bruder des Ex-Burgherren in geschäftlichen Dingen in die Gegend – man führte gerade Krieg. Besagter Bruder ließ in einer Kampfpause flugs eine Kirche zum Andenken an *Graf Rudolf* bauen, was bis heute als Gründung der Burger Kirche angesehen wird.

Als Zeichen der Sühne befahl er den Bau einer Sühnekirche. Im Inneren befindet sich ein Kruzifix aus dem 14. Jh. über dem Backsteinaltar.

Im Herzen der Stadt, in der Großen Mühlenstraße 6, befindet sich ein neues **Museum,** das zu einem Bummel durch das historische Burg der letzten Jahrhunderte einlädt. In mehreren Abteilungen wurden Räumlichkeiten verschiedener Burger Handwerker originalgetreu wieder aufgebaut. Zu besichtigen sind ein Kolonialwarenladen aus den 1920er Jahren, ein dörflicher Frisör, eine Sattlerei, eine Schuhmacherei, eine Zahnarztpraxis, eine historische Apotheke und eine Tischlerei. Außerdem Exponate zur ehemals großen und wichtigen Burger Schifffahrt.

●**Burger Museum,** Große Mühlenstraße 6, Tel. 902200, www.burger-museum.de. Geöffnet: 1.5.–31.10. Di., Fr., Sa., So. 14.30–16.30 Uhr, sonst nur So. 14.30–16.30 Uhr, Eintritt: Erwachsene 2,50 €, Kinder 1,00 €.

**Wald-museum**

Das Waldmuseum liegt etwas außerhalb, wie der Name schon andeutet, in einem Wald, am Ende der Waldstraße (ausgeschildert). Es ist ein wirklich einzigartiges Museum, das einen profunden **Einblick in das Ökosystem Wald** gewährt. Schautafeln erklären die Zusammenhänge, Querschnitte durch Baumstämme und Ameisenhaufen zeigen Details und auf verschiedenen Lehrpfaden wird der Besucher auf allerlei scheinbare Selbstverständlichkeiten aufmerksam gemacht. Ein gelungener Versuch, speziell Kinder – aber wohl auch deren Papis und Mamis – mit der heimatlichen Natur vertrauter zu machen.

Obendrein kann der Besucher vom 21 Meter hohen **Aussichtsturm** einen formidablen Rundblick genießen, immerhin steht das Museum bereits auf dem 66 Meter hohen „Berg" Wulfsboom, macht also zusammen stolze 87 Meter. Was doch gar nicht so schlecht ist, wenn man bedenkt, dass der höchste „Berg" in Schleswig-Holstein, der **Bungsberg,** 168 Meter misst ...

**Dithmarschen**

●**Waldmuseum,** Obere Waldstraße, Tel. 2985, www.wald
museum.de. Ausgeschildert, nach etwa 15 Minuten
Fußweg oder 5 Autominuten über die Waldstraße erreichbar. Ausreichender Parkraum liegt an der Straße. Geöffnet:
1.4.–31.10. 10.00–12.00 und 14.00–17.00 Uhr, Mo. geschlossen, restliche Jahreszeit auch. Eintritt Erwachsene
2 €, Kinder unter 18 Jahren 1 €.

## Praktische Reisetipps

**Info**

●**PLZ:** 25712.
●**Vorwahl:** 04825.
●**Einwohner:** 4500.
●**Touristikbüro:** KLG (Kirchspiellandsgemeinde) Burg-
Süderhastedt, Holzmarkt 7, Tel. 930518, Fax 930540,
E-Mail: touristikbuero@burg-st-michaelisdonn.de, www.
burg-dithmarschen.de

**Unterkunft**

●**Riedels Hotel** €€€, Nantzstr. 3–5, Tel. 8134. Insgesamt 14
Zimmer hat dieses mitten im Ortskern gelegene Haus.
●**Burger Fährhaus** €€€, Hafenstr. 48, Tel. 2417, Fax 92061,
www.burger-faehrhaus.de. Das Haus liegt direkt am Kanal,
hat 4 Zimmer, teilweise mit Etagenduschen, einen großen
Garten und die Küche des angeschlossenen Restaurants
bietet deutsch-asiatische Speisen.
●**FeWo Helga Schnepel** €, Am Markt 9, Tel. 8129, Fax
902517, www.otto-schnepel.de. In absolut zentraler Lage
befindet sich dieses hübsche, reetgedeckte Fachwerkhaus
mit kleinem, nettem Garten.

**Gastro-
nomie**

●**Pizzeria Roma,** Nantzstr. 2, Tel. 1822. Pizza und Pasta
mit Blick auf die Bökelnburg.
●**Hacienda,** Holzmarkt 6, Tel. 902095. Frühstücks- und
Mittagsbüfett, sonst auch Fisch, Steaks, Salate und Nudeln.
●**Burger Fährhaus,** Hafenstr. 48, Tel. 2417, Mo. Ruhetag,
direkt am Kanal bei der Anlegestelle der Fähre gelegen.
Gut gewürzte asiatische Gerichte (scharf!), aber auch die
typisch gutbürgerliche Küche der Region. Beste Aussicht
von der Terrasse auf die vorbeifahrenden Schiffe. Sonntags
deutsch-asiatisches Büfett.

**Aktivitäten**

●**Fahrradverleih:** Nordoel-Tankstelle, Burgstr. 11, Tel. 902
544.
●**Freibad:** Am Sportplatz, Tel. 8857. Geöffnet Mai–Sept.
9.30–20.30 Uhr. Schön gelegenes Schwimmbad mit be-
sonderen Attraktionen wie Wildwasserkanal, Massagedü-
sen und vor allem einer 80 Meter langen Rutsche.
●**Markt:** Freitags bis 12.00 Uhr.
●**Taxi:** Tel. 7777 oder 2520.

**Dithmarschen**

O3.2ns Foto: fr

## Ausflüge

**Tiefste Landstelle Deutschlands**

Preisfrage: Können Sie sich vorstellen, wo der Tiefpunkt liegt? Nicht der persönliche, sondern die tiefste Landstelle Deutschlands? Nein? **Etwa sechs Kilometer von Burg entfernt** in **Neuendorf.** Dazu muss man nur einmal mit der Fähre den Kanal überqueren (kostenlos, wie alle Kanalfähren) und etwa 4 km in Richtung Wilster fahren. Kurz nach dem Passieren des Dorfes Aebtissinnenwisch sieht

Neuendorf bei Burg: tiefste Landstelle Deutschlands

man auf der rechten Seite am Straßenrand einen acht Meter hohen Pfahl neben der Schleswig-Holstein-Fahne. Dort ist Deutschlands Tiefpunkt.

Seit dem 5. September 1988 ist es amtlich, das Innenministerium gab seinen **behördlichen Segen,** das Katasteramt bestätigte.

Hier in Neuendorf wurden 3,54 Meter unter Normal Null (NN) gemessen. Ein hoher **Pfahl** verdeutlicht die Dimensionen, zeigt auch die Pegelstände verschiedener Sturmfluten an. Erklärt wird dieses Phänomen mit den ewigen Überschwemmungen in früheren Zeiten. Dadurch setzte sich hier schwerer Schlick ab, verlandete langsam und Sinkstoffe drückten den weichen Boden zusammen.

**Radeln am Nord-Ostsee-Kanal** Vom Zentrum in Burg sind es knapp zwei bis drei Kilometer bis zum Kanal (Richtung Wilster fahren). Dort angekommen können Sie stundenlang immer parallel entlang des Kanals auf zumeist Plattenwegen radeln und sich ein Wettrennen mit den Schiffen liefern. Rechts geht es nach Brunsbüttel (15 km), nach links wären es etwa 90 km bis Kiel. Das ist vielleicht ein bisschen weit, aber bis zur **Hochbrücke Hochdonn,** die Sie schon von weitem sehen können, wären es nur 5 km.

●**Tipp:** Wenn Sie von Burg kommend nach Brunsbüttel radeln wollen, sollten Sie auf der Nordseite bleiben, also nicht mit der Fähre übersetzen, denn auf der Südseite ist ein Teilstück nicht befahrbar.
●**Infos:** www.nok-sh.de/nok-route.

**Eisenbahnhochbrücke Hochdonn** Bevor der Nord-Ostsee-Kanal 1895 eingeweiht wurde, existierte bereits eine Eisenbahnlinie entlang der Westküste, genannt **„Marschenbahn".**

458rs Foto: fr

Diese führte von Hamburg kommend hoch nach Norden. Der Kanal zerschnitt nun diese Bahnstrecke, deshalb musste eine Brücke gebaut werden. Zunächst behalf man sich mit einer **Drehbrücke.** Nachdem der Kanal zwischen 1907 und 1913 erweitert wurde, genügte diese nicht mehr. Deshalb fertigte man eine neue gewaltige **Stahlkonstruktion** bei Hochdonn, über die noch heute die Züge nach Norden rollen. Die Brücke misst 2218 m Länge und hat eine lichte Höhe von 42 m.

**Windmühle Edda** Edda steht am Rande des kleinen Ortes St. Michaelisdonn in der Nähe des Bahnhofs und ist im Ort ausgeschildert. 1842 wurde die reetgedeckte Windmühle erbaut an der Stelle, wo schon eine Bockmühle aus dem 17. Jh. einst stand. Ein Balken der Ur-Mühle konnte noch verwendet werden beim Bau von Edda, er trägt das Datum „A.D. 1666 8. Mai". Der Name „Edda" bezieht sich übrigens auf **eine der Töchter des Müllers,** die Mühle trägt diesen Namen seit 1952.

# Friedrichskoog

## Überblick

In der Hierarchie der großen Nordseebäder an der Westküste nimmt Friedrichskoog Platz 3 ein, nach St. Peter-Ording und Büsum. Der Ort tritt bescheiden auf, genau wissend, den beiden anderen touristischen Anziehungspunkten an Schleswig-Holsteins Nordseeküste nicht das Wasser reichen zu können. Die Gäste, die nach Friedrichskoog kommen, wollen es auch gar nicht anders. Hier wird ihnen kein Rummel geboten, sondern **Ruhe.** Hier stören an heißen Sommerwochenenden keine aus Hamburg einfallenden Heerscharen von Tagesgästen und lustigen Zweithausbesitzern. Natürlich gibt es Letztere auch, keine Frage, aber, alles bleibt im Rahmen und bescheiden.

Der Ort hat **keinen spektakulären Strand.** Das verwundert nicht, wurde der Koog doch 1854 dem Meer abgerungen. Damals suchte man fruchtbares Ackerland und keine Sandstrände. Hier kann der Gast also nur am Deich liegen und die Nordseesonne genießen. Ein Massenbetrieb findet nicht statt. Das war schon immer so, 1957 zählte eine Statistik 200 Urlauber, Ende der 1990er Jahre stabilisierte sich die Zahl auf 30.000 pro Jahr. Viel für einen kleinen Ort, aber nicht zu viel.

Der Ort lässt sich grob zweiteilen. Da gibt es zum einen **Friedrichskoog-Hafen,** um es einmal so zu benennen. Dort dümpelt immer noch malerisch die größte Krabbenfangflotte der Westküste (bis zu 30 Schiffe!) und es gibt auch Krabbenbrötchen und Bier am Kiosk. Das heißt, dort geht es rustikal-gemütlich zu, ohne viel Schnick-Schnack. In der Nähe liegen auch ein paar Geschäfte (nicht viele) und ein Supermarkt.

Der „grüne" Strand von Friedrichskoog

600m Foto: fr

Dithmarschen

Die touristische Meile zentriert sich bei **Friedrichskoog-Spitze** (so lautet übrigens der offizielle Name, ist nicht von mir erfunden), ein paar Kilometer vom Hafen entfernt. Hinter diesem Namen verbirgt sich eine etwas ins Meer hineinragende Landzunge, wo auch der schon erwähnte Deich verläuft. Direkt dahinter liegen ein paar Kneipen und eine Reihe von Ferienwohnungen. Diese befinden sich gewissermaßen in der ersten Reihe, nur wenige Schritte vom „grünen" Strand – dem Deich – entfernt. Es werden auch in und um Friedrichskoog-Hafen Ferienwohnungen angeboten, aber von dort aus sind es immer ein paar Kilometer Wegstrecke bis zum Strand.

## Sehenswertes

**Kronprinzenkoog**
Zwischen 1785 und 1787 wurde der Kronprinzenkoog eingedeicht. Vor diesem Koog lagen dann drei größere Landflächen, die bis 1854 zum Friedrichskoog ebenfalls eingedeicht wurden. Erst danach entstand auch der Hafen, in dem noch heute Fischerboote regelmäßig festmachen.

**Friedrichskoog**

NORDSEE

Trischen-damm

Friedrichskoog-Spitze

| | 1 | „Nur-Dach-FeWos" |
|---|---|---|
| | 2 | Hotel und Rest. Möwenkieker |
| | 3 | Steff's Fleetenkieker |
| | 4 | Strandpark Friedrichskoog-Spitze |
| | 5 | Klinik Nordseedeich, |
| | | Tourismus Service und |
| | | Bücherei |
| | 6 | mehrere Lokale |
| | 8 | mehrere FeWos |
| | 8 | Campingplatz Ottmar/Swienskopp |
| | 9 | Nordseehof Reitz |
| | 10 | Pension am Nordseedeich |
| | 11 | Ferienhaus Zur kleinen Meerjungfrau |
| | 12 | Kurmittelhaus |
| | 13 | Hof Andreßen |
| | 14 | Hotel Friedrichskooger Hof |
| | 15 | Windmühle „Vergissmeinnicht" |
| | 16 | Fahrrad Claßen |
| | 17 | Haus Süderdiek |
| | 18 | Fisch Delikatessen Urthel |
| | 19 | Postagentur |
| | 20 | FeWo Haus Hafenblick |
| | 21 | Friesenhof |
| | 22 | Seehundstation |
| | 23 | Wal-Indoor-Spielpark |
| | 24 | Info-Zentrum Schutzstation Wattenmeer |
| | 25 | Lokal „Fischhaus" |
| | 26 | FeWo Peerhus |

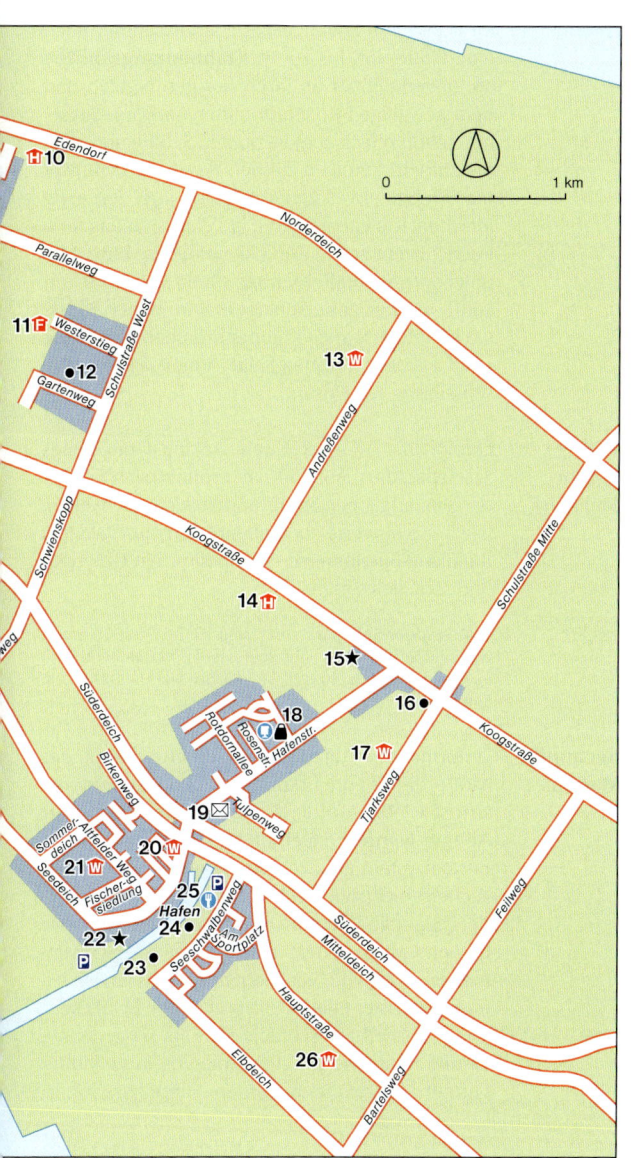

Dithmarschen

**Hafen**

Im Hafen von Friedrichskoog landet immer noch eine Flotte von bis zu 30 **Krabbenfangschiffen** an, unverkennbar an ihren riesigen Netzen und dem gewaltigen Kochtopf mitten an Bord. Sie sehen schon schick aus, die bunten Schiffe und auch die zumeist kernigen Fischer. Wenn sie sich nicht mal wieder etwas genervt fühlen von den ewig gleichen Touristenfragen à la „Was is' 'n das für'n Fisch?" Ein bisschen Zurückhaltung also bitte. Mitunter werden auch Krabben direkt von Bord verkauft, frischer geht es nicht mal im nahen Kiosk, wo es natürlich auch Krabbenbrötchen gibt (siehe auch Exkurs „Krabben-Salat" unter der Ortsbeschreibung von Büsum).

**Wal-Indoor-Spielpark**

Direkt am Hafen eröffnete unlängst ein neues Spieleparadies. Auf 2500 m² eröffnen sich für Kinder alle möglichen Sport- und Spielmöglichkeiten, wie beispielsweise ein Multifunktionssportfeld, ein Kleinkind-Spielbereich, Trampolins, ein Labyrinth und sehr vieles mehr.

● **Wal-Indoor-Spielpark,** Am Hafen 10, Tel. 904660, www.wal-friedrichskoog.de. Geöffnet Mo–Fr 14.00–19.00 Uhr, in den Ferien ab 10.00 Uhr, Sa/So 10.00–19.00 Uhr, Eintritt 6 €.

**Seehundstation**

„Information, Aufzucht, Forschung" lautet das Motto der Friedrichskooger Seehundstation, die sich seit 1985 um diese Tiere kümmert. Ein paar Alttiere werden dauerhaft in einem naturnahen Beckensystem gehalten und können von den Besuchern nicht nur beim Füttern beobachtet werden. Sie tollen zumeist ganz niedlich im Wasser herum. Gut zu sehen, welch geschickte Schwimmer sie doch sind, vor allem unter Wasser, ein extra Sichtfenster erlaubt entsprechende Einblicke.

Die Aufzucht beschränkt sich auf so genannte **Heuler.** Das sind Jungtiere, die von ihrer Mutter getrennt aufgefunden wurden. Friedrichskoog ist

Am Hafen von Fiedrichskoog

595ns Foto: fr

Dithmarschen

in ganz Schleswig-Holstein die einzig autorisierte Institution für die Aufnahme von Heulern. Sobald es möglich ist, werden die Tiere dann wieder in die Nordsee entlassen. In Zusammenarbeit mit mehreren Universitäten leistet die Seehundstation außerdem intensive Forschungsarbeit.

Foto: hf

Der Besucher findet neben den possierlichen Seehunden jede Menge **Schautafeln** mit vertiefenden Erklärungen zu den Meeressäugern und ihrem Lebensraum, dem Wattenmeer. Und dann gibt es noch den 4 x 2 Meter großen, begehbaren Seehund „Kurt", in dem die Kleinen anschaulich einen Seehund von innen kennenlernen können.

●**Seehundstation,** An der Seehundstation 4, beim Hafen gelegen, Tel. 1372. Geöffnet: März bis Okt. täglich 9.00–18.00 Uhr, Fütterungen um 10.30, 14.00 und 17.30 Uhr. Nov. bis Febr. täglich 10.00–17.00 Uhr, Fütterungen um 10.30 und 16.00 Uhr. Eintritt: Erwachsene 3,50 €, Kinder (2-16 Jahre) 2,50 €, Familie 9,50 €. Außerdem gibt es ein Kombiticket, mit dem zwei weitere Institutionen besucht werden können, das **Multimar Wattforum in Tönning** und das **NABU-Zentrum Katinger Watt,** ganz in der Nähe von Tönning. Preis: Erwachsene 10,40 €, Kinder 7,20 €, Familie 30,00 €.

**Wind-**
**mühle**

Mitten in Friedrichskoog, an der Koogstraße 90, überragt die 1860 erbaute Windmühle **„Vergissmeinnicht"** die umliegenden Häuser. Der Name ist hier Programm, fungiert sie doch als **Standesamt.** Tatsache, wer möchte, kann sich hier in origi-

In der Seehundstation

Windmühle „Vergissmeinnicht"

nellem Ambiente trauen lassen. Deshalb wird die Mühle im Volksmund auch „Hochzeitsmühle" genannt.

● **Infos:** (04851) 959637.

**Schutz-station Watten-meer**

Das Informationszentrum Schutzstation Wattenmeer liegt links vom Hafen (Tel. 1648), informiert ebenfalls über das Wattenmeer und zeigt **naturkundliche Ausstellungen.** Hier können auch Termine für **Wattwanderungen** vereinbart werden.

**Trischen-damm**

Direkt von der Friedrichskooger Spitze ragt ein 2,3 km langer Damm ins Meer, der einmal das Festland mit der **Vogelinsel Trischen** verbinden sollte. Davon hat man dann jedoch Abstand genommen, übrig blieb ein **Basaltdamm,** der jetzt

Dithmarschen

396ns Foto: fr

wie ein ausgestreckter Finger ins Meer weist. 1935 bis 1936 wurde dieser Damm gebaut, er besteht aus Stahlspundwänden, die mit Sand gefüllt wurde. Oben drauf kamen Rasensoden und Basalt.

**Vogelinsel Trischen**

Auf der Vogelinsel Trischen wohnt in der wärmeren Jahreszeit nur ein Vogelwart, ein wahrhaftiger Einsiedler. Er muss die Vögel beobachten, zählen und dafür sorgen, dass niemand sonst das Inselchen betritt, denn es steht unter strengem Naturschutz. Etwas abenteuerlich ist es schon, gibt es doch weder Strom, noch fließend Wasser auf der Insel, nur einen Ofen und Solarbetrieb.

## Praktische Reisetipps

**Info**

- **PLZ:** 25718.
- **Vorwahl:** 04854.
- **Einwohner:** 2500.
- **Tourismus-Service:** Koogstr. 141, Tel. (0800) 2020060 (kostenlos aus dem deutschen Festnetz), Fax 9049419, E-Mail: info@friedrichskoog.de, www.friedrichskoog.de.
- **Kurtaxe:** Von Mai–Sept. sind 2,50 € von allen Personen über 18 Jahren fällig, im März, April und Okt. 1,70 €, Jugendliche unter 18 Jahren in Begleitung der Eltern zahlen nichts. Der Urlauber erhält eine Gästekarte, die eine ganze Reihe von geldwerten Vorteilen bietet. Am Eingang zum Strandbereich wird übrigens nicht mehr kontrolliert. Das bedeutet freien Zugang für Tagesgäste, die nun aber dafür Gebühren für ihren Parkplatz zahlen müssen.
- **Strandkorb:** 3–5 €/Tag je nach Saison, ab 14.00 Uhr billiger und bei längerer Miete wird es ebenfalls günstiger. Reservierung über Tourismus-Service.

**Unterkunft**

- **Friesenhof** €–€€, Altfelder Weg 16, Tel. 1044, Fax 907491, www.friesenhof-nordsee.de. FeWos werden auf diesem Ferienhof angeboten. Ein großer Garten mit Minigolfanlage unter hohem Baumbestand und ein Lokal sind ergänzend vorhanden.
- **Hotel und FeWo Möwenkieker** €€€–€€€€, Strandweg 6, Tel. 9049870, Fax 90498766, www.moeven-kieker.de. Ein familiäres Haus, das direkt hinter dem Deich liegt und insgesamt 30 Zimmer anbietet. Unten befindet sich ein weithin gelobtes Restaurant mit netter Terrasse.
- **Pension am Nordseedeich** €€, Strandweg 1, Tel./Fax 893, www.merita.de. Die kleine Pension mit ihren 9 Zimmern liegt äußerst ruhig hinterm Deich, aber auch schon

einen guten Kilometer von Friedrichskoog-Spitze entfernt. Ein gemütlicher Garten und ein weiter Blick über die Felder entschädigen voll und ganz.

● **Hotel Friedrichskooger Hof** €€€, Koogstr. 96, Tel. 1000, Fax 1010. Insgesamt 8 Zimmer auf zwei Etagen nebst Restaurant bietet dieses Haus.

● **FeWo Haus Hafenblick** €€, Schleusenweg 8, Infos: *Uwe Eder*, Tel. 1430. Drei FeWos in einem Doppelhaus, das direkt hinter dem Deich unweit vom Hafen liegt.

● **Nordseehof Reitz** €–€€, Altfelder Weg 25, Tel. 436, Fax 9270, www.nordseehof-reitz.de. Ein Ferienhof in sehr ruhiger Lage, bestehend aus drei Gebäuden und großem Garten nebst einer Spielwiese für Kinder.

● **Zur kleinen Meerjungfrau** €, Westerstieg 3, Tel. 670, Fax 904424, www.zur-meerjungfrau.de. Insgesamt 5 FeWos bietet dieses Haus, das in einer sehr ruhigen Nebenstraße liegt, allerdings auch schon gute 2 km vom Kurzentrum entfernt.

● **Hof Andreßen** €€, Andreßenweg 2, Tel. 485, Fax 637, www.bauernhof-andressen.de. Ein etwas abseitig, aber auch sehr ruhig gelegener Hof, der noch bewirtschaftet wird und auf dem noch Tiere gehalten werden. Mit 6 FeWos.

● **Fewo Haus Süderdiek** €–€€, Tjarksweg 9, Tel. 1389, Fax 904700. Das große Haus liegt in einer ruhigen Seitenstraße und bietet 4 FeWos mit eigener Terrasse, außerdem einen netten, größeren Garten sowie Ponyreiten und Kutschfahrten.

● **FeWo Peerhuus** €–€€, Hauptstr. 17, Tel. 1716, www.nordsee-peerhuus.de. Ein schönes, weißes Haus mit Garten bietet FeWos für 2 bis 5 Personen. Das Haus liegt am Ortsrand, zum Hafen sind es gute 1000 m, zum Deich etwa 300.

● **Campingplatz „Swienskopp"** (offizieller Name: Ottmar), Tel. 854. Ein kleiner Platz an der Straße Süderdeich, unweit vom Kurzentrum. Geöffnet 1.4.–31.10.

● **Strandpark Friedrichskoog-Spitze** €€€€€. Luxus-Ferienhäuser im dänischen Stil: groß (für bis zu 12 Personen), komfortabel, mit Sauna- und Wellnessbereich. Angeboten von „Novasol", Infos: www.strandpark-friedrichskoog-spitze.de.

Die **Straßen Miele, Süderpiep, Kleiner Steert, Großer Steert und Große Balje** liegen alle in unmittelbarer Nachbarschaft in Sackgassenlage direkt hinter dem Deich in Friedrichskoog-Spitze. Dort sind eine Vielzahl von Reihenhäusern, Doppelhäusern und gelegentlich auch mal ein Einzelhaus entstanden. Viele dieser Häuser werden vermietet, alle sind in gutem Zustand, keins kann hervorgehoben werden. Wer also ein Haus in einer dieser Straßen mieten möchte, trifft keine schlechte Wahl.

In den **Straßen Möwenweg, Regentütenreihe, Kiebitzreihe, Glurenstieg** ist ein ganz bestimmter Haustyp, das „Nur-Dach-Haus", auch Finn-Hütte genannt, anzutreffen.

**Dithmarschen**

613ns Foto: fr

Auffällig sind die sehr schräg zulaufenden Dächer, die bis zum Erdboden reichen. Die Häuser haben zwar alle ein kleines Stück Garten, stehen aber recht dicht zusammen. Sie liegen im nördlichen Bereich von Friedrichskoog-Spitze hinterm Deich, allzu weit ist es also nicht bis zum Meer.

**Gastro-nomie**

● **Fischhaus,** rustikales Lokal am Hafen.

● **Fisch Delikatessen Urthel,** Hafenstr. 71, Tel. 291. Das Dach wurde in Form eines Bootes gebaut und Maritimes gibt auch den Ton auf der Karte an.

● **Restaurant Zur Spitze, Fisch & Knolle** und **Achter'n Diek** sind drei kleinere Lokale, die alle direkt am Deichübergang in Friedrichskoog-Spitze liegen. Speziell „Zur Spitze" hat eine nette Terrasse.

● **Steff's Fleetenkieker,** Buschsand 26, Tel. 904874, Di. Ruhetag (nicht im Juli, Aug.). Kleines Lokal mit Terrasse in Friedrichskoog-Spitze direkt beim Deichaufgang. Die charmante Chefin serviert kleine und größere Gerichte.

● **Möwenkieker,** Strandweg 6, Tel. 90400. Weithin gelobtes Lokal.

**Aktivitäten**

● **Bücherei:** im Haus des Tourismus Service.

● **Fahrradverleih:** Claßen, Koogstr. 72, Tel. 235.

● **Hallenbad:** Fontamar Kur- und Thalasso-Zentrum, Schulstraße-West 14.

● **Kinderanimation:** während der Ferienzeit gibt es vielfältige Angebote. Infos über die Homepage oder über den Terminkalender, den die Touristinfo herausgibt.

●**Kino:** in Marne, Norderstr. 2, Tel. (04851) 3210, Programmhefte liegen auch im Tourismus Service aus.
●**Markt:** am Mittwoch in Marne.
●**Minigolf:** In Friedrichskoog-Spitze, unweit vom Deichübergang.
●**Parken:** Koogstr. 128, Tel. 1073, hat etwa 1000 Plätze, Nordseestraße zählt etwa 500 Plätze und Am Hafen bietet gerade mal 100 Plätze, alle sind gebührenpflichtig.
●**Postagentur:** im Edeka-Markt, Hafenstr. 124.
●**Strandkörbe:** Reservierungen über den Tourismus Service.
●**Taxi:** Peters, Tel. 9191.

# Meldorf

## Überblick

Meldorf wird auch die **„Domstadt"** genannt. Und in der Tat befindet sich das Zentrum der Stadt rund um den Dom. Dort gruppieren sich einige nette Lokale und Hotels, zweigen wichtige Straßen, teils als Fußgängerzonen, ab und in unmittelbarer Nähe liegen auch zwei bemerkenswerte Museen. Ein Besuch Meldorfs lohnt also nicht nur wegen des Doms, aber diesen sollte sich niemand entgehen lassen.

## Sehenswertes

**Dom**

Erbaut wurde die **St.-Johannis-Kirche**, die nie Bischofsweihen empfing, aber gleichwohl allgemein nur als „Dom" bekannt ist, zwischen 1250 und 1300. Das war zur Zeit, als Dithmarschen politisch selbstständig war und 1265 Meldorf Stadtrechte erlangte. Bereits zur Zeit des Missionars *Ansgar,* der 826 von Hamburg aus nach Norden zog, existierte eine erste bescheidene Kirche. Das genügte aber vier Jahrhunderte später nicht mehr den Ansprüchen. Die Dithmarscher waren selbstbewusst und politisch unabhängig, und das sollte auch durch einen **gewaltigen Kirchbau** dokumentiert werden.

*Dithmarschen*

Und so entstand der rote Backsteinbau zu Ehren von **Johannes dem Täufer.** Eine ihn darstellende große Holzfigur (Mitte 15. Jh.) steht rechts vom Chorgitter. Dieses 1603 aus Eiche geschnitzte Gitter ist auch eines der bemerkenswertesten **Details** der Kirche.

Nach dem Eintreten stoßen Sie auf eine **Skulptur der heiligen Gertrud** (Ende 15. Jh.), die als Kirchenstifterin ein Kirchenmodell trägt und gleichzeitig Patronin der Reisenden ist. Vor allem im oberen Teil fallen die Figuren der sieben Apostel auf sowie die Darstellung der vier Tugenden: Glaube, Klugheit, Liebe, Gerechtigkeit. Besonders schön ist auch das bunte Fenster über dem Altarraum. Im oberen Bereich des Fensters wurde das himmlische Jerusalem mit seinen goldenen Gassen abgebildet, im unteren Teil sind die 12 Jünger erkennbar.

Im nördlichen Querschiff befinden sich mittelalterliche **Deckengemälde,** die als Bilderzyklus die Schöpfungsgeschichte darstellen, sowie aus dem Neuen Testament die Lebensgeschichte Jesu.

Das im Altarraum stehende **Taufbecken** stammt aus dem späten 13. Jh. Der Altaraufsatz besteht aus einem geschnitzten Klappteil, der 1533 aufgestellt wurde, und zeigt die Leidensgeschichte Jesu. Der gemalte Teil auf den Außenflügeln entstand 60 Jahre später. Genau gegenüber dominiert die 1977 erbaute gewaltige **Orgel** mit 43 Registern.

Der restliche Bereich der Kirche fällt relativ schlicht aus. Auffällig sind noch die hellblauen Holzbänke und der spärliche Wandschmuck, bestehend aus einigen wenigen **Porträtbildern.** Dort wird neben einem Bildnis von *Martin Luther* auch *Heinrich von Zütphen* dargestellt, ein Prediger, der 1524 in Heide grausam ermordet wurde.

492ns Foto: fr

Dithmarschen

● **St.-Johannis-Kirche:** Mai–Sept. 10.00–17.00 Uhr, sonst Mo.–Fr. 10.00–12.00 und 14.00–16.30 Uhr, Sa. 10.00–12.00 Uhr. Am Fr. findet um 10.00 Uhr eine sehr geschätzte 15-minütige Markt-Andacht statt.

**Dithmarscher Landesmuseum**

Es ist das älteste (1872 gegründet) und größte Museum des Landes. Dargestellt werden **historische Ereignisse** wie die Schlacht von Hemmingstedt oder die Anfänge des Deichbaus, aber vor allem thematische Schwerpunkte aus den 30er bis 70er Jahren des **20. Jh.** Diese Epoche wurde mit viel Detailgenauigkeit in unterschiedlichen Räumen nachgebildet. So spaziert man von einem Zimmer zum anderen und findet sich urplötzlich in einer anderen Szene wieder, in einer Zeitphase, die gar nicht sooo lange zurückliegt. Zu sehen sind u.a. ein alter Postschalter, ein Klassenraum mit Schiefertafel und viel zu engen Holzbänken, ein Frisörsalon mit Trockenhaube, eine Zahnarztpraxis mit Pedalbohrer, eine dörfliche Kneipe mit elektrischem Klavier und pizzatellergroßem Aschenbecher auf dem Stammtisch oder auch ein Kinosaal mit regelrechten Monstern von Filmvorführapparaten. Selbst die Nazizeit wurde nicht ausgespart.

Das Museum ist also nicht nur spezifisch auf Dithmarschen ausgerichtet, sondern bietet insbesondere einen guten Überblick über eine gar nicht so alte Vergangenheit.

● **Dithmarscher Landesmuseum,** Bütjestr. 4, Tel. 600060. Geöffnet: Nov.–Ostern Di.–Fr. 10.00–16.00, So. 11.00–16.00 Uhr, Ostern–Okt. Mo.–Fr. 10.00–16.30, Sa. und So. 11.00–16.00 Uhr, Eintritt: Erw. 3 €, Kinder (6–18 Jahre) 1 €, Familien: 6 €.

**Landwirt-
schafts-
museum**

Hierher sollte der Opa mit seinem Enkel gehen, besonders wenn der Opa Ahnung von Landwirtschaft und bäuerlichem Leben hat. Denn in einer riesigen Halle wird das **Leben der Bauern in der jüngeren Vergangenheit** thematisiert. Jede Menge Traktoren, Schlepper, Mähmaschinen, Erntegeräte, Leiterwagen, Anhänger stehen hier kreuz und quer. Alles ehemalige Gebrauchsgegenstände, die man hautnah begutachten kann. Und da fällt den meisten Opas so manche Geschichte ein.

Im oberen Bereich wurde eine Kohlschneidemaschine montiert sowie eine **Backstube** mit winzigem Laden, eine **Küche** und verschiedene Bauernstuben nachgebildet. Alles sehr plastisch und „echt". Nach einem Besuch wird so manchem Stadtmenschen erst klar, wie relativ einfach der Alltag doch heutzutage im Vergleich ist.

Noch deutlicher wird dies nach einer Visite im angeschlossenen **Bauernhaus.** Dieses komplett im Originalzustand eingerichtete Haus ist ca. 300 bis 400 Jahre alt. Wenn sich die Augen erstmal an das dunkle Licht gewöhnt haben, erkennt man links und rechts Pferde- sowie Kuhstall, daneben an der hinteren Stirnseite Wohn-, Schlaf- und Küchenbereich von Herr und Gesinde. Auf dem oberen Stockwerk sind Bilder ausgestellt, die das knüppelharte Leben der Marschbauern noch einmal eindrucksvoll zeigen.

● **Landwirtschaftsmuseum und Bauernhaus,** Jungfernstieg 4, Tel. 979390. Geöffnet: April–Okt. Di.–Fr. 9.00–17.00, Sa. und So. 11.00–17.00 Uhr. Nov. bis März Di.–Fr.

9.00–17.00, So. 11.00–17.00 Uhr, Bauernhaus vom 1.11. bis 31.3. geschlossen. Eintritt: Erw. 2,50 €, Kinder bis 18 Jahre 1,00 €, Familienkarte 4,50 €.
● Direkt neben dem Landwirtschaftsmuseum befindet sich ein **Garten mit historischen Rosen.** Die Sammlung kam durch eine Privatinitiative zustande, heute wachsen hier 54 verschiedene Sorten. Die Blütezeit liegt etwa zwischen Ende Mai und Mitte Juli.

**Museums-Werk-stätten**

In den Dithmarscher Museums-Werkstätten werden Decken, Trachten oder Kissen per Hand gewebt, in alter Tradition. Besucher können den **Webern** über die Schulter schauen und in einem eigenen Geschäft handgemachte Waren erwerben.

● **Museums-Werkstätten:** Papenstr. 2, Tel. 1527. Geöffnet: Mo.–Do. 9.30–11.30, 13.00–15.00 Uhr. Am Do. findet um 15.00 Uhr eine Werkstattführung statt.
● **Geschäft:** Alte Schuhmacherei, Zingelstr. 29 (Verlängerung der Roggenstraße, die vom Domplatz abzweigt).

Vom Domplatz geht die Süderstraße ab, in der mit der Hausnummer 18 ein Haus aus dem Jahr 1588 steht.

## Praktische Reisetipps

**Info**

● **PLZ:** 25704.
● **Vorwahl:** 04832.
● **Einwohner:** 7700.
● **Tourist & Service Center Meldorf/Meldorf Umland e. V.,** Nordermarkt 10, Tel. 97800, Fax 978020, E-Mail: meldorf-tourismus@t-online.de, www.meldorf-tourismus.de.

**Unterkunft**

● **Hotel Zur Linde** €€€, Südermarkt 1, Tel. 95950, Fax 4312, www.linde-meldorf.de. Insgesamt 10 Doppel- und 2 Einzelzimmer hat dieses nette, kleine Haus direkt am Domplatz. Es zählt zu den „Flair-Hotels", was schon für sich spricht. Auch das angeschlossene Restaurant überrascht mit abwechslungsreichen Menüs.

**Gastro-nomie**

Einige Lokale liegen direkt am Domplatz, teilweise kann man recht gemütlich draußen sitzen.
● **Pizzeria Mama Leone,** Südermarkt 7, Tel. 3240. Pizza & Pasta, na klar. Täglich geöffnet ab 11.00 Uhr zum Mittagstisch und wieder ab 17.00 Uhr.
● **Dom Café,** Südermarkt 4. Gemütliches, kleines Lokal.

**Dithmarschen**

**Aktivitäten**

●**Bernstein Zimmer:** Zingelstr. 39, Tel. 5240. Breite Auswahl in einem Fachgeschäft, jeden Mittwoch 16.30 Uhr Bernsteinschleifen für jedermann.

●**Kino:** Süderstr. 14, Tel. 4343.

●**Kulturhistorische Stadtführungen** finden von April bis Sept. jeden Di. und Do. um 14.15 Uhr statt. Ebenso gibt es zu bestimmten Terminen Altstadtführungen mit anschließender Einkehr in ein Lokal. Infos über die Touristeninformation.

●**Wochenmarkt:** Fr. 8.00–12.00 Uhr auf dem Marktplatz.

●**Taxi:** Tel. 7676.

## Ausflüge

**Meldorfer Bucht**

Knappe 10 km entfernt liegt die Meldorfer Bucht und die **Badestelle am Speicherkoog.** Dort sind ein Surfrevier, ein Sportboothafen, ein **Infozentrum Nationalpark Wattenmeer** und vor allem eine Badestelle achtern Diek zu finden. Die Gäste sonnen sich am Deich, auch einige Strandkörbe werden angeboten. Wer baden will, steigt über eine Treppe ins Meer – sofern nicht gerade Ebbe herrscht – und kann hinterher sogar duschen.

Ein riesiger Parkplatz ist vorhanden. Die Strände sind überwiegend grüne Grasflächen, wo auch

142ns Foto: fr

Schafe weiden können. Nur eine kleine Ecke am Meldorfer Strand hat Sand. Ideal für Surf-Einsteiger ist das ruhige, geschlossene **Staubecken.** Dort kann unter fachkundiger Anleitung das Windsurfen oder das Kiten erlernt werden. Ein großer Parkplatz und eine WC-Anlage sind vorhanden. Zumindest im Sommer öffnet dort dann auch ein kleiner Imbiss (leckerer Kuchen!).

●**Surfschule:** www.action-surf-meldorf.de, Tel. 639000.

Auf dem Weg zur **Badestelle Elpersbüttel** liegt der **„Wattwurm",** ein halbkreisförmig gebautes Haus, in dem das Informationszentrum Wattenmeer untergebracht ist.

●**Informationszentrum Wattenmeer:** Geöffnet in der Saison (April–Okt.) täglich außer Mo. 9.30–16.30 Uhr.

## Heide

### Überblick

Heide ist der **größte Ort** in Dithmarschen und gleichzeitig Sitz der Kreisverwaltung. Das wird den Touristen wohl nur mäßig interessieren, genauso wie die Angabe, dass der örtliche Fernmeldeturm mit 158 Metern den höchsten Punkt im Kreis markiert. Damit kratzt er bedenklich am Höhenrekord in unserem Land, denn, jawolljа, der Bungsberg gilt mit 168 Metern als höchster Berg in ganz Schleswig-Holstein. Diesen Landesrekord haben die Heider also nicht ganz geknackt, einen anderen wird ihnen niemand streitig machen können. In ihren Stadtmauern breitet sich der **größte Marktplatz** überhaupt aus. Sei es, wie die einen behaupten, der größte Deutschlands oder gar Eu-

*Dithmarschen*

Surfer in der Meldorfer Bucht

ropas, wie andere ihn preisen, in Schleswig-Holstein jedenfalls gibt es keine andere Nummer eins unter den Marktplätzen.

## Sehenswertes

**Marktplatz**  Der Marktplatz misst gute 5 ha, oder, um es anders auszudrücken, 46.000 m². Die nächst kleineren Marktplätze in Schleswig-Holstein bringen es auf gerade mal die Hälfte. Jeden Samstagvormittag wird hier ein **Wochenmarkt** abgehalten und das schon seit über 500 Jahren. Schon damals, als die Dithmarscher sich selbst, frei von Adel und Klerus, regierten (1447–1559), traf man sich samstags auf dem Marktplatz.

Hier wurden auch Streitigkeiten geschlichtet – an Markttagen verkündete man sehr weise einen „**Marktfrieden**". Alle Händler sollten frei von Hader und Zwist und vor allem ohne Angst vor Dieben und Schlimmerem ihrer Tätigkeit nachgehen können. Dieser Marktfrieden war heilig und unter strengen Regeln wurde auf die Einhaltung geachtet. Der Heider Marktfrieden wird noch heute alle 2 Jahre (2010, 2012 etc.) am ersten Juli-Wochenende gefeiert. Dann wird ein historischer Markt aufgebaut und Händler, Handwerker und Besucher feiern drei Tage lang in historischen Kostümen. Prädikat: sehenswert!

Wenn gerade keine Markttage abgehalten werden, verwandelt sich der Marktplatz übrigens in einen **Parkplatz.**

Dort steht auch die **St.-Jürgen-Kirche.** Sie ist benannt nach dem Ritter Sankt *Georg,* dem Drachentöter (Jürgen ist eine Ableitung von Georg). Bereits 1438 stand hier eine kleine Kapelle, denn am Markt kreuzten sich wichtige Handelswege. Ein Jahrhundert später wurde sie zur Kirche geweiht, aber 1559 durch dänische Truppen zerstört. Die aktuelle Kirche entstand dann auf den Resten der zerstörten und bis 1739 erfolgten mehrere An- und Umbauten. Innen stehen noch im

Vorraum alte Kirchenstühle mit Wappen und Namen lokaler Würdenträger. Der spätgotische **Schnitzaltar** stammt ebenfalls aus dem 16. Jh. An den Emporen hängen 45 Bildtafeln zur biblischen Geschichte. An der Südseite der Kirche lehnen einige alte Grabplatten.

Darüber hinaus lohnt ein Bummel durch die an den Marktplatz **angrenzenden Straßen,** so z.B. durch die Friedrichstraße, eine Fußgängerzone. Dort liegen etliche Geschäfte und kleine Läden sowie die winzige, aber urige Rosengasse. Sie wird schnell mal übersehen, zweigt aber von der Friedrichstraße ab und beherbergt ein paar Lädchen sowie Lokale.

Direkt vor der St.-Jürgen-Kirche am Marktplatz steht der **St.-Georg-Brunnen.** Oben ersticht gerade der heilige Georg den Drachen und rings um den Brunnen werden auf acht Bronzetafeln Höhepunkte der Heider und Dithmarscher Geschichte dargestellt. In den hier abzweigenden Seitenstraßen stehen würdevolle historische Häuser aus dem 18. Jh.

**Mueums-insel**

In Heide wurden das örtliche Heimatmuseum und das benachbarte Klaus-Groth-Museum zusammengefasst zu einer gemeinsamen **„Museumsinsel".** Das Heimatmuseum dokumentiert die Entstehung Heides und zeigt seine geschichtliche Entwicklung. Ausgestellt sind einige traditionelle Handwerksbereiche, so eine historische Apotheke, eine Goldschmiede, eine Schneiderei, eine Stellmacherei, ein Schuster und eine nachgestellte Marktszene. Alles im Originalzustand und somit sehr lebendig.

**Klaus-Groth-Museum**

1914 wurde im Geburtshaus des Dichters *Klaus Groth* ein Museum eingerichtet, das an das Werk dieses **bedeutendsten niederdeutschen Lyrikers** erinnert. Viele Bücher, Faksimiles und Fotos werden ausgestellt, obendrein kann ein Blick in die Wohn- und Arbeitszimmer geworfen werden und damit ein flüchtiger Einblick in die Lebenswelt des

*Dithmarschen*

vergangenen Jahrhunderts. Aber Achtung, Kopf einziehen! Obwohl der 1819 geborene Dichter immerhin 1,90 Meter groß war, sind die Türen ziemlich niedrig gehalten.

●**Museumsinsel,** Lüttenheid 40, Tel. 63742. Geöffnet: Di.– Do. 11.30–17.00, Fr. 11.30–14.00, Sa. 14.00–17.00, So. 11.30–17.00 Uhr. Eintritt: Erw. 2,50 €, ermäßigt 1 €, Familien 4,50 €, Kinder unter 6 Jahren frei.

**Brahms-haus**

Das Brahmshaus liegt nur ein paar Häuser entfernt und ist der **Stammsitz der Familie des Musikers** *Johannes Brahms,* obwohl der überwiegend in Hamburg lebte. Hier wird an den großen Komponisten erinnert, außerdem ist es der Sitz der Brahmsgesellschaft.

●**Brahmshaus,** Lüttenheid 34. Geöffnet: 1.4.–30.10. Di., Do., Fr. 14.30–16.30, Sa. 10.30–12.30 Uhr, von Juni bis Sept. zusätzlich Di., Do., Fr. 10.30–12.30 Uhr. Eintritt: 1,50 €.

## Praktische Reisetipps

**Info**

●**PLZ:** 25746.
●**Vorwahl:** 0481.
●**Einwohner:** 21.000.
●**Tourist Information:** Markt 28, Tel. 2122160, Fax 2122188, e-mail: info@heide-rundum.de, www.tourismus. heide.de.

**Unterkunft**

●**Gästehaus Geli** €, Vereinsstr. 7, Tel. 683083, Fax 683184. Kleines, hübsches Einzelhaus in ruhiger Seitenstraße, ca. 15 stramme Gehminuten vom Zentrum entfernt. 6 DZ, 2 EZ.
●**Heider Hof** €€€€, Markt 74, Tel. 2505, Fax 1602, www. heider-hof.de. Die Lage spricht für sich, direkt am großen Marktplatz steht dieses zweistöckige, weiße Haus mit 28 Zimmern. Unten befindet sich noch ein Restaurant.
●**Ringhotel Berlin** €€€€€, Österstr. 18, Tel. 85450, Fax 8545300, www.hotel-berlin.com. Größeres Haus, das am Stadtrand liegt, gute 20 Minuten zu Fuß von der City entfernt. Insgesamt 52 sehr gut eingerichtete DZ und 18 ebensolche EZ. Außerdem: Wellnessbereich mit Sauna und Außenschwimmbad, Beautyfarm, sowie ein Restaurant mit Terrasse.

Das Brahmshaus

58fons Foto: fr

**Dithmarschen**

● **Jugendherberge,** Poststr. 4, Tel. 71575. Vom Marktplatz zunächst über die Husumer Straße, dann links ab in die Poststraße.

● **Stellplatz für WoMos:** WoMos finden einen Stellplatz an der Landvogt-Johannsen-Straße zwischen Stadtpark und dem Schwimmbad „Dithmarscher Wasserwelt".

**Gastro-nomie**

● In der schmalen Rosengasse liegt die **„Schankwirtschaft Rosengasse",** die ab Mittag geöffnet hat, Tel. 62331. Bei (hoffentlich) gutem Wetter sitzt man hier urgemütlich, teilweise auch draußen.

● **Beckmann,** Friedrichstraße 44, Tel. 68355550. Ein Fischbistro, in dem auch Frischwaren erworben werden können.

Rund um den Marktplatz hat der Hungrige auch so seine Anlaufstellen, folgende Lokale liegen an der Straßenseite beim Brunnen:

● **Rancho Grande,** Markt 46, Tel. 72828. King of Steaks.

● **Restaurant Bei Peci,** Süderstr. 20 (zweigt vom St.-Georg-Brunnen ab). Bietet Pizza & Pasta zu moderaten Preisen ab 11.30 Uhr.

● **Restaurant Speichergasse,** Süderstraße 19, von 11.30–14.30 und ab 17.30 Uhr geöffnet, Mo. Ruhetag. Gutbürgerliche Einrichtung und Speisekarte.

**Aktivitäten**

● **Bahnverbindungen:** Von Heide kann man schnell nach Hamburg fahren oder ganz hoch nach Sylt, über Husum, Niebüll und Klanxbüll. Weiterhin gibt es eine Verbindung quer durchs Land bis nach Neumünster und eine weitere Linie, die zur Küste führt, nach Büsum.

●**Bücherei:** Himmelreichstr. 10.00–12.00 Uhr, Tel. 61579.
●**Dithmarscher Wasserwelt:** Landvogt-Johannsen-Str. 61, Tel. 906 300, www.dithmarscher-wasserwelt.de. Große Badelandschaft mit beheiztem Außenbecken (30°C), Hallenbad, Saunalandschaft und 80 m langer Rutsche. Im Sommer zusätzlich eine riesige Liegewiese.
●**Fahrradverleih:** Friedrich Gissel, Albert-Schweizer-Str. 14, Tel. 72237.
●**Kino:** Rosenstr. 15, Tel. 686866.
  LichtBlick, Süderstr. 24, Tel. 686812.
●**Kutschfahrt:** H. Lorenzen, Am Sportplatz 6, Tel. 64264.
●**Markt:** jeden Sa. von 7.00–13.00 Uhr auf dem Marktplatz.
●**Minigolf:** Im Stadtpark, Landvogt-Johansen-Str., Tel. 4212107.

## Ausflüge

**Hemming-stedt**

Wenn es je eine echte Schlammschlacht gegeben hat, dann am 17. Februar 1500 in der **Schlacht bei Hemmingstedt.** Und warum das Ganze? Es ging natürlich um Macht und Steuern.

In verkürzter Form war das die **Ausgangslage:** Die Dithmarscher hatten sich selbst ganz gut organisiert, im 13. Jh. die Freie Bauernrepublik Dithmarschen gegründet. So etwas mag kein Herrscher. 1482 hatten die maßgeblichen Herren, die in Schleswig-Holstein das Sagen hatten, Grenzen gezogen, Macht und Pfründe neu verteilt. Dänenkönig *Christian I.,* gleichzeitig Herzog von Gottorf und Holstein, starb 1481. Seine beiden Söhne *Johann* und *Friedrich* erbten und fanden sich plötzlich als Herrscher von Schleswig-Holstein wieder.

Die Dithmarscher stellten sich stur und lehnten alle Forderungen der Dänen ab. Daraufhin schickten diese ein **gewaltiges Heer** von 12.000 Mann gegen die Dithmarscher. Mit dabei waren angeheuerte „Schlagetots", wie die Schweizer Garde unter Führung eines Junker *Slenz.* Ein 4000 Mann starker Söldnerhaufen, der zu jener Zeit die gefürchtetste und brutalste Truppe weit und breit war. Dieser Haufen führte das Heer an, das am 11. Februar gegen die Dithmarscher zog.

Dithmarschen

WAHR DI
GARR
DE BUR DE
KUMT.

Die Dithmarscher bekamen etwa 6000 Mann zusammen, aber sogar nur 400 von ihnen erwarteten an der Hemmingstedter Schanze die erdrückende Übermacht. 400! Gegen 12.000!! Meldorf wurde ohne Gegenwehr eingenommen. Es ging weiter, aber nur ein paar Kilometer. Bei Hemmingstedt war die **Straße blockiert,** die vorne marschierende Garde stoppte. Es gab Schneeregen, der Boden war völlig aufgeweicht. Erst amüsiert,

Gedenkstein zur Erinnerung
an die Schlacht bei Hemmingstedt

dann leicht verärgert schoss die Garde auf die Bauern. Die hielten dagegen und sprachen sich Mut zu: „Maria hilf!" Und sie half. Zweimal wagten die Dithmarscher einen Ausfall, der erste wurde abgewehrt, aber immerhin konnte verhindert werden, dass die Garde ihre Geschütze in Stellung brachte. Mit einem neuen Schlachtruf, „Wahr di Garr, de Bur de kumt" (etwa: „Pass bloß auf, Garde – der Bauer kommt!"), stürzten sich die Bauern ein zweites Mal auf den Feind. Und siehe da, die schwerfälligen Soldaten konnten auf der schlammigen, engen Straße wenig machen. Ersatz kam nicht von hinten nach vorn durch, man war blockiert.

Daraufhin versuchten etwa 3000 Mann, das **Hindernis über die Wiesen zu umgehen,** die aber teilweise unter Wasser standen und völlig aufgeweicht waren. Die Bauern, nun richtig mutig, zogen Helme, Stiefel und Kleidung aus und stürzten sich halbnackt auf den Gegner. Halbnackt! Im Februar!! Gleichzeitig öffneten Deichwarte die Siele, setzten die Wiesen so endgültig unter Wasser. Die abgehärteten Bauern kannten das Gelände besser, sprangen mit langen Stangen locker über die Gräben und jagten die schwerfälligen Landser. Die konnten nicht ausweichen, versanken buchstäblich im Schlamm. Nach der dritten Angriffswelle stoben sie in Panik davon – sofern das überhaupt noch ging. Tausende verloren ihr Leben, die meisten ertranken und wen die Dithmarscher erwischten, den schlugen sie gnadenlos tot. Sie hatten ihre Freie Bauernrepublik gerettet – für 59 Jahre. Dann kam ein neues Heer, diesmal besser ausgerüstet und vor allem im Sommer. Vorbei war es mit der Freiheit.

**500 Jahre später** wurde dieser Schlacht hochoffiziell gedacht. Die damalige Ministerpräsidentin *Heide Simonis* sprach zu 1000 geladenen Gästen und Dithmarschens Kreispräsident stellte kernig plattdüütsch fest: „Wi hebbt hier nie een König oder Kaiser hatt." (Wir haben hier nie einen

König oder Kaiser gehabt.) Sie sind immer noch ein wenig eigen, die Dithmarscher und das drücken sie dann so aus: „Wi könnt stolt wesen op unsere Geschicht." (Wir können stolz sein auf unsere Geschichte.)

Ein **Gedenkstein zur Erinnerung an diese Schlacht** wurde schon 1900 aufgestellt. Zum 500. Jahrestag baute man nun noch einen kleinen Schau-Pavillon hinzu, in dem der Kampf mit Zinnsoldaten anschaulich nachgestellt ist.

●**Anfahrt:** Von Heide auf der B 5 sechs Kilometer in Richtung Meldorf fahren, bis kurz hinter den Ort Hemmingstedt. Etwa 500 Meter außerhalb weist von der B 5 ein Schild nach rechts zur „Dusenddüwelswarft", genau dort stehen Gedenkstein und Pavillon. Und genauso wird wohl den Dänen auch das entfesselte Dithmarscher Heer vorgekommen sein, als „Tausend Teufel" nämlich.

# Albersdorf

## Überblick

Ein kleiner Ort, der unweit vom Nord-Ostsee-Kanal liegt, das mag der erste flüchtige Eindruck sein. Nicht ganz falsch, aber eben doch nur flüchtig. Albersdorf hatte in früheren Jahrhunderten durchaus eine zentrale Bedeutung. In jenen fernen Tagen führte durch Albersdorf der einzige feste Landweg von Dithmarschen nach Holstein. Das brachte nicht nur Segen, auch einige Mordbrenner verirrten sich in diversen **Kriegen** hierher, hinterließen nicht selten Tod und Verwüstung.

Aber noch viel früher, so etwa vor 4500 Jahren in der jüngeren Steinzeit, war die Gegend ein zentrales Siedlungsgebiet der Germanen. Zahlreiche Grabstätten aus diesen fernen Zeiten wurden und werden noch gefunden und haben Albersdorf den Beinamen **„Klassische Quadratmeile der Archäologie"** beschert.

## Sehenswertes

**Steingrab** Direkt im Ort liegen denn auch zwei Steingräber.
**Brutkamp** Das bekannteste ist der so genannte Brutkamp.
Diese **Grabstätte** wurde etwa 2500 v. Chr. erbaut
und besteht aus fünf Wandsteinen und einem gut
25 Tonnen schweren Deckstein. Mit 10 Metern
Umfang gilt er als der größte im Land.

Ganz in der Nähe, am Ende der Joh. Buhmanns-
Wurth, erhebt sich ein 20 Meter hoher **Aussichtsturm,** von wo man einen formidablen Rundblick
genießt.

● **Anfahrt:** Die Grabstätte befindet sich in der Straße Brutkamp gegenüber dem Schulkomplex und ist im Ort ausgeschildert. Wer aus Richtung Meldorf hineinfährt, sollte direkt vor dem VW-Geschäft rechts in die Wulf-Isebrand-Str.
einbiegen. An deren oberen Ende noch einmal nach rechts
in den Brutkamp und dann kann man das Hinweisschild
kaum übersehen.

Steingrab Brutkamp

Im Steinzeitdorf

143ns Foto: mf

**Dithmarschen**

**Kurpark**

Das zweite Steingrab liegt im Kurpark und heißt **Großsteingrab im Papenbusch.** Auf diesem Grab lagen einst zwei Decksteine, heute ist nur noch einer vorhanden. Errichtet wurde die Grabstätte zwischen 2900 und 2600 v. Chr.

Wer schon mal hier ist, kann auch einen kleinen **Spaziergang durch den Kurpark** machen. Dabei passiert man ein kleines Kneipp-Bad und eine nette Waldbühne mit einem Forum für immerhin 2000 Besucher.

●**Anfahrt:** Von der zentralen Bahnhofstraße in die Osterstraße abbiegen und 10 Meter hinter dem historischen Bürgerhaus den schmalen Weg in das Wäldchen gehen.

**Steinzeit-dorf**

Auf einem 40 Hektar großen Gelände hat das Archäologisch-Ökologische Zentrum (AÖZA) mehrere Häuser eines Steinzeitdorfes nachgebaut. Außerdem befinden sich dort neun **Fundstätten** (Hügelgräber, Langbetten) aus der Jungsteinzeit vor 5000 Jahren. Weiterhin wird versucht, Nutzpflanzen und Tiere, die schon zu jener Zeit bekannt waren, hier zu halten. Außerdem lassen sich auf dem Gelände an verschiedenen Stationen **steinzeitliche Aktionen** durchführen.

Das Steinzeitdorf ist im Ort ausgeschildert und hat einen größeren, gebührenpflichtigen Parkplatz. Geöffnet: von April bis Okt. So. 14.00–17.00 Uhr, Di.–Fr. 11.00–17.00 Uhr, Eintritt: 1,50 €, So. 3,50 € (inkl. Aktionen).

**Museum für Archäologie und Ökologie**

In drei Ausstellungsräumen wird die **Besiedlungsgeschichte der Region** dargestellt. Neben den reinen Exponaten können Besucher auch selbst versuchen, mal auf steinzeitliche Art Feuer zu machen oder ein Loch in einen Stein zu bohren. Im Untergeschoss wird das Thema „Grab und Kultur" dargestellt, u.a. befindet sich dort ein rekonstruierter Grabhügel.

● **Museum für Archäologe und Ökologie:** Bahnhofstraße 29. Geöffnet: Di.–Fr. 10.30–17.00 Uhr, So. 11.00–17.00 Uhr, Sa. und Mo. geschlossen, Eintritt: Erw. 2 €, ermäßigt 1 €. Das Museum liegt direkt beim Bahnhof.

## Praktische Reisetipps

**Info**

● **PLZ:** 25767.
● **Vorwahl:** 04835.
● **Einwohner:** 3600.
● **Fremdenverkehrsamt:** Bahnhofstraße 23, Tel. 9597355, Fax 9597377, E-Mail: info@albersdorf.de, www.albersdorf.de.

**Unterkunft**

● **Hotel Ohlen** €€€€, Weg zur Badeanstalt 1, Tel. 971470. 16 Doppelzimmer in ruhiger Umgebung.
● **Jugendherberge,** Bahnhofstraße 19, Tel. 642.
● **Stellplatz für WoMos:** WoMos können auf einem Stellplatz direkt neben dem Freizeitbad gegen Gebühr stehen.

**Gastronomie**

● **Café Waldesruh,** Grossers Allee, Tel. 3545. Am Rande des Kurparks gelegenes Haus mit Biergarten und gutbürgerlicher Küche. Di. Ruhetag, So. Tanztee.

**Aktivitäten**

● **Freibad:** Weg zur Badeanstalt, von Mai bis Sept. geöffnet. Schön gelegenes Freibad mit einer 77 Meter langen Rutsche.

# Wesselburen

## Überblick

Wesselburen ist ein **kleiner, ruhiger Ort,** der aber seit 1899 Stadtrechte genießt. Städtisches Leben mit allgegenwärtiger Hektik, Gedränge und „neumodschem Kroom" wird man in Wesselburen nicht finden, Stadtrechte hin oder her. Nein, hier geht es beschaulich zu, man ruht in sich selbst und pflegt Althergebrachtes. So ist das schönste Fest, das **Ulmenfest,** uralt, aber Ulmen muss man schon ziemlich suchen. Egal, auch der Frisör ist eben kein „Hair Stylist", sondern zeigt seine Künste in schön geschwungenen Lettern an: Damen Salon (links), Herren (rechts). Und auch Heiratswilligen wird geholfen. Erst geht es zum Standesamt, dann in die Kirche und dann ein Haus weiter, wo „Aussteuer-Artikel" angeboten werden. Oder umgekehrt.

## Sehenswertes

**St.-Bartholomäus-Kirche**

Ein Bummel durch Wesselburen führt zwangsläufig zur auffälligen St.-Bartholomäus-Kirche. Schon vor gut 800 Jahren stand hier ein erstes Gotteshaus, aus jenen Tagen sind noch der Taufstein und ein Teil der Mauern hinter dem Chor erhalten. Zwei Jahrhunderte später brannte der halbe Ort ab, inklusive Kirche. 1738 konnte dann die neu erbaute Kirche eingeweiht werden. Baumeister *Schott* wählte eine auffällige Dachkonstruktion mit einem zwiebelförmigen Turm, den man heutzutage schon von weit außerhalb erkennen kann.

Der Innenraum fällt fast quadratisch aus und der Altar ist eine Nachbildung des Altars der Lübecker Marienkirche, er wurde 1738 gefertigt. Der Raum zeigt sich eindrucksvoll durch die umlaufenden zweigeschossigen **Emporen.** Gegenüber der Kanzel nahm der Herzog auf einem eigens für ihn re-

*Dithmarschen*

144ns Foto: fr

servierten Stuhl Platz. Das alte **Taufbecken**
stammt aus der Zeit um 1200 und gilt als das älteste in Dithmarschen.

Bei einem abschließenden Spaziergang um die
Kirche herum gelangt man in die eine oder andere
der sternförmig vom Kirchplatz abzweigenden
Straßen. Hier lässt sich ein fürwahr ruhiges Ambiente erleben. Man grüßt sich, man klönt 'ne

St.-Bartholomäus-Kirche mit Zwiebelturm

Runde und Zeit ist offensichtlich ein Fremdwort. Da schaut dann auch der Eisverkäufer aus der italienischen Eisdiele erstmal nach dem Rechten, bevor er wieder zu Stracciatella und Himbeere greift. Eine nette Atmosphäre, nichts für Hektiker!

**Hebbel-Museum**

Nur wenige Schritte von der Kirche entfernt steht in der Österstr. 6 ein Haus aus dem Jahr 1737, es ist die alte Kirchspielvogtei. Heute wird hier an den **Dramatiker Friedrich Hebbel** erinnert, der 1813 in Wesselburen geboren wurde. Von 1827 bis 1835 lebte *Hebbel* in diesem Haus, Jahre später verschlug es ihn nach Wien. Auch daran wird erinnert, im Raum 8 ist sein Wiener Wohnzimmer nachgebaut. In insgesamt 10 Räumen wird *Hebbels* Leben chronologisch dargelegt, von den bescheidenen Anfängen in Wesselburen bis hin zu seinem Tod 1863 in Wien.

● **Hebbel-Museum,** Österstr. 6, Tel. 4190, www.hebbel-museum.de. Geöffnet: 1.5.–31.10. Di. bis So. 10.00–12.00, 14.00–17.00 Uhr, 1.11.–30.4. Di. und Do. 14.00–17.00 Uhr, Eintritt: Erw. 2 €, Kinder bis 14 Jahren 1 €.

**Kohlosseum**

Dithmarschen ist Kohl-Land, aber wie wird aus einem Kohlkopf schließlich **Sauerkraut?** Das kann man von Krautmeister *Nickels* im „Kohlosseum" erfahren. Angeschlossen ist auch ein Kohlmuseum, in dem alles rund ums Thema Kohl aufbereitet wurde.

● **Kohlosseum,** Bahnhofstr. 22A, Tel. 45890, www.kohlosseum.de. Geöffnet: ganzjährig Di.–Do. 14.00–17.00 Uhr, Eintritt 2,50 € für Werkstatt und Museum.

## Praktische Reisetipps

**Info**

● **PLZ:** 25764.
● **Vorwahl:** 04833.
● **Einwohner:** 3500.
● **Tourismusverein Wesselburen:** Am Markt 5, Tel. 4101, Fax 42085, E-Mail: info@nordseebucht.de, www.nordseebucht.de.

Dithmarschen

**Unterkunft**

●**Motel und Camping Seeluft** €€, Neuenkirchener Weg 1, Tel. 765, Fax 755. Das Haus liegt am Ortsrand und bietet 10 Zimmer, ein Restaurant sowie Campingmöglichkeiten.

**Gastro-
nomie**

Rund um die Kirche liegen folgende Lokale:
●**Pizzeria Tripoli,** Markt 15, Tel. 424211. Pizza, durchgehend ab 11.30 Uhr geöffnet.
●**Stadt Hamburg,** Schülper Straße 5, Tel. 429390. Einmal ums Eck von der Kirche gelegen, Do. Ruhetag. Geboten wird bodenständige Küche mit Fisch und Fleisch, sowie wechselnder Mittagstisch.
●**Stadt Café,** Am Markt, Tel. 559. Ist Bäckerei und Kaffeehaus in einem.

**Aktivitäten**

●**Bücherei:** im Hebbelhaus, Süderstr., Ecke Dohrnstr., Tel. 961. Mo. 17.00–18.00, Di., Mi. 15.30–17.00, Do. 17.00–18.30 Uhr.
●**Eiergrog-Seminar:** In der alten Tischlerei, die tatsächlich auf Plattdüütsch „De ole Dischlerie" heißt und in der Dohrnstraße 26 liegt, werden Seminare angeboten, die erklären, wie man korrekt einen Eiergrog ansetzt, außerdem werden Dithmarscher Spezialitäten und Kunsthandwerk verkauft.
●**Fahrradverleih:** Krüger-Rad, Wulf-Isebrand-Str. 15a, Tel. 2948.
●**Freibad:** Alte Schützenwiese.
●**Galerie:** Markt 7, Verkaufsausstellung heimischer Künstler, sowie Geschenkartikel und spezielle Souvenirs.
●**Postagentur:** im Sky-Markt, Schülper Chaussee 1.
●**Stadtführungen:** Jeden zweiten Di. in den Sommermonaten um 17.00 Uhr, Treffpunkt ist vor der Tourist-Information.
●**Taxi:** Tel. 669.
●**Wochenmarkt:** Am Mi. und Sa. vor der Kirche 8.00–12.00 Uhr.

## Ausflüge

**Land &
Leute
Erlebnis-
park**

Der Land & Leute Erlebnispark ist ein mittlerweile nicht mehr kleiner Freizeitpark von 70.000 m², der aus einer Privatinitiative entstand. Das Motto lautet **„Landwirtschaft zum Anfassen".** An insgesamt 40 Anlaufstationen mit ca. 30 verschiedenen Tierarten aus der heimatlichen Region, die sich teilweise auch streicheln lassen, ist dies umgesetzt.

Weiterhin gibt es mehrere **Spiel- und Fahrgelegenheiten** und zu bestimmten Zeiten können die Kinder auch kostenlos auf Ponys reiten. Dann sind

noch Info-Zentren, Schautafeln, Abenteuerspiel-
plätze, Autoscooter oder Wackelräder und Ausstellungen, aber auch Picknickplätze und ein kleines Restaurant zu finden.

●**Land & Leute Erlebnispark** in Oesterwurth (ab Wesselburen ausgeschildert), www.land-und-leute-erlebnispark.de,
Tel. 2929. Geöffnet: März–Okt. 10.00–18.00 Uhr. Eintritt:
Erw. 9 €, Kinder 8 €, Kinder unter 3 Jahren frei. Am Fr. Fa-
milientag: Erw. 8 €, Kinder 6 €. Per Bahn ist der Erlebnispark auch erreichbar, auf der Strecke von Heide nach
Büsum bis zum Bahnhof Jarrewisch fahren.

# *Büsum*

## Überblick

Das **Nordseebad** Büsum trägt genau diesen Titel
schon seit 1837. Schon damals erkannten also pfif-
fige Unternehmer den Wert einer Erholung an der
Nordsee und schoben die ersten Badekarren an
den Deich. Dort sonnten sich dann wohlhabende
„Sommerfrischler", für die breite Masse war in jenen Jahren „Urlaub" ja noch ein Fremdwort. Das
hat sich gewaltig geändert, Büsum zählt heute zu
den beliebtesten Ferienzielen an der Nordsee.
Und immer noch lockt der „grüne Strand" sowie
das ewige Spiel der Gezeiten. Spektakuläreres hat
Büsum nicht zu bieten, wahrscheinlich ist es genau das, was die vielen Gäste so an diesem kleinen Ort schätzen. In den Sommermonaten wird
allerdings schon eine Menge an Veranstaltungen
geboten.

## Sehenswertes

**Strand**

Die meisten Urlauber begnügen sich mit der fri-
schen Nordseeluft und unendlichen Spazier-
gängen, so scheint es jedenfalls. Büsum hat einen
so genannten **„grünen Strand",** das heißt keinen

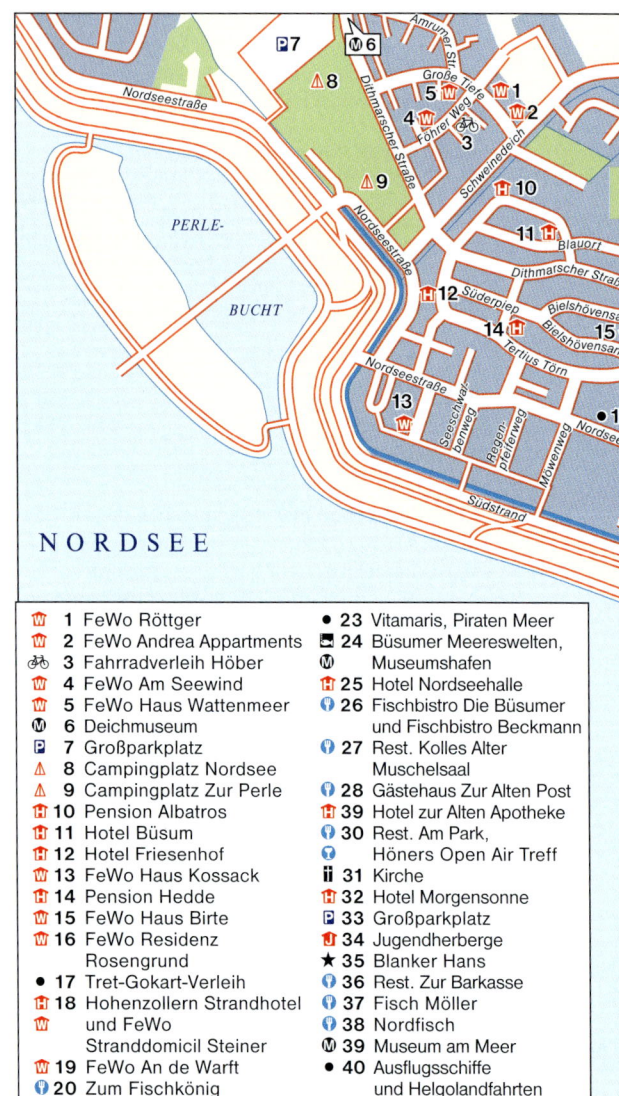

1 FeWo Röttger
2 FeWo Andrea Appartments
3 Fahrradverleih Höber
4 FeWo Am Seewind
5 FeWo Haus Wattenmeer
6 Deichmuseum
7 Großparkplatz
8 Campingplatz Nordsee
9 Campingplatz Zur Perle
10 Pension Albatros
11 Hotel Büsum
12 Hotel Friesenhof
13 FeWo Haus Kossack
14 Pension Hedde
15 FeWo Haus Birte
16 FeWo Residenz Rosengrund
17 Tret-Gokart-Verleih
18 Hohenzollern Strandhotel und FeWo Stranddomicil Steiner
19 FeWo An de Warft
20 Zum Fischkönig
21 Rest. Sylter Stube
22 Kurgast-Zentrum
23 Vitamaris, Piraten Meer
24 Büsumer Meereswelten,
Museumshafen
25 Hotel Nordseehalle
26 Fischbistro Die Büsumer und Fischbistro Beckmann
27 Rest. Kolles Alter Muschelsaal
28 Gästehaus Zur Alten Post
39 Hotel zur Alten Apotheke
30 Rest. Am Park,
Höners Open Air Treff
31 Kirche
32 Hotel Morgensonne
33 Großparkplatz
34 Jugendherberge
35 Blanker Hans
36 Rest. Zur Barkasse
37 Fisch Möller
38 Nordfisch
39 Museum am Meer
40 Ausflugsschiffe und Helgolandfahrten
41 Anleger Helgoland

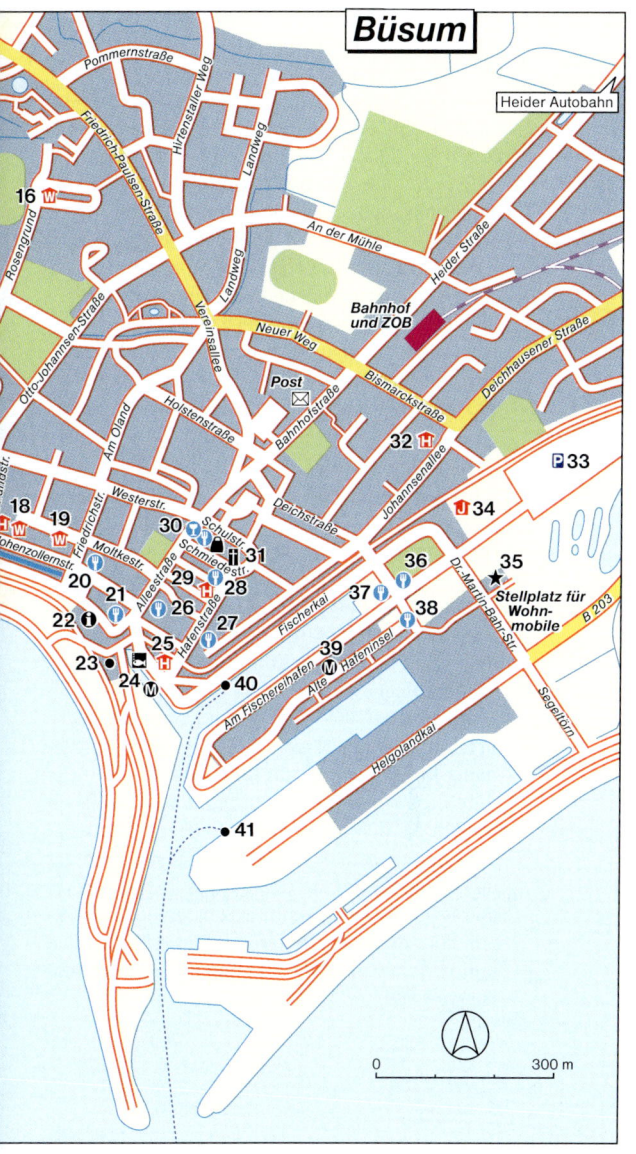

Büsum

Dithmarschen

kilometerlangen Sandstrand, sondern einen 3,5 km langen Deich. Dort stehen etwa 2500 **Strandkörbe,** in denen es sich die Urlauber bequem machen. Das Meer schwappt träge ans Ufer, sofern es sich nicht bei Ebbe bis zum Horizont zurückgezogen hat. Direkt am Ufer beginnt der sanft ansteigende Deich. Die Gäste breiten ihre Handtücher aus, bauen ihre Strandmuscheln auf oder machen es sich in einem Strandkorb bequem.

Wer trotzdem im Sand buddeln möchte, muss ein wenig zur Seite gehen. Etwa in Höhe des 22-stöckigen Hochhausmonsters (dem einzigen am Ort übrigens) lockt doch noch ein **Sandstrand,** der künstlich aufgespült wurde und immerhin 100.000 m² groß ist.

**Ortskern**

Der Ortskern Büsums zeigt sich ziemlich beschaulich. Wenn überhaupt so etwas wie Geschäftigkeit aufkommt, dann in der nicht übermäßig langen **Fußgängerzone** mit dem Namen Alleestraße. Dort liegen etliche Lokale und eine Reihe von Geschäften, die alles Wichtige für den Strandgang anbieten. Hier muss man einfach mal durchflanieren. Schon eine Parallelstraße weiter aber wird es wieder ruhiger.

Die Hafenstraße beginnt am Hafen und zieht sich hoch bis zum Kirchplatz bei der alten **St.-Clemens-Kirche.** Sie wurde Mitte des 15. Jahrhunderts erbaut und wirkt etwas gedrungen, so als ob sie sich vor den anrollenden Nordseewellen wegducken müsste. Aber die können sie natürlich gar nicht erreichen. Das Gotteshaus ist nicht übermäßig groß, weist schöne Fensterverzierungen auf, liegt an einem netten, begrünten Kirchplatz und wirkt als ruhender Pol unweit der lebhaften Fußgängerzone.

Die Fußgängerzone in Büsum

Dithmarschen

Im Inneren der Kirche befinden sich mehrere Kunstwerke, so das älteste Teil, eine **Bronzetaufe** aus dem 13. Jh. Die vier Männer, die die Taufe tragen, haben auf ihrer Brust Münzen aus ihrer Zeit eingearbeitet bekommen. An der nördlichen Chorwand befindet sich das Großgemälde vom Jüngsten Gericht aus dem Jahr 1744. Das Votivschiff unter der Saaldecke stammt aus dem Jahr 1807.

**Alter Hafen** Wer die Fußgängerzone herunterspaziert, landet am **Kurzentrum** und am Hafen. Dort machen heute vor allem **Ausflugsdampfer** nach Helgoland und zu den Seehundsbänken fest. Krabbenkutter und Fischer dagegen liegen in den neuen Hafenbecken (siehe unten). Hier entsteht ein Museumshafen, die ersten Oldtimer liegen schon dort, weitere sollen folgen.

Am alten Hafen wurde viel gebaut. Dort befindet sich das **Vitamaris,** ein Wellness- und Thalassozentrum, u.a. mit großzügiger Saunalandschaft, Fitness- und Therapiebereich. Gleich nebenan entstand das neue Erlebnisbad „**Piraten Meer**" mit einer 110 Meter langen Wasserrutsche.

Direkt unter dem Piraten Meer liegt die Ausstellung „**Büsumer Meereswelten",** in der in zahlreichen Aquarien Meeresbewohner der Tropen, des Mittelmeeres und der Nordsee vorgestellt werden, inklusive einiger Haiarten.

● **Büsumer Meereswelten:** Geöffnet: In der Saison täglich 11.00–17.00 Uhr, Juli und August 10.00–18.00 Uhr. Eintritt: Erw. 3,50 €, Kinder (3–15 Jahre) 2 €.

**Neuer Hafen**

Ein Spaziergang auf dem Ostdeich führt etwas aus dem Ort hinaus. Nach wenigen hundert Metern kann man dann durch den Deich in das weitläufige neuere Hafengelände einschwenken. Hier wurden in jüngerer Zeit drei größere Hafenbecken errichtet, damit genügend Platz für die Flotte der **Krabbenkutter** und auch für die Ausflugsdampfer bleibt. Wenn die Kutter mal im Hafen liegen, bieten sie einen tollen Anblick, aber zumeist sind sie ja unterwegs.

Zwischen den Becken zwei und drei verläuft die Straße Am Fischereihafen und dort liegt das **Museum am Meer.** Das harte Leben der Krabbenfischer und die Entwicklung Büsums zum Seebad werden dokumentiert, z.B. mit dem Nachbau eines „Fremdenzimmers" aus den 1960er Jahren. Vor allem wird aber die Technik des Krabbenfangs erklärt. Arbeitsgeräte, Netze, alte Fotos und handfeste Infos werden ausgestellt.

● **Museum am Meer:** Geöffnet: 1.3.–31.10. und 26.12.–4.1. Di.–Fr. 11.00–17.00 Uhr, Sa. 13.00–17.00 Uhr, So. 11.00–17.00 Uhr, Mo. geschlossen. Zusätzlich an Vollmondabenden (!) 20.00–22.00 Uhr geöffnet. Eintritt: Erw. 2,50 €, ermäßigt 2 €, Jugendliche (13–18 Jahre) 1,50 €, Kinder (6–12 Jahre) 1 €, Familien 5 €.

Bei der Regatta der Krabbenkutter im August

415ns Foto: mf

Dithmarschen

**Sturmflut-welt Blan-ker Hans**

Ein interaktives Informationszentrum, das sehr eindringlich das Thema „Sturmfluten" darbietet, wobei die Besucher Teil einer **Zeitreise** werden. Der Besuch beginnt in der Gastwirtschaft „Zum Deichgrafen", wo ein Radio die letzten Nachrichten zu einer anstehenden Sturmflut vom 16. Februar 1962 verkündet. Schauspieler dirigieren daraufhin die Besucher in eine „Rettungskapsel" und nun beginnt eine viertelstündige Reise durch zahlreiche eindrucksvolle **Simulationen.** Schließlich wird das „Archiv des Wissens" erreicht, wo man weitere Informationen durch interaktive Medien bekommt.

● **Sturmflutwelt „Blanker Hans":** Dr.-Martin-Bahr-Str. 7, Tel. 909135, www.blanker-hans.de. Geöffnet: 1.4.–31.10. täglich 10.00–18.00 Uhr, letzter Einlass 17.00 Uhr, Nov.–März Fr.–So. 10.00–17.00 Uhr. Eintritt: Erw. 10 € (mit Gästekarte 8 €), Kinder (4–15 Jahre) 6 €, Familien 28 € bzw. 24 €.

**Deich-museum**

Es liegt außerhalb des Ortes in der Nähe des Großparkplatzes P1 und ist nur zu Fuß oder per Rad erreichbar, da die letzte hinführende Straße Privatweg ist. Diese **Freiluftausstellung** zeigt die Geschichte des Deichbaus, dargestellt an verschiedenen Deichformen. Nachgebaut sind Deiche aus der Zeit um 1200, 1600 und 1800, außerdem wird die heutige Technik nachgebildet. So wird deutlich gemacht, wie sich die Formen im Deichbau über die Jahrhunderte veränderten. Schautafeln geben ergänzende Erklärungen.

Der grüne und der weiße Strand

## Praktische Reisetipps

**Info**

- **PLZ:** 25761.
- **Vorwahl:** 04834.
- **Einwohner:** 4900.
- **Kur und Tourismus Service:** Postfach 1154 oder Südstrand 11, Tel. 9090, Fax 6530, E-Mail: info@buesum.de. Zentrale Zimmervermietung: Tel. 909110, E-Mail: zzv@buesum.de, www.buesum.de.
- **Kurtaxe:** 1.5.–30.9. 2,50 €, 1.3.–30.4. und 1.10.–31.10. 1,50 €, Kinder bis 18 Jahren frei. Tagesgäste 2,75 €, ab 15.00 Uhr 1,50 €. Urlauber bekommen eine Gästekarte, mit der allerlei Vorteile verbunden sind.
- **Strandkorb:** 3,50–5,50 € pro Tag im Hochsommer, je nach Dauer. Tageskörbe ab 14.00 Uhr günstiger. Reservierung: Tel. 909107.

**Unterkunft**

Das **Unterkunftsverzeichnis** von Büsum weist knapp über 160 Seiten auf, völlig unmöglich also, an dieser Stelle auch nur einen halbwegs ausgewogenen Überblick zu geben. Generell sind die Wege in Büsum nicht allzu weit.

- **Hotel Friesenhof** €€€€, Nordseestr. 66, Tel. 955120, Fax 8108, www.friesenhof-buesum.de. Dieses Haus hat auf vier Etagen 44 Zimmer mit Balkon und liegt sehr ruhig in der Nähe vom Deich.
- **Hotel Büsum** €€€€, Blaurot 16–18, Tel. 60140, Fax 60188, www.hotel-buesum.de. Ein familiäres Haus mit 29 Zimmern in ruhiger Zone.
- **Hohenzollern Strandhotel** €€€€, Strandstr. 2, Tel. 9950, Fax 995150, www.strandhotel-hohenzollern.de. Auch dieses Haus liegt sehr ruhig hinterm Deich, eine hauseigene Brücke führt zum Strand. Es bietet von vielen der 43 Zimmer Meerblick, unten befindet sich ein Restaurant.
- **Hotel Morgensonne** €€€€, Johannsenallee 31–33, Tel. 9680, Fax 96890, www.hotel-morgensonne-buesum.de. Dieses 23-Zimmer-Haus ist ein Nichtraucherdomizil und liegt sehr ruhig hinterm alten Deich unweit vom Hafen und hat nur zwei Etagen. Angeschlossen ist ein Restaurant.
- **Hotel Nordseehalle** €€€€, Am Hafen 2, Tel. 2488, Fax 98636, www.hotel-nordseehalle.de. Zentrale Lage, direkt im Schnittpunkt zwischen Hafen, Kurhaus und Fußgängerzone befindet sich das Hotel mit 38 Zimmern.
- **Hotel Zur Alten Apotheke** €€€€, Hafenstr. 10–12, Tel. 965396, Fax 9653939, www.hotel-zur-alten-apotheke.de. Zentral gelegenes Drei-Sterne-Haus mit 21 guten Zimmern, nur knappe fünf Gehminuten vom Museumshafen entfernt.
- **Pension Hedde** €€€, Tertius Törn 28, Tel. 9810, Fax 4986, www.hotel-hedde.de. Mittelgroßes Haus mit insgesamt 39 Zimmern mit Dusche/WC, TV, Balkon oder Terrasse, sehr ruhig im alten Kurviertel gelegen.

# Krabben-Salat

Krabben werden zwar immer noch in der Nordsee gefischt, aber schon lange nicht mehr in Nordseehäfen
gepult.

„Ein Krabbenbrötchen, bitte schön", „Jo, dat mokt
fiev Maak, bidde", hieß es früher, heute wohl so „dree
Euros". Das Geld über den Tresen schieben, das Bröt-
chen in der Faust balancieren, randvoll gepackt mit den
kleinen, rötlichen Tierchen. Nun herzhaft hineinbeißen
und hoffentlich nicht zu viele herunterpurzeln lassen.
Mhhmm, das schmeckt! Aber auch nicht ganz billig.
Tja, liebe Urlauber, das hat seinen Grund. Wahrscheinlich hat die Krabbe, die Sie gerade verspeisen, einen
längeren Weg an die Nordseeküste zurückgelegt als
Sie selbst.

Die Crangon crangon oder Granat oder auch Nord-
seekrabbe ist nur eine von annähernd 2000 Arten der
so genannten Zehnfußkrebse, die überwiegend im
Meer leben. Die Nordseekrabben sind relativ klein,
vielleicht zwei Zentimeter, eher kleiner, und haben eine
etwas rötliche Farbe. Diese bekommen sie allerdings
erst nach dem Abkochen, vorher sind sie grau.

Krabbenkutter liegen in einigen Nordseehäfen, in Büsum zum Beispiel. Dort gab es kurz vor dem Krieg
noch um die 120 Kutter, heute arbeiten an der gesamten Westküste nur noch 130 Familien. Ein ehrbarer Beruf verschwindet so langsam, da hilft auch keine Unterstützung von höchster Stelle. Immerhin hatte sich einst
*Björn Engholm* als schleswig-holsteinischer Ministerpräsident an die Küste verirrt und übte sich im Krabbenpu-
len. Das sei eine bodenständige Arbeit, die an die
Westküste gehört, so seine Einschätzung zwischen
zwei Paffzügen aus der Pfeife. Lieber Herr *Engholm*,
das war damals schon Geschichte!

Krabben werden draußen auf dem Meer gefangen
und landen sofort im Kochtopf. Dort werden sie abge-
kocht und mit Benzoesäure beträufelt, ohne diese Be-
handlung würden sie gerade einen Tag halten. In dem
Kessel bekommen die Tierchen auch ihre unverwech-
selbare rötliche Farbe. Dann geht es an Land, und sofort wird die Ware an einen Verarbeitungsbetrieb wei-
tergegeben. Der garantiert die Abnahme.

Früher wurden die Krabben nun gepult und an die
verschiedenen Händler weiterverkauft. Der Großab-
nehmer kalkuliert anders, packt die gesamte Fracht in

Dithmarschen

Nicht so einfach: der Biss ins Krabbenbrötchen

einen Kühlwagen und transportiert die Krabben nach Polen. Dort wird jetzt gepult, der Kühlwagen bringt das herausgepulte Krabbenfleisch auf dem Rückweg mit. Keine drei Tage dauert das Ganze. Die Händler versichern, dass die Kühlkette nirgends unterbrochen werde und die Ware in einwandfreiem Zustand sei. Das bestätigen auch Veterinäre. Niederländische Unternehmen gehen noch einen Schritt weiter, sie lassen mittlerweile in Marokko pulen. Allein in Tanger, der Stadt, die schon in Sichtweite zum spanischen Festland liegt, arbeiten 2000 Frauen. Sie schaffen es, die Ware eines ganzen Lkws, stolze 21 Tonnen, innerhalb von sechs Stunden zu pulen!

Aus einem Kilogramm Krabben bleiben zum Schluss etwa 300 g Krabbenfleisch übrig. Und wohin mit dem Abfall? Eine schleswig-holsteinische Firma gewinnt aus den Krabbenschalen einen wertvollen Rohstoff, Chitosana. Der wiederum wird vielfältig eingesetzt, als Lösungsmittel in der Lackherstellung ebenso als Kompostbeschleuniger und sogar für Kontaktlinsen. Eine beachtliche Menge kommt da zusammen, immerhin werden allein an Schleswig-Holsteins Westküste jedes Jahr ein paar Tausend Tonnen Krabben gefischt.

Wenn Sie also in ein richtig frisches Krabbenbrötchen beißen wollen, gibt es nur eins: Nach Büsum, Friedrichskoog oder Husum fahren, am Hafen dem Fischer zwei Pfund abkaufen. Und dann selber pulen!

●**Pension Albatros** €€€€, Blauort 9–11, Tel. 95000, Fax 950 095. Kleines Flachdachhaus im ruhigen Kurviertel mit 12 Zimmern, hübsch begrünt.

●**FeWo Röttger Appartmenthaus** €€-€€€, Große Tiefe 6, Tel. 8797, Fax 8798. Ein relativ großes Haus mit 22 FeWos auf drei Etagen, das leicht über Eck gebaut wurde, mit modernen Wohnungen und einem Hallenbad.

●**FeWo Andrea Appartmenthaus** €-€€, Große Tiefe 27, Tel. (04542) 5889. Ein typisches FeWo-Haus mit 8 Einheiten unterschiedlicher Größe auf drei Etagen, die oberen mit Balkon, die unteren mit Terrasse. Nichtraucherhaus.

●**FeWo Haus Wattenmeer** €€€€, Große Tiefe 22, Tel. 3396, www.hauswattenmeer.de. 8 komfortable FeWos auf drei Etagen mit Balkon und Terrasse.

●**FeWo Am Seewind** €€-€€€, Föhrer Weg 16, Tel. 3456, Fax 6990. Ein dreigeschossiges Haus mit 9 FeWos in ruhiger Lage unweit vom Strand.

●**FeWo Residenz Rosengrund** €€€, Rosengrund 30, Tel. 95820, Fax 6166 (dies ist der größte Anbieter, es gibt noch weitere). Eine exklusive Anlage mit 45 Einheiten, auf zwei Gebäude verteilt. Sie wurden mit individuellem Touch und angenehm verwinkelt gebaut, weisen eine exklusive Ausstattung auf u.a. mit Schwimmbad, Sauna, Solarium und Fitnessbereich.

●**FeWo Haus Birte** €€€, Bielshövensand 25, Tel. 960648, www.buesum-gueldenzoph.de. Auch ein individuell gebautes Haus mit 5 FeWos für Nichtraucher und einem netten Garten in sehr ruhiger Lage. Das Ganze wurde mit viel Liebe zum Detail ausgestattet, aber keine Haustiere.

●**FeWo Haus Kossack** €-€€, Seehundbank 8, Tel. (0481) 67508, www.haus-kossack.de. Ein Haus, das direkt am Deich in einer ruhigen Ecke liegt und 10 FeWos bietet.

●**FeWo An de Warft** €-€€€, Theodor-Storm-Str. 2, Tel. 2081, Fax 960124, www.andewarft.de. Ein modernes Haus mit 13 FeWos auf drei Etagen. Es steht zwar in der zweiten Reihe, aber nahe zum Strand und zum Zentrum.

●**FeWo Stranddomicil Steiner** €-€€€€, Hohenzollernstr. 26–28, Tel. 9161, Fax 9162, www.stranddomicil-steiner.de. 34 komfortable Wohnungen bietet dieses direkt am Deich gelegene Haus, vom Balkon genießt der Gast Meerblick. Des Weiteren sind im Angebot: Sauna, Solarium, Fitnessraum, Kinderspielzimmer.

●**Jugendherberge,** Dr.-Martin-Bahr-Straße 1, Tel. 93371, Fax 93376. Sie liegt beim Hafen und vielleicht 500 m vom Zentrum entfernt. Insgesamt stehen 206 Betten in 55 Räumen zur Verfügung.

●**Campingplatz Zur Perle,** Dithmarscher Straße 43, Tel. 60137, Fax 60188, www.campingplatz-zur-perle.de. Ein schon vom ADAC ausgezeichneter Platz, der beim Strand liegt und etwa 150 Touristenplätze bietet. U.a. werden auch Kochplatten für Camper verliehen.

40fens Foto: fr

Dithmarschen

●**Camping Nordsee,** Nordseestraße 90, Tel. 2515, Fax 9281, www.camping-nordsee.de. Familienplatz am Meer, geöffnet von Anfang März bis Ende Okt. Besonderer Service: Kostenlose Warmduschen und Mietwohnwagen.

●**Stellplatz für WoMos:** Für WoMo-Fahrer steht ein separater Übernachtungsplatz an der Dr.-Martin-Bahr-Straße unweit vom überall ausgeschilderten „Sturmflutwelt Blanker Hans" bereit. Infos: Tel. 9192, www.wohnmobil-ueber nachtungsplatz.de.

**Gastro-nomie**

●**Sylter Stube,** Hohenzollernstr. 1, Tel. 2621, tägl. ab 11.30 Uhr. Exponierte Lage an der Fußgängerstraße, überwiegend Fischgerichte, aber auch Fleisch-Fans kommen auf ihre Kosten.

●**Zum Fischkönig,** Hohenzollernstraße 18, Tel. 965955. Hier dreht sich alles um Fisch, durchgehend warme Küche ab 11.00 Uhr.

Die **Hohenzollernstraße** ist sowieso eine Art Kneipenmeile. Gut ein Dutzend Lokale bieten Speis und Trank mit Schwerpunkt, na klar, auf Fisch.

●**Die Büsumer** und **Beckmann,** zwei Häuser ein Konzept. Neben einem Ladenverkauf von Fisch kann selbiger sofort im Bistro aus der warmen Küche verzehrt werden. Alle befinden sich in der Alleestraße.

●**Restaurant Am Park,** Alleestraße, Ecke Schmiedestraße. Fisch dominiert auch hier, man kann nett draußen sitzen.

Restaurant Zur alten Post

●**Restaurant Zur Barkasse,** Werftstraße. Ein Lokal am neueren Hafen, der Gast kann draußen sitzen und die Kutter bestaunen.

●**Restaurant Kolles Alter Muschelsaal,** Hafenstr. 27, Tel. 2440. Ein altehrwürdiges Lokal seit 1920, wurde dreimal Kreissieger beim Wettbewerb „Gastliches Haus". Fisch dominiert die Speisekarte, es werden aber auch andere Gerichte angeboten. Die Bilder an der Wand wurden aus gesammelten Muscheln komponiert. Fischer- und Bauernbüfet zum Festpreis.

●**Gästehaus Zur alten Post,** Hafenstr. 2–4, Tel. 2392. Ein hübsch renoviertes historisches Gebäude mit einer typischen Dithmarscher Bauernstube, es liegt gegenüber der Kirche.

●**Höners Open Air Treff,** Schmiedestraße, seit Jahren beliebter Open-Air-Treff, nur wenige Schritte neben der Fußgängerzone.

**Aktivitäten**

●**Bücherei:** in der Nordseelounge, Südstrand 5C, Entleihe gegen Gebühr, Tel. 6891.

●**Fahrradverleih,** eine Auswahl:
Dethlefs, Westerstr. 14, Tel. 2345.
ZweiRad Werwoll, Heider Str. 9, Tel. 2353.
Höber, Föhrer Weg 9, Tel. 6500.
Stöven, Bahnhofsstraße 14, Tel. 3687.
Trede, Alleestr. 50 A, Tel. 2378.

●**Internet:** im Gäste- und Veranstaltungszentrum. Mit Gästekarte einmal täglich 10 Minuten kostenlos.
Easy-Internet, Hohenzollernstraße, neben der Kneipe „Bier-Börse".

●**Kinderbetreuung:** Im Mini-Maxi-Club von Mo. bis Fr. 9.30–12.00 Uhr, zu finden am Hauptstrandaufgang neben dem Piraten Meer, Tel. 909119.

●**Kleinbahn auf Rädern:** Drei Linien tuckern täglich durch den Ort, obendrein werden spezielle Rundfahrten angeboten. Mit Gästekarte gibt es Ermäßigung bei Fahrten mit Linie 1 und 3.

●**Post:** Bahnhofstraße 6.

●**Schiffsausflüge:** Nach Helgoland mit der „MS Atlantis" und „MS Funny Girl" täglich um 9.30 Uhr, vier Stunden Inselaufenthalt. Karten gibt es an Bord oder an der Helgoland-Kajüte am Hafenbecken 3. Infos: Reederei Cassen Eils, Tel. 938220, www.helgolandreisen.de.
Reederei Rahder bietet ebenfalls Helgoland-Touren mit der „MS Lady von Büsum" an, außerdem Ausflüge zu den Seehundbänken sowie kleine Touren durchs Wattenmeer. Tickets gibt es im Reetdachpavillon am Ankerplatz 8.00–19.30 Uhr. Infos: Reederei Rahder, Info-Pavillon am Hafen, Tel. 3612, www.rahder.de.
Mit dem Krabbenkutter auf Fangfahrt gehen ist tägl. außer So. um 9.00 Uhr möglich, Abfahrt Fischerkai, Tel. 3612.

Das Schiff „Ol Büsum" bietet Touren zu den Seehundbänken und Kurztrips entlang der Küste an.

●**Shopping:** Seemeile, eine Passage zwischen Alleestraße
und Moltkestraße mit etlichen Läden und Lokalen.

Fischgeschäft Reutel, Moltkestraße 1. Kleines Fachgeschäft für Fisch, Krabben und Marinaden.

Räucherfisch Nordfisch, beim Hafen. Größerer Shop für
Räucherfisch.

Fisch Möller, Am Fischereihafen 9. Größeres Fischgeschäft mit angeschlossenem Bistro und eigener Räucherei.

●**Taxi:** Tel. 8888 oder 3333 oder 93132.

●**Tret-Gokart:** Die vierrädrigen Strampler werden in der
Nordseestraße 4 verliehen. Tel. 2235.

●**Wattwandern:** mit einem Nationalpark-Wattführer, Infos
unter Tel. 704840. Weiterer Anbieter über Reederei Rahder, Tel. 3612 und über die Schutzstation Wattenmeer, Tel.
909114.

Als besonderer Clou werden auch **Nachtwanderungen**
mit Fackeln und **Gruppenwanderungen mit Musik** geboten. Letzteres findet schon seit 100 Jahren statt. Heute
spielt das „Büsum-Sextett" täglich außer Mi. um 10.30 oder
15.30 Uhr und der „Wattenpräsident" läuft vorneweg. Am
Flutsaum angekommen, tauft er Novizen mit einem Sprit-
zer Nordseewasser auf die Nase im Namen Neptuns und
verteilt die begehrten Taufurkunden.

●**Wetterinfo:** im Internet über eine Livekamera unter
www.buesum.de.

●**Wochenmarkt:** Parkplatz Lehnsweg, Fr. 7.00–12.00 Uhr,
Ankerplatz (am Museumshafen), Di. 7.00–14.00 Uhr.

## Ausflüge

**Lunden**   Im nördlichen Dithmarschen liegt der kleine Ort
Lunden ein wenig abseits. Vor beinahe einem halben Jahrtausend war das aber einmal anders, zwischen 1529 und 1559 hatte Lunden Stadtrechte,
als einziger Ort in Dithmarschen neben Meldorf.
Die damalige Macht der örtlichen Würdenträger
dokumentieren noch heute die mächtigen Grabplatten auf dem so genannten **Geschlechterfriedhof** bei der weithin sichtbaren **St.-Lauren-
tius-Kirche.**

„Geschlechter" waren mächtige Familien, die
das politische Sagen in Dithmarschen hatten. Ein
jedes Grab gehört zu einer Familie, noch heute
sind 13 große **Grabplatten** erhalten. Die meisten

Dithmarschen

tragen die Ecksymbole Mensch, Löwe, Stier und Adler, die für die vier Evangelisten Matthäus, Markus, Lukas und Johannis stehen. Die Grabplatten konnten bis zu zwei Tonnen wiegen und wurden mit Hilfe von Pferden hochgehoben, wenn ein Verstorbener in die Gruft gebettet werden sollte. Deshalb hängen an mehreren Grabplatten noch eiserne Ringe.

Bemerkenswert auch der **Sühnestein** für den 1537 ermordeten Peter Swyn, einem der 48 Vertreter der Dithmarscher Bauernrepublik. Auf diesem Stein findet sich die Inschrift „Pater Patriae" (Vater des Vaterlandes). Er wurde vom Pferde gerissen und erstochen, auch diese Szene ist auf dem Stein dargestellt.

**St.-Lauren-** Eine frühere Ur-Kirche war schon 1140 dokumen-
**tius-Kirche** tiert, die heutige entstand nach mehreren Um-

Grabplatte auf dem Geschlechterfriedhof

Sühnestein von Peter Swyn

14Gns Foto: fr

Dithmarschen

und Anbauten bis 1471. Der hohe Kirchturm wurde 1836 erbaut und misst genau 46,80 Meter. Das Innere der Kirche brannte zweimal aus (1559 und 1834), so dass die wertvolle Inneneinrichtung jeweils zerstört wurde. Nur der 40-armige Kronleuchter aus dem Jahr 1774 zeigt noch die alte Pracht.

**Natour-centrum Lunden**

Dieses Info-Zentrum zeigt einen Naturerlebnis-Raum. Durch den Außenbereich führen Wanderwege an etlichen interessanten Stationen vorbei, die die vielfältige Natur erklären. Der Innenbereich vermittelt Informationen u.a. auch als audiovisuelle Schau, so wird der Besucher beispielsweise in ein virtuelles Moor geführt. Angeschlossen ist noch ein kleines Heimatmuseum, in dem einige historische Arbeitsplätze nachgestellt sind, so eine Zahnarztpraxis und ein Kaufmannsladen, so wie es sie früher in vielen Dörfern gab.

● **NatourCentrum:** Wilhelmstr. 18, Tel. (04882) 1425. Geöffnet: Do. 14.00–16.00 Uhr, von Mai bis Aug. auch Di., Mi., Sa. Eintritt: Erw. 3 €, ermäßigt 1 €.

431 ns Foto: fr

Halbinsel
Eiderstedt

**Halbinsel Eiderstedt**

Nordstrander Watt

0     5 km

**NSG Nordfriesisches Wattenmeer**

Norderheverkoog

Sieversfletther-koog

Westerhever-sand

Westerhever

Osterhever

Altneukoog

Augustenkoog

Heverkoog

Trocken-koog

Süderheverkoog

Poppenbüll

Tümlauer Koog

Tetenbüll

Junkern-koog

Ording

Tating

Katharinen-heerd

Kotzenbü

202

Garding

Bad St. Peter

Grothusen-koog

Welt

Olversum

Ehst

St. Peter-Ording

Böhl

Tüll

Vollerwiek

Hitzsand

Ursprünglich bestand die Halbinsel Eiderstedt aus **drei Inseln,** die dicht beieinander lagen, aber doch durch das Wasser getrennt waren: Eiderstedt, Everschop und Utholm. Diese Inseln wuchsen dann im Laufe der Jahre zusammen. Noch heute symbolisieren drei Schiffe im Eiderstedter Wappen diese ursprüngliche Insellage.

Das ist schon ein besonderer Landstrich, dieses Eiderstedt. Auf drei Seiten von Wasser umgeben und an der vierten Seite von einem Geestrücken begrenzt. Saftige Wiesen auf fettem Marschboden hatten die Eiderstedter Bauern schon immer. Dadurch fraßen sich die Schafe und Rinder fetter als anderswo. Kein Wunder, dass sich Ende des 19. Jahrhunderts ein regelrechter Vieh-Export

nach England entwickelte. Ja, die **Eiderstedter Bauern** wussten, was sie hatten, und einige zeigten es auch. Gewaltige Haubarge zogen sie hoch, Wohlstand und Wertgefühl ausdrückend. Auffällig auch, dass beinahe jedes Dorf seine eigene Kirche hat, insgesamt 18 Gotteshäuser stehen hübsch verteilt auf der Halbinsel. Auch so etwas drückt Wohlstand aus. Aber immer saß ihnen auch der „Blanke Hans" im Nacken, bedrohte die Küste und die Dörfer.

Und wie das so ist, wenn man etwas abseits lebt und ganz gut klar kommt: Neuerungen fassen nur schwer Tritt. Der Viehtransport brach irgendwann ein, dann folgten Kriegsjahre und Flüchtlingsströme. Schließlich wanderten auch noch etliche Eiderstedter aus, suchten Lohn und Brot beim Wiederaufbau. Und als sich die Nation so halbwegs berappelt hatte, tauchten die **ersten Sommerfrischler** auf. Das war so neu, dass mancher Altbauer abends im Krug seinen Nachbarn etwas scheel anguckte, wenn der von seinen neuen Gästen erzählte. So was machte man doch nicht! Fremde unterm Dach, gegen Bezahlung! Aber dann siegte die Macht des Faktischen und der Tourismus schwappte im großen Stil nach St. Peter und schließlich auch in die restlichen Dörfer. Und keiner guckt mehr scheel.

Heute gibt es drei halbwegs größere **Orte auf Eiderstedt** (St. Peter-Ording, Tönning, Garding) und viele kleine Dörfer. Außerdem 20.000 Schafe bei 19.000 Einwohnern. Das zeigt, dass die **Landwirtschaft** noch immer ihren Stellenwert hat und der Tourist keineswegs allein das Zepter schwingt.

# Friedrichstadt

## Überblick

„Die Holländerstadt" nennt sich Friedrichstadt selbst und das völlig zu Recht. Denn die Stadt wurde 1621 **von holländischen Einwanderern gegründet.** Diese Einwanderer waren **Remonstranten** – Anhänger einer speziellen Form des Protestantismus –, die in Holland wegen ihres Glaubens verfolgt wurden. Indem Herzog *Friedrich III.* ihnen religiöse Freiheit und Toleranz versprach, bewegte er sie zur Übersiedlung nach Norddeutschland. Er erhoffte sich von den Holländern wirtschaftlichen Aufschwung.

Die Einwanderer bauten eine Ortschaft ganz nach holländischem Vorbild, am 24. September 1621 wurde der Grundstein gelegt. Entstanden ist ein **zauberhaftes Städtchen** mit rechtwinklig an-

Hübsche Hausfassade in Friedrichstadt

147ns Foto: fr

Halbinsel Eiderstedt

gelegten Straßen und Grachten sowie Häusern mit klassischen Treppengiebeln. Auffällig sind auch die typisch holländischen Hausmarken, die auf den Besitzer verweisen.

Die **religiöse Toleranz** zog in den folgenden Jahrhunderten eine Vielzahl von Glaubensgemeinschaften nach Friedrichstadt, nur die Nazis machten bezüglich der Toleranz eine unrühmliche Ausnahme. 100 Remonstranten leben noch heute in und um Friedrichstadt, einmal im Monat reist noch extra eine Pastorin aus Holland an. Daher rührt auch der Schnack, in Friedrichstadt gäbe es „... 13 Brücken, 13 Grachten und 13 Religionen ...".

## Sehenswertes

Das **gesamte Stadtbild** ist eine Sehenswürdigkeit. Rings um den Marktplatz liegen die schönsten neun Giebelhäuser, aber in allen Straßen finden sich bemerkenswerte Häuser.

**Museum Alte Münze**　Zum besseren Verständnis empfiehlt sich zunächst ein Besuch im kleinen **stadtgeschicht-**

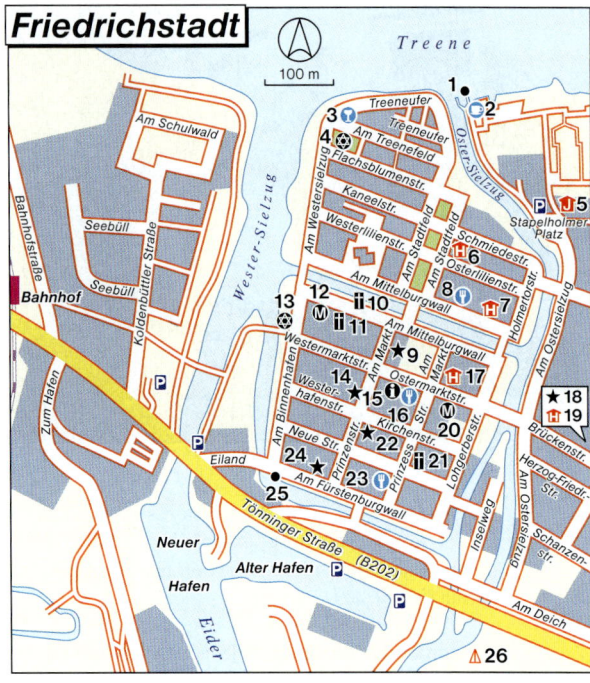

| | | | |
|---|---|---|---|
| ● | **1** | Anleger Grachtenfahrten | |
| ○ | **2** | Café Schröder-Linie | |
| ○ | **3** | Treene Terrassen | |
| ✡ | **4** | Jüdischer Friedhof | |
| ⛺ | **5** | Jugendherberge | |
| 🏨 | **6** | Hotel Herzog Friedrich | |
| 🏨 | **7** | Hotel Aquarium | |
| ○ | **8** | Holländische Stube | |
| ★ | **9** | Marktbrunnen | |
| ⅱ | **10** | St. Christophorus-Kirche | |
| ⅱ | **11** | Dänische und Mennonitenkirche | |
| Ⓜ | **12** | Museum Alte Münze | |
| ☯ | **13** | Synagoge | |
| ★ | **14** | Paludanushaus | |

| | | |
|---|---|---|
| ○ **15** | Tourist-Information |
| ○ **16** | Rest. Altes Amts-Gericht |
| 🏨 **17** | Hotel Stadt Hamburg |
| ★ **18** | Modellbahn-Zauber |
| 🏨 **19** | Gasthaus Ziemann |
| Ⓜ **20** | Tischlerei-Museum |
| ⅱ **21** | Remonstrantenkirche |
| ★ **22** | Doppelgiebelhaus |
| ○ **23** | Rest. Nordischer Löwe |
| ★ **24** | Fünfgiebelhaus |
| ● **25** | Anleger Grachtenfahrten |
| ⚠ **26** | Campingplatz |
| | |
| P | Parkplatz |

**Halbinsel Eiderstedt**

**lichen Museum** Alte Münze. In diesem 1626 errichteten Renaissancebau werden die Historie erläutert sowie die einzelnen Glaubensrichtungen vorgestellt. Angeschlossen ist hier übrigens der seit 1708 genutzte Betsaal der Mennoniten. Der Besucher kann einen Blick von oben hineinwerfen. Seit über 50 Jahren halten auch die dänischen Lutheraner ihren Gottesdienst dort ab.

● **Museum Alte Münze,** Am Mittelburgwall 23, Tel. 87422. Geöffnet: Ostern–Mitte Mai und Okt. Di.–Fr. 15.00–17.00 Uhr, Sa. und So. 13.00–17.00 Uhr, Mitte Mai–Sept. Di.–So. 11.00–17.00 Uhr. Eintritt: Erw. 1,50 €, Familien 4 €. Im Juli und Aug. finden jeden Mi. um 14.30 Uhr gratis Museumsführungen statt.

**Markt-platz und Umgebung**

Der Marktplatz ist hübscher Mittelpunkt, die Fassade der **neun Giebelhäuser** das wohl am häufigsten fotografierte Motiv. Auf dem Marktplatz steht auch ein 1879 erbauter **Brunnen** mit einer ungewöhnlich-auffälligen Dachkonstruktion über dem Pumpschwengel. Ein paar Verse des Heimatdichters *Klaus Groth* lobpreisen den Genuss von Wasser, ganz im Gegensatz zum Missbrauch von Alkohol!

Die Eider bei Friedrichstadt

Vom Markt zweigt die **Prinzenstraße** ab, in der einige Geschäfte und Lokale, aber auch zwei außergewöhnlich hübsche Häuser liegen: Das **Paludanushaus** wurde 1637 vom Remonstrantenprediger *Godefridus Paludanus* erbaut. Neben der Rokokotür wurde eine Kanonenkugel aus dem Jahr 1850 eingemauert. Das Haus gehört heute der dänischen Minderheit Sydslesvigsk Forening. Das schräg gegenüber liegende **Doppelgiebelhaus** entstand 1624.

Einmal ums Eck gegangen, liegt Am Fürstenburgwall 11 das so genannte **Fünfgiebelhaus.** Es wurde im Jahr der Stadtgründung 1621 erbaut.

In der Ostermarktstr. 15 liegt das **Tischlereimuseum,** wo eine Original-Werkstatt nebst altem Arbeitsgerät von 1900 vorgestellt wird.

● **Geöffnet:** Zuletzt war das Museum nur im Sommer geöffnet, dann aber täglich. Im Winter keine Veranstaltungen.

**Remonstrantenkirche**

Die Remonstrantenkirche befindet sich in der Prinzessstraße, kann aber nur im Rahmen einer **Führung** besichtigt werden. So bleibt nur ein Blick von außen auf diese recht wuchtige Kirche und die holländische Inschrift über dem Portal, die auf

die Stadtgründung verweist. Sie ist die einzige Kirche dieser Glaubensgemeinschaft außerhalb der Niederlande und wurde 1850 auf den Resten einer zerstörten älteren Kirche erbaut.

**Kletterer-haus**

Schräg gegenüber steht unter der Hausnummer 26 das Klettererhaus aus dem Jahr 1629. In den Fenstern befinden sich Puppen mit historischen Trachten. In der Westerhafenstraße 14 befindet sich der Versammlungsraum der **Quäker.**

**Ehemalige Synagoge**

Das Eckhaus an der Westermarktstraße, Am Binnenhafen ist die ehemalige Synagoge, seit 2003 existiert dort eine **Kultur- und Gedenkstätte.**

**Kirche St. Christophorus**

Am Mittelburgwall steht die evangelisch-lutherische Kirche St. Christophorus, deren Bau 1649 beendet wurde. Der Turm entstand 1762 überwiegend aus Granitstein einer entsorgten Schleuse.

**Jüdischer Friedhof**

Etwas am Rande liegt der kleine jüdische Friedhof, der 1677 angelegt wurde. Nur noch wenige alte Grabsteine gruppieren sich auf der großen Rasenfläche um einen Gedenkstein.

**Modell-bahn-zauber**

Ein klein wenig am Rande der Altstadt kann eine liebevoll zusammengestellte Modelleisenbahn besichtigt werden.

●**Modellbahn-Zauber,** Brückstr. 18, Tel. 525, www.modell bahn-zauber.de. Geöffnet: Ende März bis Ende Okt. täglich 10.00–18.00 Uhr, Nov.–Dez. Sa. und So. 11.00–17.00 Uhr. Eintritt: Erw. 7 €, Kinder 4,50 €, Familien 17 €.

## Praktische Reisetipps

**Info**

●**PLZ:** 25840.
●**Vorwahl:** 04881.
●**Einwohner:** 2600.
●**Fremdenverkehrsgemeinschaft W.I.R.:** Am Markt 9, Tel. 93930, Fax 939393, E-Mail: info@friedrichstadt.de, www. friedrichstadt.de.

Halbinsel Eiderstedt

Giebelhäuser am Marktplatz

580ns Foto: fr

**Unterkunft**

●**Hotel Aquarium** €€€€€, Am Mittelburgwall 4–8, Tel. 93050, Fax 7064, www.hotel-aquarium.de. Insgesamt 40 Zimmer hat dieses kleine, aber ungemein stilvolle Hotel, das zur Kette der Ringhotels zählt.

●**Hotel Herzog Friedrich** €€€€, Am Stadtfeld, Ecke Schmiedestr. 11, Tel. 1771, Fax 1027, www.herzog-friedrich.de. Das kleine Hotel bietet 14 zweckmäßige Zimmer und einen sehr schönen Kaffeegarten, der fast einen tropischen Eindruck macht.

●**Hotel Stadt Hamburg** €€€€, Am Markt 7, Tel. 398, Fax 7607, www.hotel-stadthamburg.com. Das kleine Haus hat 12 Zimmer und unten ist eine „Hotelschlachterei" untergebracht.

●**Gästehaus Ziemann** €€, Doesburger Str. 14, Tel. 7228, www.gaestehaus-ziemann.de. Kleines Haus mit 3 Doppelzimmern, etwa 10 Minuten Fußmarsch vom Zentrum entfernt in ruhiger Lage. Gewann 1999 den Wettbewerb „Schönes Ferienquartier".

●**Jugendherberge,** Stapelholmer Platz, Tel. 7984. Die JH liegt in einem Park unweit der Treene und bietet Platz für 65 müde Häupter.

●**Campingplatz Eidercamp,** Tönninger Str. 1, Tel. 400, Fax 7632, www.treenecamp.de. Ein kleiner Platz mit 120 Stellplätzen in unmittelbarer Wassernähe.

Grachtenfahrt

**Gastro-<br>nomie**

●**Restaurant Altes Amts-Gericht,** Am Markt 12, Tel. 7743. Ein altehrwürdiges Lokal mit Fischspezialitäten wie dem üppigen Seemannsteller.

●**Treene Terrassen,** Treeneufer 19. Nette ruhige Lage mit tollem Blick auf den Fluss, bietet kleine Gerichte.

●**Nordischer Löwe,** Prinzess-Str. 10. Rustikales Lokal mit nicht allzu teuren Speisen.

●**Café Schröder-Linie,** am gleichnamigen Bootsanleger, hat eine nette und ruhige Terrasse mit schönem Blick aufs Wasser**.**

●**Holländische Stube,** Am Mittelburgwall 24–26, Tel. 93900. Historisches Haus mit originalgetreu eingerichteten Räumen, in denen etliche Antiquitäten stehen. Im Sommer auch Terrassenbetrieb direkt am Kanal. Vorzugsweise regionale Gerichte.

**Aktivitäten**

●**Bootsverleih:** G. Schröder an der Treeneschleuse, Ostersielzug, vermietet Ruder-, Elektro- und Tretboote, Tel. 7365.

●**Postagentur:** im Edeka-Markt, Am Ostersielzug 20.

●**Schiffsausflüge:** Touren durch die Grachten von Friedrichstadt bieten zwei Gesellschaften an.

M.-E. Prinz, Prinzenstr. 33, Tel. 7241, www.grachten fahrt.de, Anlegestelle: Fürstenburggraben (ausgeschildert).

G. Schröder, Treeneufer 1, Tel. 876395 oder 7365, Anlegestelle: Landungsbrücke unweit Treeneufer (auch ausgeschildert).

●**Stadtführungen:** Einen etwa einstündigen Rundgang bietet die Touristik-Information an, stilecht wird in Holländertracht alles Wichtige erklärt. Infos: Tel. 93930.

●**Taxi:** Tel. 500 oder 228.

●**Wochenmarkt:** jeden Freitag 8.00–12.00 Uhr.

●**WoMo-Stellplätze:** Wohnmobile können nachts kostenlos auf dem Parkplatz P3 Alter Hafen stehen.

## *Tönning*

### Überblick

Tönning war **über lange Zeit der wichtigste Ort auf Eiderstedt.** Das ergab sich schon ganz einfach aus der Lage. Der Ort entstand am Ufer der Eider, nur wenige Seemeilen von der Nordsee entfernt. Der Hafen und die Nähe zum offenen Meer brachten Tönning beträchtliche Vorteile, beispielsweise in den Jahren 1803–1807. Damals gab es wieder mal Krieg zwischen England und Frank-

*Halbinsel Eiderstedt*

reich und die Briten blockierten den wichtigen Hamburger Hafen, der in die Auseinandersetzung involviert war. Die Folge: Der Warenfluss wurde nach Tönning umgeleitet – „goldene Jahre" für den kleinen Ort. Einige Jahrzehnte später wurden von hier gewaltige Mengen an Schlachtvieh via Schiff nach England transportiert, erneut machte sich die Nähe zur Nordsee bezahlt.

Heute spielt der Hafen keine allzu große Rolle mehr, der **Tourismus** hat ihn unter wirtschaftlichen Aspekten klar abgelöst. Aber die pfiffigen Tönninger hatten eine geniale Idee, Maritimes mit Touristischem zu verbinden. Sie schufen eine Erlebnis-Ausstellung, die weit und breit ihresgleichen sucht, das Multimar Wattforum.

## Sehenswertes

**Multimar Wattforum**

Das Multimar Wattforum ist ein Publikumsmagnet für die gesamte Westküste und das zu Recht! Der Besucher wird in einem 800 m² großen Gebäude spielerisch mit den Geheimnissen des Wattenmeers vertraut gemacht. In elf großen und noch mehr kleinen **Aquarien** kann man Fische, Quallen, Krebse, Pflanzen, also die gesamte Lebenswelt der Nordsee bestaunen.

Obendrein kann sich der Besucher an mehreren **Stationen über verschiedene maritime Fragen** informieren. Beispielsweise wie Wellen entstehen oder wie unterschiedlich einzelne Möwen kreischen. Alle Stationen animieren zum Ausprobieren. So kann man z.B. auf einem fest installierten Fahrrad kräftig in die Pedale treten und anhand der gemessenen Geschwindigkeit Vergleiche ziehen zu der Lauf- oder Flugschnelligkeit bestimmter Tiere. Da sieht man dann ganz schön alt, sprich langsam aus! Weitere Stichworte: Wie entstehen Wanderdünen oder wie funktioniert das eigentlich mit Ebbe und Flut? Kleine Modelle veranschaulichen diese Phänomene. Welche Sprachen und

Dialekte gibt es an der Westküste? Kopfhörer aufsetzen und lauschen! Unter einem Mikroskop Kleinstlebewesen erforschen. Außerdem wird in einem gesonderten Raum ein 18 Meter langer, 1997 auf Rømø gestrandeter Pottwal in Lebensgröße ausgestellt, zur Hälfte das Skelett, die andere Hälfte als Nachbildung des Körpers.

●**Multimar Wattforum:** Am Robbenberg, Tel. 96200, www.multimar-wattforum.de. Geöffnet: 1.4.–31.10. tägl. 9.00–19.00 Uhr, 1.11.–31.3. tägl. 10.00–17.00 Uhr. Eintritt: Erw. 8 €, Kinder (4–15 J.) 5,50 €, Familien 24 €. Besitzer einer Kurkarte erhalten eine Ermäßigung. Kombiticket, das auch in der Seehundstation Friedrichskoog und im NABU-Zentrum Katinger Watt gilt: Erw. 10,40 €, Kinder 7,40 €, Familien 30 €.

**Hafen**

Nach einem kurzen Spaziergang über den Deich wird der Hafen von Tönning erreicht. Man kann hier ganz nett entlang spazieren, sowohl direkt am Hafen, als auch etwas erhöht auf dem **Deich.** Dort stehen einige historische Häuser und vor allem liegen dort mehrere Lokale, alle mit Terrasse zum Hafen. Zu sehen gibt es u.a. den so genannten **Tonnenhof,** das Lager der riesigen Seezeichen, die regelmäßig hier gewartet werden.

Allzu viele Schiffe liegen hier heute nicht mehr, aber das war mal ganz anders. Das bezeugt auch das **historische Packhaus** aus dem Jahr 1783, in dem die von Frachtern aus fernen Ländern gebrachten Waren zwischengelagert wurden. Und zur Adventszeit hat man sich etwas ganz Feines ausgedacht. Dann verwandelt sich das Packhaus in einen riesigen Adventskalender. Jeden Tag wird dann eine neue Luke geöffnet und zauberhaft beleuchtet.

Der **Hafen** wurde 1613 gebaut und war während des 17. Jh. ein führender Umschlagplatz. Eine Art Blütezeit erlebte er im 19. Jh. und vor allem während der Elbblockade durch *Napoleon* (1803–1807), der den Handel von Hamburg mit England zu unterbinden versuchte. Die Warenströme flossen dann aber vermehrt durch Tönning. Nach der

**Halbinsel Eiderstedt**

Eröffnung des Nord-Ostsee-Kanals 1895 verlor der Tönninger Hafen dann seine Bedeutung.

Am Hafen steht auch unter der Hausnummer 30 das schöne alte Schifferhaus aus dem Jahr 1624/25, das als „Gasthaus für Fahrensleute" erbaut wurde. Die Glocke ganz oben am Giebel läutete bei schweren Sturmfluten. Und genau in Höhe dieses Hauses erhebt sich direkt am Hafenbecken ein Pfahl mit den Markierungen von Sturmfluten vergangener Jahrzehnte.

**Schloss-garten**

Der Schlossgarten ist eine kleine, nette **Gartenanlage,** aber ohne Schloss. Das stand hier von 1583 bis 1735 als Nebenresidenz des Landesherren, bevor es zerstört wurde. Heute ist der Park nicht viel mehr als ein kleiner Ruhepol zum Verschnaufen im nun wahrlich nicht hektischen Tönning.

In der Parkanlage steht ein **Denkmal,** das an *Johannes von Esmarch* erinnert, einen bedeutenden Chirurgen, der 1823 in Tönning geboren wurde.

**Markt-platz**

Am Marktplatz steht seit 1613 ein hübscher barocker Brunnen und ganz in der Nähe erhebt sich die **St.-Laurentius-Kirche,** eins von 18 Gotteshäusern Eiderstedts. Der barocke Turm der Kirche misst 62 Meter und ist der höchste im Land. Am Abend wird er zauberhaft ausgeleuchtet. Ein Teil der Kirche und der Einrichtung stammt noch aus dem 12. Jh. Am Montag findet hier auf dem Marktplatz ein Wochenmarkt statt.

## Praktische Reisetipps

**Info**

- **PLZ:** 25832.
- **Vorwahl:** 04861.
- **Einwohner:** 5000.
- **Touristen Information:** Am Markt 1, Tel. 61420, Fax 61444, E-Mail: info@toenning.de, www.toenning.de.
- **Kurabgabe:** 15.5.–30.9. 1,50 € pro Tag, Kinder bis 18 Jahre in Begleitung eines Erwachsenen sind befreit. 1.4.–14.5. und 1.–31.10. beträgt die Abgabe 1 €.

Lokale am Hafen

52ons Foto: mf

**Unterkunft**

●**Hotel Zum Goldenen Anker** €€€, Am Hafen 31, Tel. 218, Fax 5053, www.hotel-goldener-anker.de. Ein kleines, familiäres Haus mit 12 Zimmern, das direkt am Hafen liegt, ein Restaurant ist angeschlossen, ebenso ein Hallenbad.

●**Romantikhotel Godewind** €€€, Am Hafen 23, Tel. 6600, Fax 69797, www.hotel-godewind.de. Ein historisches Haus aus dem Jahr 1797 mit nur 4 stilvoll eingerichteten Zimmern.

●**Strandhotel Fernsicht** €€€, Auf dem Badestrand, Tel. 475, Fax 1787, www.strandhotel-fernsicht.de. Ein mittelgroßes Haus mit 45 Zimmern, ein Lokal ist ebenfalls vorhanden, das altfriesische Gerichte anbietet. Eigenwerbung: „Wi snackt Platt." Na denn!

●**Jugendherberge,** Badeallee 28, Tel. 1280.

●**Campingplatz Comfort-Camp Eider,** Am Freizeitpark 1a, Tel. 61748, www.campingplatz-toenning.de. Ein 5-Sterne-Platz mit 250 Stellplätzen, nahe zur Eider und zum Freibad gelegen.

**Gastronomie**

●**Café Hafenblick,** Am Hafen 38, Tel. 1533. Hier gibt es Blechkuchen und verschiedene Teesorten.

●**Restaurant Godewind,** im gleichnamigen Hotel, bietet eine ausgezeichnete Fischküche, außerdem eine nette Gartenterrasse.

●**Fisch-Bistro,** Am Hafen 33. Fischgerichte, Fischbrötchen und auch Räucherfisch, der noch nach altem Brauch geräuchert wird.

●**Klabautermann,** kleines Bistro mit größerer Terrasse am Ende der Hafenmeile, noch hinter dem Fußweg zum Multimar Wattforum. Kleine Gerichte bei bestem Eiderblick.

●**Café am Markt,** Am Markt 14, Tel. 617276. Klein und gemütlich, hausgebackene Kuchen und Torten in (Zitat) „XXL-Größe". Oben über der Tür prangt eine Zeittafel.

**Aktivitäten**

● **Einkaufen:** Eiderstedter Markt, Markt 13. Hier werden Eiderstedter Produkte verkauft.

Alte Fischereigenossenschaft, Am Eiderdeich 12, Tel. 96160. Das gelbe Haus liegt unweit vom Packhaus, dort werden Fisch und Krabben verkauft, im kleinen Bistro können selbige auch gleich verzehrt werden.

● **Fahrradverleih:**
Esso Tankstelle. Gardinger Chaussee, Tel. 617169.
Zweiradstation Lilja Thöming, Am Marktplatz, Tel. 5739.

● **Freibad:** Ein großes, beheiztes Meerwasser-Freibad ist von Mai bis Herbst täglich ab 10.00 Uhr geöffnet.

● **Markt:** Findet montags 8.00–12.00 Uhr statt.

● **Postagentur:** Fa. Boye Hamkens, Am Markt 5, Tel. 356.

● **Schiffsausflüge:** In der Saison gibt es täglich Touren ab Eiderkaje (hinter dem Parkhaus) zu den Seehundbänken im Wattenmeer. In der Regel wird um 10.15 und 12.45 Uhr gestartet. Infos: Tel. (04861) 617710 oder www.adler-schiffe.de, und direkt am Schiff, „MS Adler II". Ein kleines Schmankerl sind auch die sonntäglichen Fahrten auf der Eider bis nach Friedrichstadt.

● **Strandkörbe:** Am Badestrand kann man einen Strandkorb über die Schwimmbadkasse des Freibads mieten, Tel. 5688, oder bei der Strandaufsicht.

## *Garding*

### Überblick

Wer hätte das gedacht, Garding ist die viertkleinste Stadt in Schleswig-Holstein! Das mag so sein, nach einem Spaziergang rund um die Kirche hat man das **Zentrum** bereits erkundet. Das zeigt sich tatsächlich recht beschaulich, ein angenehmer Kontrast zur stark befahrenen **Hauptstraße,** auf der die Urlauber Richtung Küste rollen.

### Sehenswertes

**Ortskern**

Die **St.-Christian-Kirche** hat bereits neun Jahrhunderte auf dem Buckel. Im Inneren ist der reichverzierte Flügelaltar aus dem 16. Jh. hervorzuheben, ansonsten zeigt sie sich eher von einer sachli-

Theodor Mommsen-Büste

chen Nüchternheit. Sie thront als ruhender Pol im Ortskern, etliche hübsche Häuser aus vergangenen Jahrhunderten ducken sich in ihrem Schatten.

In einem der Häuser (Am Markt 4) wurde **Theodor Mommsen,** der erste deutsche Literaturnobelpreisträger, 1817 geboren. Es handelt sich um eines der ältesten Häuser von Garding und stammt aus dem Jahr 1572. Mommsen war Professor für römische Geschichte in Berlin und saß sogar als Abgeordneter im Reichstag (1881–1884). Er schrieb ein fünfbändiges Werk zur Römischen Geschichte, für das ihm 1902 der Nobelpreis verliehen wurde, außerdem veröffentlichte er 1500 Bücher und Schriften. *Mommsen* starb 1903 in Berlin. Die Mommsen-Gedächtnis-Ausstellung ist nur zugänglich, wenn Veranstaltungen stattfinden, vor allem am Di., Mi., Do. ab 15.00 Uhr.

An der vom Marktplatz abzweigenden Engen Straße steht unter Hausnummer 4 das alte **Amtsgericht,** eines der zwei ältesten Häuser am Ort. Erbaut Anfang des 19. Jh. befand sich von 1867 bis 1975 dort das Amtsgericht. Kurzfristig existierte hier sogar ein Gefängnis mit sieben Zellen.

**Halbinsel Eiderstedt**

514-ns Foto: mf

## Hollywood achtern Dieck

Die Mannschaft ist der Star, formulierte einst *Berti Vogts* auf die Frage nach seinen Führungsspielern in der Nationalmannschaft. Was im Fußball gilt, gilt auch in Schleswig-Holstein, dort ist die Natur der Star, der Filmstar nämlich. Reichlich Filme und vor allem Serien wurden und werden im Land zwischen den Meeren gedreht. Die Macher suchten und fanden die passende „location" an Nord- oder Ostsee, in der tiefsten Provinz oder in der Holsteinischen Schweiz. Mit Erfolg, wie eine kleine Übersicht beweist:

Unvergessen ist wohl der Tatort „Reifezeugnis" mit der blutjungen *Nastassja Kinski,* die ihrem Lehrer in Ostholstein den Kopf verdreht. Tatort-Kommissar *Klaus Schwarzkopf* stapfte dann durchs Kieler Umland, Ganoven jagend. Jahre später erzählt ein anderer Krimi von einem Raubüberfall auf Helgoland und wirft die spannende Frage auf: Wie flüchtet man von einem Bäderschiff, das die Tageseinnahme von Helgoland zum Festland transportiert, mit der frisch geklauten Beute? Da spielte die „location" noch eine Nebenrolle.

Zum Star avancierte sie dann bei den „Guldenburgs". Dallas in Holstein wurde auf Schloss Wotersen im Lauenburgischen aufgeführt, zwei Bierbrauer-Sippen mischten sich gegenseitig mit Intrigen auf.

Seitdem gibt es kein Halten mehr. Immer wenn der Raps blüht, der Himmel wolkenfrei blau schimmert und die Wellen rauschen, kommen Fernsehteams. Erzählen „Sylter Geschichten", wurden „Freunde fürs Leben", pulten Krabben in „Gezeiten der Liebe", fuhren Streife mit der „Küstenwache" oder surften „Gegen den Wind". Letzteres so erfolgreich, dass flugs die „Strandclique" folgte.

Aber das alles ist nichts gegen den Erfolg vom „Landarzt". *Walter Plathe* kuriert seit Jahren die Wehwehchen in Deekelsen hoch oben an der Schlei, hat so seine liebe Not mit der Liebe und stemmt sich gegen die Wucht der dörflichen Probleme. Mittlerweile gibt es Bustouren für Touristen, die Neugierige zu allen wichtigen Drehorten kutschieren. Der Star ist die Schlei, nichts für ungut, Herr Plathe.

Und dann brachte *Detlev Buck* eine neue Variante ins Spiel und stellte das dröge Leben der holsteinischen

OSBn5 Foto: fr

Halbinsel Eiderstedt

Provinz vor. In seinem Film „Erst die Arbeit und dann"
muss Bauers Sohn auf dem Hof melken und füttern,
aber abends, da brettert Sohnemann mit Papas Benz in
die Stadt. Dort, in Hamburg spielt das Leben, dort trifft
er auf eine ultracoole Schönheit, die am „Eskimoflipp"
nippt. „Aber das ist ja Wasser!", ruft er empört nach einem Schluck aus und entlarvt mit einem einzigen Satz
das städtische Getue.

In die gleiche Kerbe schlägt *Bucks* Film „Karniggels".
Polizeischüler *Köppe*, mit ewig zu großer Mütze, will in
die Großstadt, nach Kiel oder Lübeck versetzt werden
(worüber Berliner und Hamburger sich ja scheckig gelacht haben sollen: „Großstadt!"), landet aber in der
Provinz in Barmstedt. Stolpert dort mit Feuereifer durch
die örtlichen Problemchen, sucht einen Kuhmörder
und merkt nicht, wie ihm geschieht.

Die Landschaft ist der Star. Der Raps hat zu blühen,
die Sonne zu scheinen, der Himmel wolkenlos zu sein.
Das kriegt man doch hin. Dazu die passende Geschichte, fertig ist die Serie. Eigentlich ein einfaches Er-
folgsrezept. Was wir Nordlichter natürlich schon immer
gewusst haben. Wir haben es nur nie verraten, so ist
das!

**Buchtipp:** Pia Klatt, Kai Labrenz: „Filmland Schleswig-Holstein". Die Autoren stellen über 200 (!) in
Schleswig-Holstein produzierte Filmprojekte vor. Verlag Boyens, Heide.

**Puppen-
theater**

*Marianne Vocke* hat in ihrem Haus ein kleines privates Puppentheater eingerichtet. Dort führt sie ganz allein kleine, liebevolle Märchen, auch drei Opern, u.a. „die Zauberflöte", auf und spielt alle Rollen selbst. Die **Aufführungen** finden im Garten statt oder, bei Regen, eben in der behaglichen Stube.

● **Puppentheater,** Mückenberg 6, eine Voranmeldung ist wegen des begrenzten Platzangebotes ratsam, Tel. 17186. Infos zum Programm entweder direkt bei *Frau Vocke* telefonisch erfragen (lange klingeln lassen!) oder über die Touristeninformation in Garding.

## Praktische Reisetipps

**Info**

● **PLZ:** 25836.
● **Vorwahl:** 04862.
● **Einwohner:** 2700.
● **Tourismus Zentrale Eiderstedt e. V.:** Markt 26, Tel. 469, Fax 1225, E-Mail: Urlaub@TZ-Eiderstedt.de, www.tz-eider stedt.de.

**Unterkunft**

● **Bed & Breakfast Renate Götze** €€, Gartenstraße 21, Tel. 201040, www.bb-eiderstedt.de. Zwei sehr schöne Zimmer im Nichtraucherhaus in zentraler Lage inklusive Fahrradschuppen.
● **Hotel Gardinger Hof** €€€, Süderstr. 52, Tel. 257, Fax 8926, www.gardinger-hof.de. Ein kleines Haus von 5 Zimmern, das allerdings an der Hauptstraße liegt.
● **Ristorante Europa** €€€, Am Markt 21, Tel./Fax 102353. Eine zentrale Lage zeichnet dieses kleine Haus aus, es hat nur vier Zimmer. Fahrradschuppen vorhanden.

**Gastro-
nomie**

Zwei Lokale liegen unmittelbar nebeneinander in der Fischerstraße, die vom Markt abzweigt.
● **Kerlins Kupferpfanne,** Fischerstr. 1, Tel. 256. Durchgehend 11.00–22.00 Uhr geöffnet, angeboten werden u. a. verschiedene Schweizer Röstigerichte.
● **Pepes No 5,** Fischerstr. 5, Tel. 102687. Hier gibt es spanische Tapas, von Mi. bis So. ab 19.00 Uhr geöffnet.
● **Lütt Matten,** Enge Straße 15, Tel. 1200, www.luettmat ten-garding.de. Wer je mit Platten groß geworden ist, auf denen „Liedermacher" zur Klampfe ihre politischen/kritischen/gedankenschweren Songs vortrugen, wird sich hier in der „Musikantenkneipe" wohlfühlen. Live-Auftritte finden regelmäßig ohne Eintritt statt, hinterher geht dann der Hut rum. Und jeden Do. kann jeder (Zitat) „podestieren", soll heißen, das Podest erklimmen und vortragen, was er/sie so möchte. Geöffnet: täglich außer Mi. ab 17.00 Uhr.

713ns Foto: fr

**Halbinsel Eiderstedt**

● **Kaffeekränzchen,** Enge Straße 3, Tel. 8560. Relativ unscheinbares, aber nettes Café mit kleinem Garten, ganz nahe bei der Kirche.

**Aktivitäten**    ● **Wochenmarkt:** jeden Di. 8.00–12.00 Uhr auf dem Marktplatz.

## St. Peter-Ording

### Überblick

Die Großgemeinde St. Peter-Ording ist ein weitläufiger Ferienort und besteht tatsächlich aus **vier Ortsteilen.** Von Nord nach Süd: St. Peter-Ording, St. Peter-Bad, St. Peter-Dorf und St. Peter-Böhl. Feinheiten, die einem Urlauber bestenfalls zur Orientierung dienen.

Verbindendes Element bleibt ohne jeden Zweifel der **sagenhafte Sandstrand,** der seinesgleichen vergeblich an Schleswig-Holsteins Nordseeküste sucht. Hier die statistischen Fakten: 12 Kilometer lang, in der Spitze bis zu 2000 Meter breit,

Der riesige Strand von St. Peter

das entspricht 2000 Fußballfeldern, wie die Kurverwaltung von SPO (St. Peter-Ording) stolz vermeldet.

An einigen Abschnitten stehen **Pfahlbauten,** kleine Häuser, die auf mächtigen Stelzen etwa 5 Meter über dem Meeresboden errichtet wurden. Dort sind sowohl Toiletten, als auch ein paar gastronomische Betriebe eingerichtet. Bei einer stärkeren Flut fließt das Wasser unten durch, die Gäste müssen dann erst wieder bis zur Ebbe warten. Aber hier oben zum Sonnenuntergang einen Drink nehmen und aufs Meer hinauszuträumen, das ist einfach göttlich ...

## Sehenswertes

**Strand**

In SPO dominiert der Strand, keine Frage. Dieser Strand lockt nicht nur etwa 170.000 **Feriengäste,** sondern auch gut 700.000 **Tagesgäste** alljährlich aus Schleswig-Holstein und Hamburg. Wenn im hohen Norden mal die Sonne scheint, machen sich ganze Karawanen auf zum Strand von SPO.

Und sie alle dürfen direkt **am Strand parken.** Diese Situation sorgt immer wieder für mächtigen Ärger, grenzt doch der Nationalpark Schleswig-Holsteinisches Wattenmeer unmittelbar an den Strand. Deshalb rangelten Naturschützer und Gemeindevertreter immer wieder um die Park-Erlaubnis am Strand, also Naturschutz contra Gemeindekasse. Bislang jedenfalls konnte man sich immer noch einigen. Der nördliche Strand (Ording), sowie der südliche (Böhl) können jedenfalls direkt mit dem Auto angefahren werden, denn dort gibt es riesige Parkplätze.

Der sehr breite Strand kann nur auf einigen wenigen Wegen erreicht werden. Man kann also nicht

Die Flut kommt, die Gäste gehen – oder warten bis zur nächsten Ebbe willkürlich quer durch die Dünen oder das Vorland zum Strand spazieren. Mancher dieser Wege ist schon ziemlich lang, deswegen dürfen zwei Abschnitte auch mit dem Auto angesteuert werden.

Etwa stündlich pendeln **Busse** in den Ortsteilen Süd und Böhl bis an den Strand, kostenlos bei Besitz einer Gästekarte.

Auch Radfahrer und Fußgänger erreichen alle Strände, einzig die neue Seebrücke in Bad ist ausschließlich für Fußgänger gemacht.

**Pfahl-
bauten**

Die Pfahlbauten am Strand haben eine **gut hundertjährige Tradition** und sind heute zu einem einzigartigen Markenzeichen für St. Peter-Ording geworden. Ein erster Pfahlbau hieß ganz offiziell „Giftbude-Erfrischungshalle", wovon alte Fotos noch zeugen. Der Begriff „Gift" hatte aber eine andere Bedeutung. Er wurde aus dem Plattdeutschen abgeleitet von „dor gift dat watt" (da gibt es was), nämlich (vermutlich) Cognac. Insgesamt existieren heute fünf Pfahlrestaurants, nebenan jeweils auch ein Toilettenhäuschen und eine Badeaufsicht, alle auf Pfählen.

Halbinsel Eiderstedt

700ns Foto: fr

# St. Peter-Ording, Nordteil

1 Pension Zum Alten Anker
2 Campingplatz Biehl
3 Kirche
4 FeWo Luna
5 FeWo Haus Brandung
6 Haus Windschur
7 Rest. Gambrinus
8 Touristen-Information
9 FeWo Haubarg Frahmsort
10 Hochseilgarten
11 Rest. Fung-Hieng-Palace
12 Rialto
13 „Die Insel" + „Inselgarten"
14 Tourismus Service Center
15 Strandgut Resort
16 Gosch
17 Hotel Fernsicht
18 FeWo Villa am Meer
19 Café Rasmus,
   FeWo Haus Quisiana
20 Hotel Tannenhof,
   Pension Seeblick,
   Hotel Landhaus an de Dün,
   Weinlokal Bei Trott's
21 Pension Haus Mö
22 Hotel Christiana
23 Bücherei,
   Fahrradverleih

Ording

St. Peter-Bad

Bahnhof St. Peter

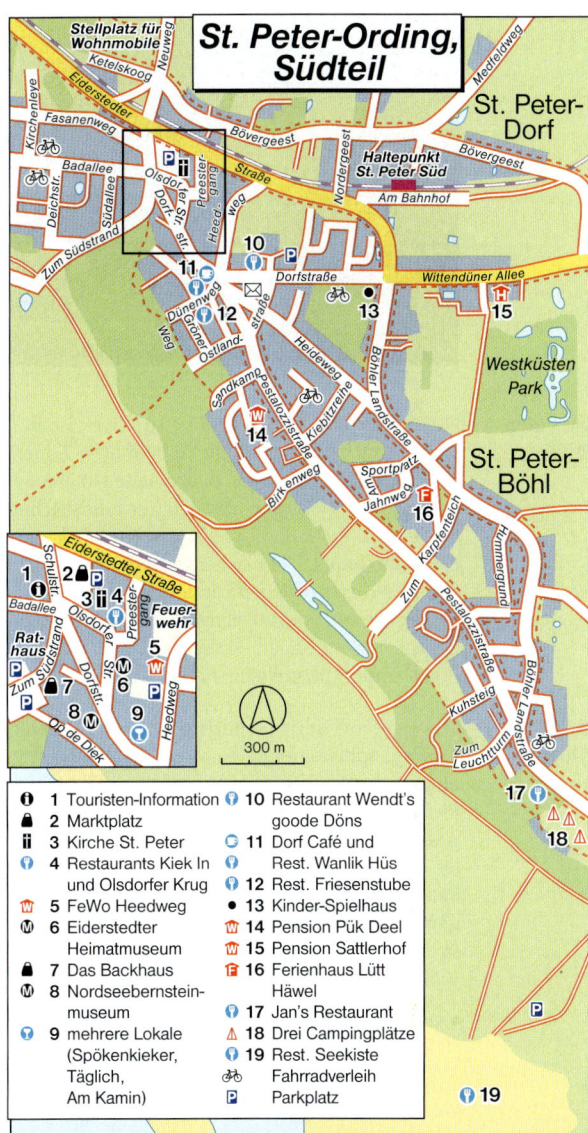

**St. Peter-Ording, Südteil**

St. Peter-Dorf

St. Peter-Böhl

Westküsten Park

Halbinsel Eiderstedt

300 m

- ❶ 1 Touristen-Information
- ▲ 2 Marktplatz
- ⅱ 3 Kirche St. Peter
- ❶ 4 Restaurants Kiek In und Olsdorfer Krug
- ♨ 5 FeWo Heedweg
- Ⓜ 6 Eiderstedter Heimatmuseum
- ▲ 7 Das Backhaus
- Ⓜ 8 Nordseebernsteinmuseum
- ❶ 9 mehrere Lokale (Spökenkieker, Täglich, Am Kamin)
- ❶ 10 Restaurant Wendt's goode Döns
- ◖ 11 Dorf Café und Rest. Wanlik Hüs
- ❶ 12 Rest. Friesenstube
- ● 13 Kinder-Spielhaus
- ♨ 14 Pension Pük Deel
- ♨ 15 Pension Sattlerhof
- 🏠 16 Ferienhaus Lütt Häwel
- ❶ 17 Jan's Restaurant
- ⚠ 18 Drei Campingplätze
- ❶ 19 Rest. Seekiste
- ⊛ Fahrradverleih
- 🅿 Parkplatz

**St. Peter-Böhl**

In St. Peter-Böhl geht es **ruhig** zu. Zwei Straßen streben nach Norden zu den lebhafteren Zonen, in den Querstraßen liegen einige nette Unter-künfte. Sowohl zum Strand als auch zur touristischen Meile in St. Peter-Bad ist es schon ein Stückchen. Ein **Wäldchen** schiebt sich zwischen Ortsteil und Strand, außerdem liegen vor dem Strand weitläufige Salzwiesen. Spektakuläres gibt es nicht zu entdecken in Böhl, angemerkt sei nur noch, dass hier drei **Campingplätze** eingerichtet wurden.

**St. Peter-Dorf**

St. Peter-Dorf ist der **schönste Teil von St. Peter-Ording.** Speziell der Bereich zwischen Dorfstraße und Kirche hat schon fast idyllischen Charakter. Richtig gemütlich geht es dort zu, viele kleine, teilweise sogar reetgedeckte Häuser säumen die Straße. Genügend kleinere Läden und einige Lokale locken die Kundschaft, alles wirkt ruhig und gemütlich. Ein Bernsteinmuseum liegt in der Dorfstr. 15 und gibt einen anschaulichen Überblick zur Vielfalt der Bernsteinformen.

● **Nordseebernsteinmuseum,** geöffnet: 15.3.–31.10. Mo.–Fr. 9.30–13.00, 14.30–18.30 Uhr, Sa. 9.30–13.00, So. 11.00–13.00 Uhr. 1.11.–14.3. Mo., Do., Fr. 10.00–12.00, 15.00–17.00 Uhr, Sa. 10.00–12.00 Uhr. Mo. 17.00 Uhr Werkstattvorführung. Infos: Tel. 5611, www.nordsee-bern steinmuseum.de.

In der Olsdorfer Straße 6 liegt auch das **Eiderstedter Heimatmuseum.** In diesem historischen Reetdachhaus aus dem Jahre 1752 werden auf zwei Etagen Exponate aus der Geschichte Nordfrieslands (u.a. zum Thema Bedeichung) gezeigt, außerdem werden die Geschichte und Wohnkultur Eiderstedts vorgestellt sowie die Orts- und Badegeschichte von SPO seit den Anfängen 1877. Eine Gemäldeausstellung rundet den Besuch ab.

● **Eiderstedter Heimatmuseum:** Tel. 1226. Geöffnet: Di.–Sa. 10.00–17.00 Uhr, So. 10.00–13.00 Uhr, Mo. geschlossen. Mi. Führungen um 15.00 Uhr. Eintritt: Erw. 5,50 €, mit Gästekarte 2,50 €.

Die **St.-Peter-Kirche** wurde um 1200 erbaut, sie wirkt nicht allzu groß und liegt vor dem Marktplatz. Sie besteht aus rotem Backstein und weist nur einen kleinen, abseits stehenden Glockenturm auf.

Im Inneren befinden sich ein spätgotischer **Schnitzaltar** aus dem Jahr 1480, eine Renaissance-Kanzel (1565–1570), sowie ein Taufbecken aus dem Jahr 1729.

Der hölzerne **Glockenturm** steht einige Meter neben der Kirche und wurde von (Zitat) „Holzbearbeitungsrentnern" ehrenamtlich erbaut. Grund: Die alte Orgel musste erneuert werden, da sie unter den Schwingungen der Glocken gelitten hatte, und so baute man 1999 diesen separaten Turm.

Vor dem Marktplatz, etwa in Höhe des Deichdurchbruchs steht eine kleine **Skulptur.** Sie zeigt „Jan und Gret" beim klassischen Schollenfangen mit der Harke und beim Krabbenfischen mit einem Standnetz. Die beiden gelten heute als eine Art Wahrzeichen von SPO.

**St. Peter-Bad**

Von St. Peter-Dorf erreicht man, über die Dorfstraße gehend, schließlich die Straße Im Bad und nähert sich damit dem **touristischen Zentrum von SPO.** Im unteren Bereich besagter Straße liegt ei-

**Halbinsel Eiderstedt**

Hübsches Reetdachhaus in St. Peter-Dorf

ne Reihe von teilweise hervorragenden Hotels. Im oberen Bereich verengt sich die Straße und dort herrscht eine ausgelassene Ferienstimmung. Lädchen mit Strand-Schnickschnack wechseln sich ab mit Bistros, Kneipen, Imbissen – ein fröhliches und buntes Durcheinander.

Schließlich erreicht man das **Kurzentrum.** Neben dem Zimmernachweis und der Touristeninformation kann der Gast hier im Meerwasser planschen, und zwar überdacht. **Dünen Therme** nennt sich der Spaß und bietet „eingefangene Nordseewellen", wie es so schön in der Werbung heißt. Ein idealer Ort, um mal einen Nachmittag so richtig im Wasser rumzutoben, in einer Bade- und Saunalandschaft mit über 1000 m² Wasserfläche.

Im Jahr 2008 wurde die neue, sehr modern und schwungvoll wirkende Seebrücke eingeweiht. Außerdem wurde der Seebrückenvorplatz umgestaltet und bietet nun ein Veranstaltungshaus („Dünen Hus"), sowie in sehr exponierter Lage ein Lokal des Sylter Groß-Gastronomen Gosch. Schick beleuchten dann mit Gas betriebene Strandfackeln die Szenerie.

**Ording** Der Ortsteil Ording hat schon ein wenig **ländlichen Charakter.** Parallel zum Deich entlang windet sich eine Straße, wo noch einige Häuser mit teilweise sehr schönen Unterkünften stehen. Im oberen Abschnitt dann, etwa ab Höhe des Campingplatzes, tauchen Unterkünfte nur noch sporadisch auf, der Blick kann hier weit über die Wiesen wandern. Dort steht auch die zweite Kirche, die **St.-Nikolai-Kirche.** Die Historie berichtet, dass sie 1724 erbaut und 1960 generalüberholt wurde. Auch dieses Gotteshaus wirkt etwas nüchtern („zurückhaltender norddeutscher Barockstil" heißt es in einem Prospekt unschlagbar treffend), aber keinesfalls unattraktiv. Speziell der Schnitzaltar aus dem späten 15. Jh. lohnt eine Besichtigung.

Ording läuft ganz langsam in sein ländliches Umfeld aus.

**Halbinsel Eiderstedt**

**West-
küstenpark**

Der Westküstenpark liegt beim Ortsteil Böhl. In diesem **Haus- und Wildtierpark** leben über 400 Tiere unterschiedlichster Art, viele lassen sich in Streichelgehegen hautnah erleben. Ein kleiner Star darunter ist das Robbarium, wo mehrere See-hunde in einem gut 1000 m² großen Becken herumtoben.

● **Westküstenpark:** Wohldweg 6, Tel. 3044, Fax 3047, www.robbarium.de. Geöffnet: tägl. 9.30–18 Uhr, im Juli und Aug. bis 19.00 Uhr, im Winter verkürzte Zeiten; Infos dazu unter Tel. (04863) 3044. Eintritt: Erw. 9 €, Kinder (3–15 Jahre) 6,50 €, Familie 23 bzw. 27,50 €. Von Ende Nov. bis Ende Febr. geschlossen.

## Praktische Reisetipps

**Info**

● **PLZ:** 25823.
● **Vorwahl:** 04863.
● **Einwohner:** 4100.
● **Tourismus Zentrale:** Postfach 100, Tel. 999155 (Zimmer-vermittlung), 9990 (Info-Zentrale), Fax 999180, E-Mail: info@tz-spo.de, www.st.peter-ording-nordsee.de. Am Markt-

Die neue Brücke zum Strand

platz befindet sich ein Büro mit sehr kompetenten Leuten, dort ist auch eine „Wattwerkstatt" untergebracht, wo man Infos zum Wattenmeer erhält.

●**Kurtaxe:** 1.5.–30.9. 3,00 €, 1.3.–31.5. und 1.10.–31.10. 2,00 €, 1.11.–28.2. 1,00 €, Kinder bis 18 Jahre in Begleitung ihrer Eltern zahlen nichts, **Parkgebühr** am Strand von Böhl und Ording: 4 € vom 15.3.–31.10. Weitere Parkplätze in Strandnähe, aber eben nicht direkt am Strand sind ausgeschildert und günstiger. Es geht aber auch ohne, denn in SPO Süd und Böhl fährt der Linienbus direkt zum Strand. Für Besitzer einer Gästekarte kostenlos. Urlauber erhalten eine Gästekarte, mit der eine Reihe von Vorteilen verbunden sind, u.a. freie Benutzung des örtlichen Busses oder eine Ermäßigung im Multimar Wattforum Tönning.

●**Strandkorb:** 7 € pro Tag, ab 13.30 Uhr 5 €, 35 € pro Woche, Vorbestellung mit Postkarte aus dem Unterkunftsverzeichnis oder über ein Buchungsformular im Internet: www.st.peter-ording-nordsee.de.

**Unterkunft**

Das Unterkunftsverzeichnis von SPO ist ein 240 Seiten schwerer Katalog. Recht übersichtlich aufgebaut und nach Straßen sortiert werden die Häuser vorgestellt, etliche sogar mit Bild. Hier eine subjektive Auswahl des Autors.

**Hotels und Pensionen:**
●**Hotel Christiana** €€€€, Im Bad 79, Tel. 9020, Fax 90233, www.hotel-christiana.de. Insgesamt 12 Zimmer bietet dieses kleine, familiäre Haus, das auch einen 2000 m² großen Garten hat. Obendrein im Angebot: Sauna und Solarium.
●**Pension Haus Mö** €€€, Im Bad 66, Tel. 2102, Fax 95453, www.pension-haus-mö.de. Kleines, familiäres Haus mit 11 Zimmern.

●**Landhaus An de Dün** €€€€, Im Bad 63, Tel. 96060, Fax 960660, www.hotel-landhaus.de. Ein schickes Haus mit 19 stilvollen Zimmern. Obendrein lockt ein Erlebnisbad mit Whirlpool nebst Sauna und Poolbar.

●**Jensens Hotel Tannenhof** €€€€, Im Bad 59, Tel. 7040, Fax 70413, www.jensenstannenhof.de. Ein helles, mittelgroßes Haus mit 34 Zimmern in familiärer Atmosphäre. Das Haus liegt in einem 4500 m² großen, eigenen Wäldchen, deshalb kann der Gast auch nett auf der Terrasse unter Tannen sitzen.

●**Hotel Fernsicht** €€€€, Am Kurbad 17, Tel. 2022, Fax 2020, www.hotel-fernsicht.de. Das Haus liegt sprichwörtlich in der ersten Reihe, direkt am Deich beim Kurzentrum, und hat 25 Zimmer mit Balkon auf zwei Etagen verteilt. Von den meisten hat man Meerblick, einmal ums Eck liegt die Kneipenmeile.

●**Pension Zum Alten Anker** €€-€€€, Norderdeich 10–13, Tel. 1341, Fax 7422, www.zumaltenanker.de. In sehr ruhiger, fast schon ländlicher Umgebung im Ortsteil Ording schaut der Gast auf den Deich oder über die Wiese. 11 Zimmer hat das Haus, ein mächtiger Anker im Garten weist den Weg.

●**Pension Pük Deel** €€€€, Immenseeweg 2, Tel. 3616, Fax 5487, www.puek-deel.de. Eine rauchfreie Pension unter Reet mit 8 Zimmern im Ortsteil Dorf in ruhiger Lage.

●**Pension Sattlerhof** €€€, Wittendüner Allee 61, Tel. 4117, Fax 4119, www.pension-sattlerhof.de. 11 Zimmer in reetgedecktem Haus auf großem Grundstück, etwa 1 km vom Ortsteil Dorf entfernt.

●**Pension Seeblick** €€€, Im Bad 67, Tel. 2271, Fax 2897. Insgesamt 18 Zimmer, außerdem als Schmankerl Strandkörbe im eigenen Dünengelände.

●**Strandgut Resort** €€€-€€€€€, Am Kurbad 2, Tel. 99990, Fax 99998, www.strandgut-resort.de. Ein Design-Hotel, das direkt an der Strandpromenade liegt und von etlichen Zimmern freien Blick aufs Meer ermöglicht. Die sind dann auch etwas teurer, aber wenn schon – denn schon! Die 102 Zimmer sind funktional und mit stilsicherem Design eingerichtet, angeschlossen ist das Restaurant Deichkind.

●**Haus Windschur** €€€€, Strandweg 7, Tel. 478480, Fax 4784859, www.hauswindschur.de. Etwas Besonderes muss man auch mal so nennen dürfen! Topmodern, in klaren Linien gehalten, von Licht durchflutet und doch gemütlich eingerichtet, außerdem barrierefrei konstruiert. So zeigen sich das ganze Haus und seine 17 Zimmer. Sehr schön neben einem Wäldchen und nicht weit vom Ordinger Strand gelegen. Außerdem ein sehr angenehmer Frühstücksbereich und eine gemütliche Kaffee-Terrasse. Ausgesprochen freundliche und sehr bemühte Gastgeber. Eben etwas Besonderes.

**Halbinsel Eiderstedt**

Dünenlandschaft in Ording

**Ferienhäuser:**
- **Ferienhaus Lütt Häwel** €€€€, Theodor-Storm-Weg 3, Buchung über App.-Verm. Duggen, Im Bad 31, Tel. 2024, Fax 70580. Schöne Haushälfte unter Reet, komfortabel eingerichtet. Es liegt in Böhl in einem Wäldchen in ruhiger Lage.

**Ferienwohnungen:**
- **FeWo Haus Heedweg** €€€, Heedweg 10, Buchung: Eiderstedter Appartement-Vermittlung, Tel. 966620. Hier werden großzügige Wohnungen in einem gelungenen Gebäude unter Reet angeboten, einen Fahrradkeller und jeweils eine Terrasse gibt es auch.
- **Ferienanlage Nordseeland** €€€, Ostlandring 17 A–I, Buchung über Tel. 4191, www.appartements-stpeterording.de. Insgesamt 11 FeWos in guter Ausstattung. Reihenhausstil unter Reet, in ruhiger Umgebung unweit der Dünen.
- **FeWo Haus Quisiana** €€€–€€€€€, Strandpromenade 5, mehrere Vermieter, u. a. Utlande Appartements, Tel. 2001, www.utlande.de. Ein neueres Haus in moderner, ganz leicht geschwungener Bauweise auf drei Etagen, sodass man von den meisten Zimmern Meerblick genießt.
- **FeWo Villa am Meer** €€–€€€, Strandläuferweg 14–16, Tel. 9010, Fax 90124, www.villa-am-meer-appartements.de. Insgesamt 10 FeWos, von denen einige an Nichtraucher vermietet werden. Aus den oberen Wohnungen hat man Meerblick, zum quirligen Zentrum ist es nicht weit.
- **FeWo Haus Brandung** €€, Strandweg 17, Buchung über Utlande, Tel. 2001, Fax 2447. FeWos in einem modernen Haus in guter Lage, sehr nahe am Strandübergang.
- **FeWo Luna I-IV** €–€€€, Drift 3–9, Tel. 2139, Fax 960912, www.luna-appartements.de. Mehrere FeWos in vier Gebäuden auf einem 10.000 m² großen Grundstück. Die Lage ist äußerst ruhig in einer Stichstraße, aber nur 100 Meter von den Dünen entfernt.
- **Fewo Haubarg Frahmsort und Alte Remise** €–€€€ (eine sehr große Wohnung €€€€), Frahmsort 18, Tel. 8160, Fax 966921, www.nordsee-abc.de. Sieben Zimmer in einem historischen Reetdachhaus in sehr ruhiger Lage mit einem großen, gewachsenen Garten auf einer Warft. Ein tolles Gesamt-Ensemble, alt und neu zugleich! Dort liegt auch die Alte Remise, ein etwas moderneres Gebäude, welches vom gleichen Vermieter verwaltet wird.

**Campingplätze:**
Im Ortsteil Böhl liegen drei Plätze in unmittelbarer Nachbarschaft, zum Strand ist es nicht übermäßig weit.
- **Campingplatz Rönkendorf,** Böhler Landstr. 171, Tel. 5195. Geöffnet: 1.4.–15.10. Ein Platz von 18.000 m².
- **Campingplatz Silbermöwe,** Böhler Landstr. 179, Tel. 5556, Fax 3315, www.silbermoewe.de. Geöffnet: 18.3.–31.10. Der kleinste Platz von SPO mit 9600 m².

●**Campingplatz Kniese,** Böhler Landstr. 185, Tel. 3676, Fax 493388, www.rosencamp-kniese.de. Geöffnet: 1.4.–15.10. Mit 10.000 m² unwesentlich größer als der Nachbarplatz.

●**Campingplatz Biehl,** Utholmer Straße 1, Tel. 96010, Fax 960199, www.campingplatz-biehl.de. Geöffnet: Mitte März bis Okt. Dies ist der größte Platz von SPO, er liegt im Ortsteil Ording unmittelbar vor Deich und Strandübergang.

●**Campingplatz Olsdorf,** Bövergeest 56, Tel. 3572, Fax 3556, www.camping-olsdorf.de. Ganzjährig geöffnet. Dieser große, parkähnliche Platz liegt im Ortsteil Dorf, hat komfortable Sanitäranlagen, mehrere Sportangebote und Sauna.

**Gastro-**
**nomie**

●**Restaurant Wendt's goode Döns,** Dorfstr. 28. Wirbt mit dem Slogan „Das kleine Restaurant mit der großen Küche". Mo. geschlossen.

●**Restaurant Friesenstube,** Dünenweg 14, Tel. 3500. Nettes Lokal, nicht nur mit einer Fischkarte. Di. Ruhetag.

●**Dorf Café,** Dorfstr. 27, Tel. 3021. Gemütliches Lokal mit guter Kuchenauswahl, es liegt schön im Zentrum von St. Peter-Dorf.

●**Restaurant Wanlik Hüs,** liegt gleich neben dem Dorf Café, Tel. 3030. Durchgehend warme Küche von 12.00 bis 22.00 Uhr, breites Angebot „ut Pütt un' Pann, ut'n Meer un' för'n lütten Hunger" (verstanden?) in 300 Jahre altem Friesenhaus. Separate Nichtraucherräume.

●**Spökenkieker,** ebenfalls an der Dorfstraße 12a gelegenes, nettes Lokal, wo man gemütlich draußen sitzen kann. Durchgehend warme Küche, auch bereits Frühstück, nette Terrasse.

●**Am Kamin,** gleich nebenan, wie Spökenkieker, hier gibt es Fisch, Fleisch und nordfriesische Gerichte. Eine kleine Gartenterrasse hinterm Friesenwall ist vorhanden.

●**Schankwirtschaft Kiek In,** Olsdorfer Str. 3. Das Lokal heißt wirklich so und ist richtig klein und nett. Durchgehend ab 12.00 Uhr. Geboten werden friesische Gerichte und Fisch, außerdem gibt's Kölsch vom Fass!

●**Olsdorfer Krug,** Olsdorfer Str. 13, Tel. 2500. Bodenständige Küche mit Fisch, Muscheln und manchmal auch Wild. Do. Ruhetag.

●**Café Rasmus,** Strandpromenade 1, Tel. 9710. Das Haus liegt vor dem Deich, von der Terrasse schaut man knapp darüber aufs Watt. Hier gibt's u.a. die leckere Friesentorte, aber auch Mittagstisch.

●**Restaurant Fung-Hieng-Palace,** Im Bad 13, Tel. 2306. Der örtliche Chinese.

●**Bei Trott's,** Im Bad 71, Tel. 2250. Mal was anderes: eine Weinstube. Do. Ruhetag.

●**Rialto,** Im Bad 25 (alte Post). Eine Art Multiladen mit sehr vielen Tischen. Das Lokal ist Pizzeria, Ristorante und Eiscafé in einem und bietet damit das geballte italienische Programm.

**Halbinsel Eiderstedt**

● **Jan's Restaurant & Café,** Böhler Landstraße 153, Tel. 478667, ab 11.00 Uhr. Fisch, Fleisch vom Lavastein und auch hausgemachte Torten sind im Angebot.

● Direkt am Strand stehen fünf ungewöhnliche Lokale auf mächtigen Stelzen in etwa 5 bis 7 Meter Höhe. Bei starker Flut werden die Gebäude manchmal unterspült. Von oben genießt man einen sagenhaften Blick aufs Meer. Beispielsweise in der **Strandbar 54° Nord** an der Badestelle Ording, der **Silbermöwe** in Ording-Nord oder in der **Arche Noah** am Strandabschnitt Bad und schließlich in der **Seekiste** in Böhl. Letztere ist besonders leicht zu erreichen, liegt der Parkplatz doch fast direkt vor der Treppe. Am Strandabschnitt Dorf steht die **Strandburg.**

● **Restaurant Gambrinus,** Strandweg 4, Tel. 2977. Nettes Lokal mit bodenständiger Küche.

● **Die Insel,** in alter Kurverwaltung im Ortsteil Bad und gleich nebenan, der **Inselgarten.** In beiden Lokalen gibt's kleine Gerichte und man kann nett draußen sitzen.

● **Gosch,** Buhne 1, Tel. 4785090. Auf Sylt kennt jeder Gosch, den Groß-Gastronomen, der in mehreren Sylter Orten große rustikal-gemütliche Fischlokale bereibt. Nun wurde ein detailgenauer Ableger in St. Peter eröffnet. Die Lage direkt an der Seebrücke könnte nicht besser sein und genau wie auf Sylt wird auch diese Lokalität gut angenommen. Es gibt gute Fischgerichte mit der Gosch-typischen Selbstabholung. Außerdem sind die Strandkörbe auf der Terrasse ein kleines Highlight, besonders zum abendlichen Sundowner.

● **Täglich,** Dorfstr. 10, Tel. 476 579, tägl. ab 9 Uhr. Wahlspruch: „täglich - aber nicht alltäglich". Kleine Gerichte, Frühstück und eine gemütliche Atmosphäre. Von außen fällt das Haus durch seine gewaltigen Flügeltüren auf.

**Aktivitäten**

● **Bahnhof:** St. Peter-Ording ist Endstation einer Nebenlinie von Husum, davor liegt der Haltepunkt St. Peter-Süd.

● **Bücherei:** Badeallee 56, Tel. 2987.

● **Bummelzug:** Am Mi. und So. um 14.00 Uhr fährt der „Hitzlöper" genannte Zug in 3 Stunden zum Leuchtturm Westerhever. Abfahrt: Badezentrum.

● **Einkaufen:** Feinkost Claußen, Im Bad 38, hat u.a. Halligmettwurst, außerdem weitere friesische Delikatessen.

Das Backhaus, Zum Südstrand. Früher stand in jedem Dorf ein Backhaus, in St. Peter-Ording wird diese Tradition wieder belebt durch ehrenamtliche Helfer. Zu bestimmten Zeiten (Termine sind angeschlagen) wird Brot gebacken und direkt verkauft.

Nordfriesische Teespezialitäten, Olsdorfer Str. 8 (bei der Kirche), führt auch Brüsseler Pralinees und Trüffel.

Naturkostladen, Dorfstraße 33.

● **Fahrradverleih:** Jens Carstens, Im Bad 12, Tel. 2298.
Otto's Fahrradlädchen, Deichstr. 11, Tel. 3654
Rad + Meer, Badeallee 30, Tel. 955277.

Fahrrad Lex, Stephan Weg 3, Tel. 1580.
Thomsen, Böhler Landstr. 166 , Tel. 5220.
P. Flor, Strandweg 16, Tel. 1826.
Sönkens, Am Deich 35, Tel. 2531.

●**Golf:** Ein Golfplatz unmittelbar am Deich liegt im Ortsteil Böhl am Eiderweg 1, Tel. 3545, www.ngc-spo.de.

●**Hochseilgarten:** In dem kleinen Wäldchen beim Ortsteil Bad befindet sich ein Hochseil-Kletter-Garten, an dem Gruppen ab 12 Personen Mut und Geschicklichkeit beweisen können. Infos: Tel. 3514, www.tanaga.de.

●**Internet:** Internet-Bistro im Bahnhof Ording, Am Kurpark 4, Tel. 950788.

●**Kinderspielhaus:** Dorfstr. 57, Mo.–Fr. 10.00–12.00, 13.00–16.00 Uhr. Im Ortsteil Dorf befindet sich im alten Feuerwehrgerätehaus ein Spieleparadies für die jüngeren Gäste. Unter Betreuung können Kinder hier spielen, lesen oder Sport treiben, obendrein gibt es sehr viele Veranstaltungen.

●**Kino:** Im Bad 31, Tel. 95244.

●**Minigolf:** Kurpromenade.

●**Nordic Walking:** Im gleichen Wäldchen wurden mehrere Strecken unterschiedlicher Länge zu einem „Nordsee-Fitness-Park" abgesteckt und sind gut ausgeschildert.

●**Ortsbusse:** Wer eine Gästekarte hat, kann die Ortsbusse kostenlos nutzen. Ein CityBus fährt etwa halbstündlich eine Schleife durch St. Peter, die grob vom Marktplatz bis zum Kurzentrum reicht. Eine zweite, deutlich größere Strecke, führt von Ording durchs Zentrum auch bis zum Südstrand und bis zum Böhler Strand. Frequenz: stündlich, im Winter zweistündlich.

●**Postagentur:** im Geschäft „Tendenz", Blanker Hans-Weg 3 in St. Peter-Bad.
Nordergeest 5 in St. Peter-Dorf.

Halbinsel Eiderstedt

- **Schiffsausflüge:** Direkt ab SPO kann man keine Schiffs-touren starten, die Gezeiten lassen es nicht zu. Ausflugs-fahrten gibt es aber ab Tönning und dem Eidersperrwerk.
- **Skateboard- und Inlinepark:** Im Bad direkt hinter der Reha-Klinik.
- **Surfen:** Am Ordinger Strand kann gesurft werden, Ein-steiger haben die Möglichkeit, Kurse zu belegen:
  x-$H_2$O Wassersportcenter. Infos: Tel. (0175) 2488424, www.x-h2o.de.
  Surf Akademie, von Mai bis September werden Kurse angeboten, Tel. 63321, Internet: www.surfakademie.de.
- **Taxi:** Tel. 4930600 oder 3711 bzw. 3722.

# *Weitere Orte und Attraktionen auf Eiderstedt*

## Tating

Tating ist ein kleiner Ort, durch den die meisten Urlauber auf dem Weg zu St. Peters Stränden nur durchrauschen. Kurz vor dem Ortsausgang in die-ser Richtung liegt auf der linken Seite der **Hoch-dorfer Garten.** Dieser erinnert eher an einen weitläufigen Park und ist für jedermann frei zu-gänglich. Bereits 1764 wurde hier auf immerhin 5 Hektar Fläche eine Gartenlandschaft angelegt. Dominierend sind zwei Lindenalleen von 120 Me-ter Länge. Darüber hinaus wachsen einheimische sowie auch exotische Gehölze und im frühen Frühjahr blühen Tausende Krokusse. Am südlichen Rand des Gartens wurde um 1900 eine künstliche Ruine geschaffen, angeblich einem Bild von *Cas-par David Friedrich* nachempfunden (Burgruine von Oylin). Weiterhin kann ein unter Denkmal-schutz stehender Haubarg bewundert werden.

Hier steht die **St.-Magnus-Kirche,** sie wurde 1103 erbaut und ist damit die älteste Kirche auf Ei-derstedt. Die Taufe stammt aus dem 15. Jh., die Kanzel aus dem Jahr 1601.

## Osterhever

Auf einer Warft steht erhöht die **St.-Martin-Kirche,** deren Entstehung auf das Jahr 1113 datiert. Direkt vor der Kirche gibt es Sitzbänke mit Tischen und es existiert sogar noch ein klassischer „Höker", ein Kaufmann, der auch gleichzeitig als „Krug", als Gastwirtschaft fungiert.

## Vollerwiek

Dieses Dorf gilt als die **Badestelle** von Garding, es stehen sogar einige Strandkörbe am grünen Deich. In der örtlichen **St.-Martin-Kirche** gibt es eine Renaissancekanzel aus dem Jahr 1587 sowie einen Altar, der 1460 geschaffen wurde.

## Welt

Der Ortsname inspirierte schon den auf Eiderstedt lebenden Sänger Knut Kiesewetter zu einem Lied über seine „Welt-Tournee". Der Name leitet sich ab vom ursprünglichen Weltum über Welte und Weldt, auch Wehle spielte wohl eine Rolle. Egal, heute wird das Schild dieses originellen Ortsnamens gerne fotografiert. Die **St.-Michael-Kirche** stammt aus dem 13. Jh. und hier finden im Sommer immer etliche kulturelle Veranstaltungen statt.

## Tetenbüll

Mitten in diesem winzigen Dorf steht eine einzigartige Besonderheit, das **Haus Peters.** Dabei handelt es sich um ein kleines Häuslein, genau gegenüber der Kirche erbaut. Sein Äußeres zeigt nichts Spektakuläres, aber wer hineingeht, betritt eine andere Welt: die Welt eines Kaufmannsladens aus dem Jahr 1820 im Originalzustand! Ein volles Jahrhundert bis ins Jahr 1926 wurden hier alltägliche Waren überm Tresen verkauft, so wie bei vielen kleinen „Hökern" im Land. Fast schon ein Wunder, dass die Einrichtung all die Jahre überdauert hat. So der Ladentisch aus Eichenholz, die vielen Schubladen, in denen dütt un datt aufbewahrt wurde und nicht zuletzt die vier Fässchen an der Wand. Verkauft werden immer noch Kunsthandwerk, Töpferware, Bücher und hausgemachte Marmelade. Außerdem finden mehrmals im Jahr wechselnde Ausstellungen statt. Obendrein kann der Besucher auch die ehemaligen Privatgemächer der Betreiber besichtigen und damit einen Blick in die Wohn- und Lebenswelt des 19. Jh. werfen.

●**Haus Peters,** geöffnet: Di.–So. 14.00–18.00 Uhr, 1.6.–30.9. 11.00–18.00 Uhr, von Mitte Jan. bis Anfang März geschlossen. Eintritt ist frei.

## Westerhever

Hier in Westerhever steht der angeblich meistfotografierte **Leuchtturm** Deutschlands. Kann sein, kann nicht sein. Tatsache ist, dass der von zwei Häuschen flankierte Turm schon mehrfach für Werbeaufnahmen herhalten musste. Sowohl eine Bierbrauerei als auch eine Touristikpromotion nutzten ihn als motivische „location". Ist ja auch fotogen, wenn im milden Abendlicht ein paar Möwen vor dem rot-weißen Turm über sattgrünem Gras flattern und das Meeresblau farblich changiert. Erbaut wurde der Leuchtturm 1906 und er strahlt sein Licht aus einer Höhe von 41,5 Metern ab, man kann es 40 Kilometer weit sehen. Einen Leuchtturmwärter gibt es nicht mehr, Kollege Computer übernimmt die Steuerung seit 1979.

Man kann hier auch heiraten, es haben aber nur maximal 10 Personen in dem kreisrunden Trauzimmer Platz. Infos: Tel. (04862) 100026.

## Roter Haubarg

Ganz oben rechts auf der Eiderstedter Landkarte liegt Witzwort und dort steht er, der **berühmteste**

**Haubarg** überhaupt, der „Rote Haubarg". Wer hinfährt, mag sich vielleicht etwas wundern, denn der Rote Haubarg ist nicht rot, sondern weiß! Heute schmückt ihn ein mächtiges Reetdach, in früheren Jahrhunderten war er allerdings mit roten Ziegeln gedeckt, weil diese kostbarer als das überall wachsende Reet waren. So einfach entstehen manchmal bleibende Namen. Das wuchtige Haus bietet nicht nur von außen einen optischen Reiz, man kann es auch besichtigen. Die Grundfläche des Roten Haubargs misst etwa 1000 m², das Haus wird von 8 Ständern getragen. Das ursprüngliche Gebäude wurde 1647 erbaut und nach einem Brand 1759 erneuert. Obendrein ist heute hier ein **Lokal** mit einer gemütlichen Terrasse untergebracht.

## Das Eidersperrwerk

Eiderstedt ist eine Halbinsel, die von drei Seiten von Wasser umgeben ist: Im Norden fließt der Heverstrom nach Husum, im Westen grenzt die Halbinsel an die Nordsee und im Süden schlängelt sich die Eider vorbei bis tief ins Land hinein.

Bei jeder halbwegs größeren **Sturmflut** wurden immer wieder gewaltige Wassermassen in die Eider gedrückt, die in der Folge auch weit von der Nordsee entfernt liegende Orte überschwemmte. Auch die vielen Nebenflüsse, allen voran die Treene, waren dann von Hochwasser betroffen. Gleichzeitig spülte der Blanke Hans gewaltige Mengen Sand ins Mündungsgebiet, die bei Ebbe nicht mehr abflossen. Eine Sturmflut hatte also ziemliche Auswirkungen. 1962 kam es zu einer fürchterlichen Sturmflut, bei der im Großraum Hamburg 300 Menschen ertranken.

Danach wurde das **Konzept des Küstenschutzes komplett überdacht.** Die Idee war, alle Flüsse, die in die Elbe und die Nordsee münden, mit einem Fluttor zu versehen. Drohte eine Sturmflut, wollte man die Flüsse Oberkante Unterlippe

volllaufen lassen und dann das Tor zusperren – genial einfach.

Diese Idee wurde dann auch konsequent umgesetzt. Die kleinen Flüsse Pinnau, Krückau und Stör (münden alle in die Elbe) bekamen ihre **Sperrwerke,** sie funktionieren noch heute.

Mit der wesentlich breiteren **Eider** war es nicht ganz so einfach, aber das Prinzip wurde auch hier angewandt. Die Schwierigkeiten lagen u.a. darin, dass niemand voraussagen konnte, wie sich die Strömungsverhältnisse ändern würden. Immerhin fließen 50 Millionen Kubikmeter Wasser bei jeder Tide in die Eider und zurück. Wenn man da einen Riegel vorschiebt, wohin fließt das Wasser dann?

Nach langer Planung ging man in den 1960er Jahren ans Werk, verbaute 40.000 m³ Beton und 10.000 Tonnen Stahl. 170 Mio. Mark kostete der **Bau** und 1973 wurde das Sperrwerk eröffnet.

Ein kilometerlanger Deich wurde gebaut, fünf gewaltige Hubtore von 40 Meter Breite und eine eigene Schleusenkammer. Die **Hubtore** werden je nach Tide geöffnet – dann lassen sie das Wasser frei strömen – oder geschlossen, dann verriegeln sie den Zufluss. Über die separate **Schleusenkammer** können Schiffe bei jedem Wasserstand in die Eider fahren. Das gesamte Bauwerk ist heute nicht

nur ein wichtiger Bestandteil des Küstenschutzes, sondern auch eine Touristenattraktion.

Und ganz nebenbei entstand durch den Bau eine nagelneue **Straße.** Dadurch musste der Urlauber nicht mehr ganz nach Tönning hochfahren, sondern konnte über das Eidersperrwerk schneller zu den Stränden gelangen und 30 km sparen – ein angenehmer Nebeneffekt.

Fußgänger können oberhalb der Fahrbahn einmal hinüber gehen und das beeindruckende Bauwerk aus der Nähe bewundern. Direkt am Sperrwerk gibt es auf beiden Seiten Parkplätze.

## Katinger Watt

Der Bau des Eidersperrwerks beeinflusste auch das Mündungsgebiet der Eider, denn das Katinger Watt wurde mitsamt seinem Vorland eingedeicht. Das Gebiet entwickelte sich dadurch zu einem **eigenständigen Naturraum,** der aus Feuchtwiesen, Prielen, Teichen mit Schilfwiesen, aber auch weitläufigen Grünflächen besteht. Diese Idylle lockte im Laufe der Zeit immer stärker Vögel an und schließlich stellte man das Katinger Watt unter Naturschutz. Besucher können sich im **Informationszentrum,** dem Lina-Hähnle-Haus, einen ersten Überblick verschaffen. Vertiefende Einblicke versprechen zwei in der Nähe gelegene, getarnte **Beobachtungshütten** und der offen stehende, 13 Meter hohe **Turm.**

●**Informationszentrum Katinger Watt,** geöffnet: 1.4.– 31.10. täglich 10.00–18.00 Uhr, Eintritt: Erw. 1,50 €, Kinder 1 €, zu erreichen über die Straße zum Eidersperrwerk oder mit einem Verbundticket, das auch im Multimar Wattforum in Tönning und in der Seehundstation Friedrichskoog gilt.

**Gastro-
nomie**

●**Schankwirtschaft Andresen,** Katingsiel 4, Tel. 370. Ein wenig Kultcharakter hat diese nett gelegene Kneipe mit ihrem charmant-raubeinigem Wirt schon. Sie liegt direkt hinterm Deich und ist legendär für den hausgemachten Eiergrog. Zu finden: Von der Straße zum/vom Eidersperrwerk abbiegen in die Rixbüller Straße. Dann nach ca. 1 km rechts ab in die Straße Katinger Siel und bis zum Deich fahren, dort hinten ist das Lokal.

*Nordfriesland*

Tønder

Sylt · *Hindenburgdamm*

Rickelsbüller Koog

Rurbøl

Aventoft

Rödenäs

Rosenkranz

Klanxbüll

Seebüll

Neukirchen

Friedrich-Wilhelm-Lübke-Koog

Karrharder Gottes-koog

Horsbüll

Emmelsbüll

Bökingharderkoog

NSG
Nordfriesisches
Wattenmeer

Göttes-koog

Marien-koog

Albrechts-Koog

Niebüll

Risum-

Föhr

*Dagebüll Hafen*

Dagebüll

Midlum

Devenum

Alkersum

Wrixum

Niblum

Faretoft

Hauke-Haien-Koog

Wyk auf Föhr

*Oland*

*Schlütt-siel*

Ockholmer Koog

Amrum

*Langeness*

Ockholm

Sönke-Nissen-

Nordmarsch

Treuberg

Gröde

*Habel*

Rixwarf

Gröde-Appelland

*Hamburger Hallig*

*Seevogel-schutzgebiet*

Hanswarft

*Hooge*

Hooger Fähre

Moordamm

*Nordstrandischmoor*

Waldhusen

Tammensiel

Ostersiel

Norderhafen

*Pellworm*

*Struckahnungs-hörn*

Süder-mitteldeich

NSG Nordfriesisches Wattenmeer

Westerdeich

Süde

*Süderoog*

*Südfall*

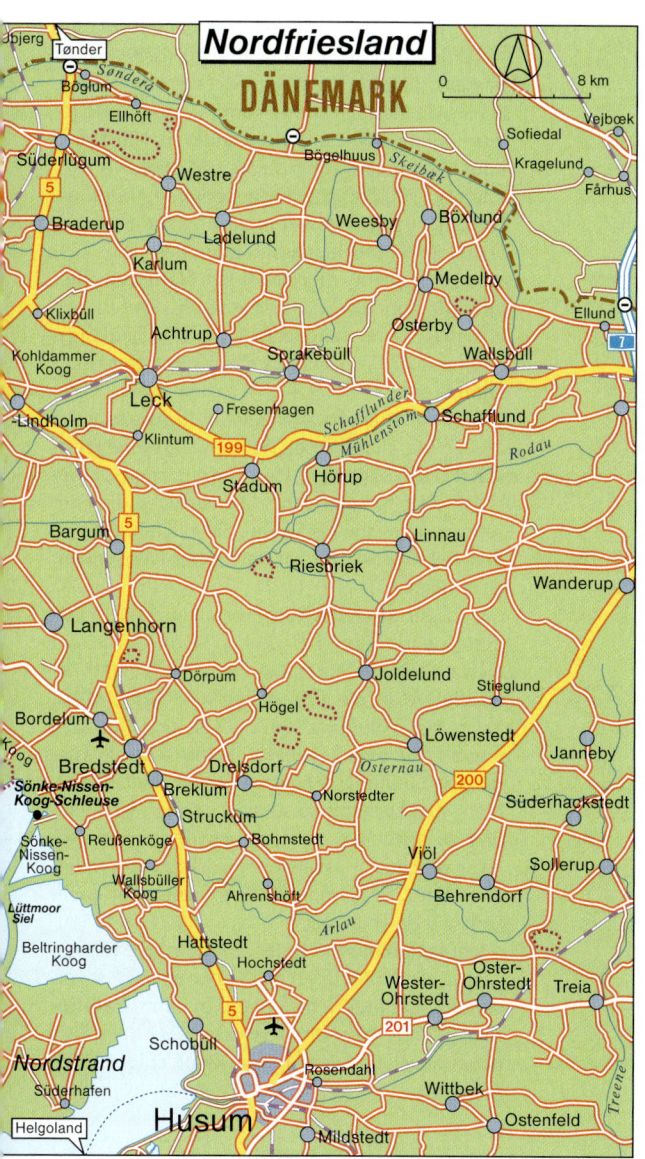

**Nordfriesland**

**DÄNEMARK**

0 ————— 8 km

Nordfriesland

Ibjerg
Tønder
Bøglum
Sønderå
Ellhöft
Westre
Bögelhuus
Skelbæk
Sofiedal
Kragelund
Fårhus
Vejbœk
Süderlügum
Weesby
Böxlund
Braderup
Ladelund
Medelby
Karlum
Klixbüll
Achtrup
Österby
Wallsbüll
Ellund
Kohldammer Koog
Sprakebüll
Leck
Fresennagen
Schafflunder
Mühlenstrom
Schafflund
Rodau
-Lindholm
Klintum
199
Hörup
Stadum
Bargum
5
Linnau
Riesbriek
Wanderup
Langenhorn
Dörpum
Joldelund
Stieglund
Högel
Löwenstedt
Janneby
Bordelum
Bredstedt
Drelsdorf
Osternau
200
Süderhackstedt
Sönke-Nissen-Koog-Schleuse
Breklum
Norstedter
Struckum
Bohmstedt
Viöl
Sollerup
Sönke-Nissen-Koog
Reußenköge
Wallsbüller Koog
Ahrenshöft
Behrendorf
Lüttmoor Siel
Arlau
Beltringharder Koog
Hattstedt
Hochstedt
Wester-Ohrstedt
Oster-Ohrstedt
Treia
Treene
5
201
Schobüll
Nordstrand
Rosendahl
Wittbek
Süderhafen
Helgoland
Husum
Mildstedt
Ostenfeld

Nordfriesland wird seit über 1000 Jahren von den Nordfriesen besiedelt, aber eine politische Einheit namens „Nordfriesland" existiert erst seit 1970. In Schleswig-Holstein wurde damals eine Gebietsreform durchgeführt und der **Landkreis Nordfriesland** mit dem Autokennzeichen NF entstand.

Knapp 160.000 Menschen leben in Nordfriesland, nicht ganz ein Viertel davon auf den Inseln. Damit ist schon viel gesagt, denn das kleine Gebiet wurde schon frühzeitig durch **Naturgewalten** geformt, modelliert und zerrissen. Der Blanke Hans war immer allgegenwärtig, seit Siedlungsbeginn im 7. Jh. kämpfen die Friesen gegen die Sturmfluten.

Allzu viel Aufheben machten die schweigsamen Friesen nie. Flugs kamen sie unter **dänische Herrschaft,** bis Mitte des 19. Jh. wehte der „Danebrog" über Nordfriesland. Das ertrugen die Friesen, da sie relativ frei waren: Sie zählten nicht zu den Leibeigenen, hatten dafür aber Deichpflicht zu erfüllen.

Und der **Küstenschutz** war allemal das wichtigste, denn alljährlich bedrohen Stürme Küste und Inseln. Mehrere Sturmfluten gingen als „Jahrhundertfluten" in die Geschichte ein (1362, 1634, 1825, 1962) und brachten viel Leid und Not. Küstenschutz war und bleibt das beherrschende Thema. Die Grundbesitzer waren verpflichtet, ihr Gebiet einzudeichen und somit auch die Allgemeinheit zu schützen. „Wer nicht will deichen, der muss weichen" – keine leere Floskel, sondern bitterer Ernst. Wer seiner Deichpflicht nicht nachkam, wurde enteignet.

Heute kümmert sich der Staat um den Küstenschutz, die Nordfriesen bleiben trotzdem fest verwurzelt auf ihrer Scholle. Und in ihren **Traditionen,** z.B. der friesischen Sprache. Dies zeigt sich neuerdings auch wieder in zweisprachigen Ortsschildern.

# Husum

„Am grauen Strand, am grauen Meer
und seitab liegt die Stadt;
der Nebel drückt die Dächer schwer,
und durch die Stille braust das Meer."

*Theodor Storm* muss widersprochen werden, Husum ist **keineswegs grau!** Jedenfalls nicht an einem schönen Sommertag, wenn man ganz entspannt in einem Café am Hafen sitzt und auf die bunten Fischerboote schaut. Oder den Blick über die bunten Häuserzeilen schweifen lässt. Oder durch die engen Gassen stromert und die blühenden Rosen bewundert, die sich an jedem zweiten Haus hochranken. Oder gar im März, wenn im Schlosspark Millionen von Krokussen blühen, eine lila Farbenpracht sondergleichen! Wer behauptet da noch, Husum sei grau?

## Geschichte

Eine erste Erwähnung in den Chroniken datiert aus dem Jahr **1252.** Damals gab es eine Schlacht zwischen friesischen Stämmen und dem dänischen König *Abel,* es ging natürlich ums liebe Geld. Die starrköpfigen Friesen wollten keine höheren Steuern zahlen, *Abel* zog daraufhin zu Felde und erlag daselbst am Mildedamm bei „Husumbro" (Husumbrücke).

Ein gutes Jahrhundert später ereignete sich ein schreckliches Unglück, das aber für Husum viele Vorteile brachte. 1362 überspülte die **„Grote Mandränke",** eine der gewaltigsten Sturmfluten der Geschichte, weite Teile der Küste. Das Land wurde zerrissen, Inseln versanken, Landstriche wurden dauerhaft unter Wasser gesetzt und Husum war über Nacht zur **Hafenstadt** geworden. Die Husumer nutzten die traurige Gunst der Stunde und richteten einen Marktplatz ein. Nun konn-

Nordfriesland

ten Waren auch aus weiter entfernten Orten per Schiff direkt angeliefert werden und es entwickelte sich rasch ein **reges Markttreiben.** 1448 war man dann so selbstbewusst, sich von vorgesetzter Stelle, dem Kirchspiel Mildstedt, zu lösen. (Mit der Einweihung einer eigenen Kirche 1507 war die Loslösung dann komplett.) In jenen Jahren wuchs Husum auf gut 3000 Einwohner und entwickelte sich zum wichtigsten Hafen- und Marktplatz an der Westküste.

1472 kam dann der **Rückschlag.** Die Husumer wollten endlich Stadtrechte erlangen und beteiligten sich an einem Aufstand gegen den dänischen *König Christian I.* Aber die Erhebung schlug fehl und das Imperium grausam zurück. Mit den Stadtrechten wurde es erstmal nichts, die Anführer wurden exekutiert und obendrein hagelte es eine unglaublich hohe Strafsteuer. Einige Familien sollen angeblich noch nach 400 Jahren daran geknabbert haben. 1603 erhielt Husum dann doch die Stadtrechte.

Der ab 1544 im Norden regierende *Herzog Adolf* sorgte für einige Neuerungen. So gab er 1577 den Anstoß, ein **Schloss** zu bauen, an dem dann noch viele Jahre gewerkelt wurde. 1634 zerschlug eine **zweite „Mandränke"** die Küste. Husum selbst war nicht so sehr betroffen, aber viele Bauern und Fischer aus der Umgebung, die regelmäßig zum Markt gekommen waren, verloren Hab und Gut, viele auch ihr Leben. Der wirtschaftliche Höhenflug war damit zunächst beendet.

Erst als Husum 1867 mitsamt den Herzogtümern Schleswig und Holstein in den preußischen Staat überging, kam wieder Schwung in die Entwicklung. Das zeigte sich z.B. im Bau einer Bahnlinie von Hamburg entlang der Westküste hoch nach Tøndern. In jenen Jahren fand in Husum ein wichtiger **Viehmarkt** statt, speziell Ochsen wurden von weit hergetrieben. Die Tiere transportierte man im großen Stil per Schiff nach England oder per Bahn nach Hamburg zu den Schlachthö-

64-4ns Foto: fr

**Nordfriesland**

fen. In den 1920er Jahren nahm die Bedeutung des Viehmarktes ab. Nach dem Zweiten Weltkrieg lebte er zwar noch einmal auf, aber 1970 fand der endgültig letzte Viehmarkt in Husum statt.

Im gleichen Jahr wurde die Stadt Sitz des neuen Kreises Nordfriesland und der **Tourismus** entwickelte sich immer stärker zu einem entscheidenden wirtschaftlichen Faktor. Experten schätzen, dass im Sommer an die 1000 bis 2000 Gäste pro Tag kommen.

## Sehenswertes

**Rundgang**    Das **nette Stadtbild** mit dem Hafen, dem Marktplatz, den engen Gassen und dem Schlosspark erschließt sich in einem gemütlichen Spaziergang. Hübsch verstreut liegen unterwegs mehrere **Museen** unterschiedlichster Ausrichtung.

Husum – Marktplatz mit Tine-Figur

| | | |
|---|---|---|
| 🏠 | 1 | Hotel Am Schlosspark |
| Ⓜ | 2 | Poppenspäler-Museum |
| ★ | 3 | Schlossgarten (Krokusblüte März/April) |
| ★ | 4 | Theodor-Storm-Denkmal |
| ♠ | 5 | Schloss |
| 🏠 | 6 | Theodor-Storm-Hotel |
| Ⓜ | 7 | Ostenfelder Bauernhaus |
| ❶ | 8 | Schiffskartenverkauf |
| ◐ | 9 | Fischhaus Loof, Friesenkrog |
| ◐ | 10 | Ewalds Fischmarkt |
| ★ | 11 | Theodor-Storm-Haus |
| ◐ | 12 | Compass |
| ◐ | 13 | Hafencafé |
| ◐ | 14 | Tante Jenny und weitere Lokale |
| ❶ | 15 | Touristen-Information |
| ◐ | 16 | Jacqueline's Café |
| ◐ | 17 | Rest. Historischer Braukeller |
| ★ | 18 | Theodor-Storm-Geburtshaus |
| ★ | 19 | Marktplatz |
| ◐ | 20 | Rest. Ban-Thai |
| ◐ | 21 | Rest. Osterkrug |
| ⅱ | 22 | Kloster |
| ★ | 23 | Theodor-Storm-Grab |
| 🏠 | 24 | Hotel Hinrichsen |
| 🏠 | 25 | Hotel und Restaurant |
| ◐ | | Altes Gymnasium |
| Ⓜ | 26 | Schifffahrtsmuseum |
| 🏠 | 27 | Thomas Hotel |
| Ⓑ | 28 | Busbahnhof |
| Ⓜ | 29 | NordseeMuseum |

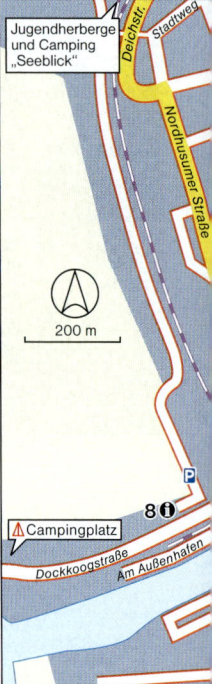

Husums zentraler Punkt ist der **Marktplatz,** dort befinden sich die Touristeninformation, der Tinebrunnen und die Marienkirche.

Die **Figur der Tine** schaut Richtung Meer als Sinnbild von Fischhandel und Viehmarkt. Sie zeigt eine junge Halligfriesin, die zunächst von den Husumern abgelehnt wurde. Grund: Sie trägt Holzschuhe, was zur damaligen Zeit als ärmlich angesehen wurde. Später aber wurde sie dann doch von der Bevölkerung angenommen.

Die **St.-Marien-Kirche** wurde zwischen 1829 und 1833 erbaut, nachdem eine erste, deutlich ältere Kirche abgerissen werden musste. Der schlanke Kirchturm ist einem Leuchtturm nachempfun-

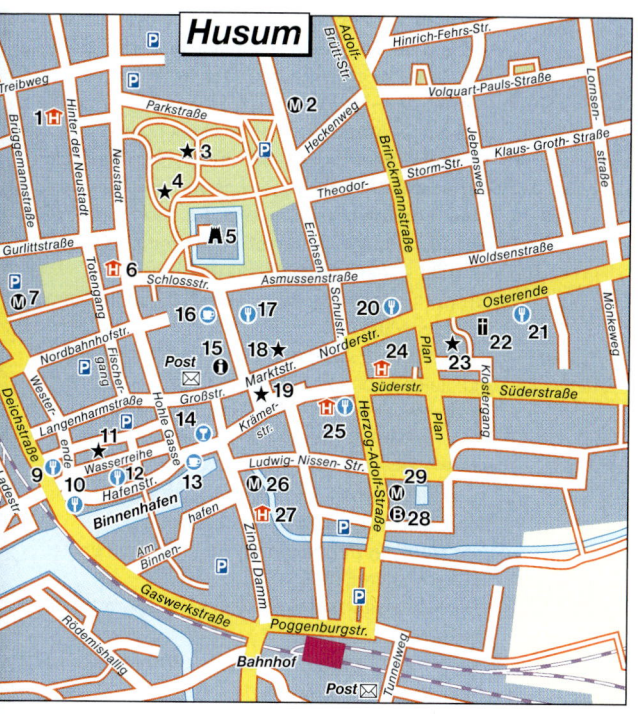

den. Die Pläne für den Bau der Kirche erstellte der damals sehr gefragte Architekt *Christian Frederik Hansen,* dessen Eltern aus Husum stammten und der in Hamburg sehr viele noch heute existierende Bauwerke schuf. Die Kirche steht auf einer Art Podium und ist umgeben von **40 Linden** in Doppelreihen. Der Abstand zwischen den Bäumen entspricht im Inneren dem Säulenabstand, ein Versuch, Natur und Architektur zu verbinden.

Ein Teil der ursprünglichen Kunstschätze wurden übernommen, so die 1643 erschaffene Messingtaufe. Von hier führt der Spaziergang zum Husumer **Schloss** und ebenso schnell erreicht man in entgegengesetzter Richtung den **Hafen.** Dort wird man regelrecht verführt, sich auf der Terrasse in einem der vielen Lokale entlang des Hafens niederzulassen. Die typischen Krabbenkutter liegen aber zumeist im Außenhafen, von dort starten auch einige Ausflugsschiffe zu kleinen Törns.

Dem berühmten Erzähler und Lyriker **Theodor Storm,** der 1817 in Husum geboren wurde und lange hier lebte, kann niemand entkommen. An folgenden Punkten kann man beim Bummel durch die Stadt seinem Vermächtnis begegnen:

In der Osterstraße liegt seine **Grabstelle** beim St.-Jürgens-Stift.

Am Markt 9 befindet sich sein **Geburtshaus** und gleich nebenan das **Storm Café.** Das Zimmer mit den zwei Fenstern über dem Schriftzug „Jensen Uhren" war der Raum, in dem seine Wiege stand.

In der Hohlen Gasse 3 steht das **Elternhaus** von Storm, dort verbrachte er seine Kindheit.

Im **Haus an der Neustadt 56** lebte der Dichter 1818–1820 und 1845–1853.

Im Schlossgarten kann man eine **Stormbüste** anschauen.

In der Süderstraße 12 steht das **Wohnhaus,** wo er mit seiner ersten Frau *Constanze* lebte.

Im **Theodor-Storm-Haus** an der Wasserreihe 31 lebte und arbeitete der Dichter in einer späteren Lebensphase.

Wer die in diesem Buch vorgestellten Sehenswürdigkeiten und noch weitere historische Gebäude in einem verbindenden Spaziergang kennen lernen möchte, kann einem eigens geschaffenen „Kulturpfad" folgen. Insgesamt 32 Punkte werden angesteuert, ein Prospekt der Touristeninformation liefert die nötige Wegbeschreibung und vertiefende Erklärungen.

**Nordsee Museum**

Das NordseeMuseum im Nissenhaus sollte sich niemand entgehen lassen. Es erklärt sehr eindringlich an mehreren interaktiven Stationen viele Fragen zum Thema „Nordsee": Sage und Wahrheit um die **versunkene Insel Rungholt.** Oder: Wie fühlt sich Sturm an? Weiterhin: Techniken des Deichbaus, Entstehung eines Koogs, Sturmfluten, Bauernhäuser in Nordfriesland, friesische Dialekte und außerdem werden Tiere im Wattenmeer vorgestellt. Ein Bereich ist auch dem Namensgeber gewidmet. Im Untergeschoss befindet sich das nette Café Brütt.

● **NordseeMuseum,** Herzog-Adolf-Str. 25. Geöffnet: April–Okt. tägl. 10.00–17.00 Uhr, Nov.–März tägl. außer Mo. 11.00–17.00 Uhr. Eintritt: 5 €.

## Schloss

Das Husumer Schloss heißt „Schloss vor Husum", weil es einmal vor den Toren der Stadt lag. Heute überquert man eine stark befahrene Straße und taucht ein in den weitläufigen **Schlosspark.** Direkt an dieser Straße steht das ehemalige **Torhaus,** ein eindrucksvolles weißes Gebäude aus dem Jahr 1612.

Das **Schlossgebäude** wurde von 1577 bis 1582 errichtet. Es präsentiert sich noch heute in U-Form mit einem hervorstechenden Mittelturm. Zu besichtigen sind verschiedene Räume, die heute hauptsächlich zur Ausstellung von Gemälden genutzt werden, sowie die Schlosskapelle.

Herausragend sind mehrere gewaltige **Kamine aus Alabaster,** vor allem der Todeskampfkamin im Rittersaal aus dem Jahr 1616. Der Name stammt vom Motiv des Frontreliefs, auf dem der Kampf des Lebens mit dem Tod dargestellt wird – ein Gerippe (der Tod) schießt mit Pfeil und Bogen auf Mensch und Tier. Der zweitgrößte ist der Kamin der Glücksgöttin Fortuna. Hier ist auf dem Mittelrelief erkennbar, wie Fortuna einen Schleier über Pechvögel (links) und Glückspilze schwingt.

Im Schlossgarten befindet sich das **Schloss Café,** das von Hörgeschädigten geführt wird. Deswegen muss jeder Gast auf einem Bestellzettel seine Wünsche ankreuzen, bei Rückfragen sehr deutlich sprechen und dabei die Bedienung anschauen, damit diese von den Lippen ablesen kann.

Nordfriesland

● **Schloss vor Husum:** Ferdinand-Tönnies-Allee. Geöffnet: März bis Okt. tägl. außer Mo. 11.00–17.00 Uhr, Nov.–Febr. Sa./So. 11.00–17.00 Uhr. Eintritt: 3,50 €, Familien 7 €.

**Osten-
felder
Bauern-
haus**

Das Ostenfelder Bauernhaus ist das **älteste deutsche Freilichtmuseum,** es wurde bereits 1899 gegründet.

Das **Bauernhaus** stammt aus dem kleinen Ort Ostenfeld (bei Husum) und wurde vor 1600 erbaut. Einst umfasste es eine Diele, zwei Stall- und zwei Wohnabseiten sowie die Herdstelle. Das historische Gebäude wurde nach einigen Umbauten schließlich 1899 nach Husum gebracht. 1986 brannte es leider ab und musste gründlich renoviert werden, deshalb wirken die Außenwände auch noch so relativ frisch. **Innen** sind vor allem handwerkliches Gerät, ein alter Pferdewagen, originalgetreue Wohn- und Arbeitsbereiche sowie die engen Schlaf-Sitz-Betten zu bewundern.

● **Ostenfelder Bauernhaus:** Nordhusumer Str. 13, Tel. 2545. Geöffnet: April–Okt. Di., Mi., Do. 13.30–17.00 Uhr. Eintritt: Erw. 2,50 €, Kinder (6–17 Jahre) 2 €, Familien 5 €.

**Theodor-
Storm-
Haus**

Im Theodor-Storm-Haus lebte der Dichter von 1866 bis 1880 und schrieb 20 Novellen. Es ist ein Haus im Stil eines **Althusumer Bürgerhauses** mit drei Etagen und kleinem Garten.

Der Besucher durchwandert fast automatisch ehrfurchtsvoll die **Räume** – auf knarzenden Bohlen, durch zu niedrige Türrahmen und über enge Treppen. Neben Möbeln, Bildern und Einrichtungsgegenständen finden sich immer wieder Hinweise auf den Schriftsteller, seine Freunde, Familie, Übersetzungen seiner Werke und Faksimiles seiner Handschriften. Darüber hinaus werden an bestimmten Terminen auch **Vorträge** über sein Werk und sein Leben in diesem Haus gehalten.

Übrigens hatten die Häuser auf der Straßenseite, an der das Storm-Haus steht, tatsächlich einmal freie Sicht aufs Wasser, alle anderen Häuser kamen später hinzu.

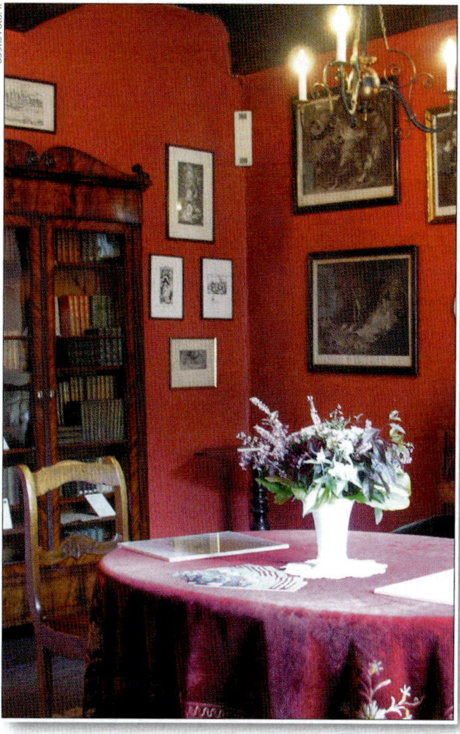
659ns Foto: fr

Nordfriesland

• **Theodor-Storm-Haus:** Wasserreihe 31, Tel. 666270. Geöffnet: April–Okt. Di.–Fr. 10.00–17.00 Uhr, Sa 11.00–17.00 Uhr, Mo., So. 14.00–17.00 Uhr. Nov.–März Di., Do., Sa. 14.00–17.00 Uhr. Eintritt: Erw. 3 €, Kinder 2 €.

Im Theodor-Storm-Haus

## Lila Pracht
## im kalten Monat März

Zumeist im kalten Monat März erlebt Husum einen touristischen Massenansturm, über den andere Urlaubsorte im Hochsommer froh wären. Der Grund: Die Krokusse blühen. Der gesamte Schlossgarten verwandelt sich in ein Meer lilafarbener Krokusse. Gezählt hat sie niemand, aber es sollen an die 4 Millionen Pflanzen sein, die übrigens völlig wild wachsen.

Über die Ursprünge kursieren zwei Legenden, in beiden geht es um die Gewinnung von Safran. Eine Geschichte sagt, dass Mönche die Krokusse anpflanzten, um später aus der gewonnenen Farbe ihre Gewänder einzufärben. Eine andere, ebenfalls glaubwürdige These vermutet, dass sie gezüchtet wurden, um Zuckergebäck schmackhafter zubereiten zu können.

Wie dem auch sei, aus den hier wachsenden Pflanzen gelang nicht, Safran zu gewinnen. Es war schlicht die falsche Krokusart. Also gab man den Versuch einfach auf und überließ die Krokusse sich selbst. Und so blühen sie seit Jahrhunderten immer wieder auf und verwandeln den Schlosspark in ein lilafarbenes Meer.

**Schiff-
fahrts-
museum**

Das Schifffahrtsmuseum schreibt sich im Original noch mit zwei Eff, aber wir wollen mal fortschrittlich sein. Es liegt beim Hafen und gibt einen Einblick in die **Welt der Küstenseefahrt** über mehrere Jahrhunderte. Die Ausstellung ist in thematische Gruppen unterteilt. So widmet sich ein Raum dem Holz-, ein anderer dem Metallschiffbau, wieder andere dem Krabben- und Walfang.

Schmuckstück der Ausstellung ist das **Uelvesbüller Wrack,** ein niederländischer Lastensegler aus dem 16. Jh., vor Eiderstedt im Watt gefunden.

● **Schifffahrtsmuseum:** Am Zingel 15, Tel. 5257. Geöffnet: tägl. 10.00–17.00 Uhr. Eintritt: Erw. 3 €, Kinder 1,50 €, Familien 7,50 €. Jeden 4. Sonntag im Monat freier Eintritt.

**Poppen-**
**späler-**
**Museum**

Das Poppenspäler-Museum ist einer der bekanntesten Figuren von *Storm* (Pole Poppenspäler), einem Puppenspieler, gewidmet. Ausgestellt werden zahlreiche **Marionetten.**

● **Poppenspäler-Museum:** Erichsenweg 23, Tel. 63242, www.pole-poppenspaeler.de. Geöffnet: täglich außer Sa. 14.00–17.00 Uhr, Eintritt 2 €. Im Sommer steht ein Poppenspälerwagen vor dem Gebäude der Stadtwerke, am Binnenhafen 1, Ecke Zingel. In diesem Jahrmarkt- und Puppenspielerwagen finden regelmäßig Vorführungen statt, meist am Nachmittag, genaue Termine hängen am Wagen aus.

**Der Hafen**

Der Hafen ist heute eine richtig angenehme kleine Flaniermeile geworden. Kaum zu glauben, dass vor etwas mehr als einer Generation sich hier noch der gesamte Durchgangsverkehr durchquälte. Vorbei und vergessen! Heute spazieren Besucher ganz entspannt entlang der **Hafenstraße** und können sich in einem der Lokale (fast alle mit Terrasse) stärken. Die lieben Kleinen erkunden derweil die Spiellinie. An der Hafenstraße steht auch der **„Speicher",** ein Kulturzentrum, wo regelmäßig Husums alternative Kulturszene auftritt.

● **Speicher,** Hafenstr. 17, Tel. 65000, www.speicher-husum. de.

Am oberen Bereich an der Hafenstraße 3 befindet sich eine **Ausstellung** im Nationalparkhaus zum Thema Nationalpark Wattenmeer.

● **Geöffnet:** Mo.–Sa. 10.00–18.00 Uhr, So. ab 14.00 Uhr.

Am entgegengesetzten Ende erhebt sich ein Sturmflutpfahl, der die Pegelhöchststände der letzten Sturmfluten anzeigt.

## Praktische Reisetipps

**Info**

● **PLZ:** 25813.
● **Vorwahl:** 04841.
● **Einwohner:** 20.700.
● **Touristeninformation:** Großstr. 27, Tel. 89870, Fax 898790. Zimmervermittlung: Tel. 898720, E-Mail: tourist@husum.de, www.husum-tourismus.de.

## Theodor Storm und Husum

*Theodor Storm* ist das geflügelte Wort über Husum als die „graue Stadt am Meer" zu verdanken.

Am 14.9.1817 in Husum geboren, schlägt er wie sein Vater die Juristenlaufbahn ein. Storm studiert in Kiel und Berlin Jura, schreibt nebenbei Gedichte und kehrt aus der Großstadt Berlin wieder zurück in die graue Stadt. 1843 lässt er sich dort wie sein Vater als Anwalt nieder.

Aber die Dichtkunst lässt ihn nicht los und Husum, das Meer und Friesland ebenso wenig. 1846 heiratet *Theodor Storm Constanze Esmarch,* nur ein Jahr später entwickelt sich eine Beziehung zu *Dorothea Jensen.* Das geht nicht lange gut, *Dorothea Jensen* verlässt 1848 Husum. Im gleichen Jahr wird von seiner Ehefrau Sohn *Hans* geboren.

1849 veröffentlicht *Storm* die Novelle „Immensee", seitdem trägt er das Etikett des „Heimatdichters". *Theodor Fontane* urteilt drastisch, dass *Storm* nicht ernst zu nehmen sei, mit seiner „.... jedes vernünftige Maß überschreitenden lokalpatriotischen Husumerei". Aber *Storm* bleibt, arbeitet als Anwalt und schreibt nach Feierabend Gedichte und Novellen.

Dann spült ihn die politische Großwetterlage doch aus seinem geliebten Husum fort. *Storm* unterzeichnet eine Protestnote gegen die dänische Herrschaft in Friesland und verliert daraufhin seine Zulassung. Er geht ins Exil nach Potsdam, arbeitet dort am Gericht und schreibt weiter nebenher. 1856 wird er Richter in Heiligenstadt.

1864 ändert sich die politische Situation im Norden, **Storm** kann nach Husum zurückkehren. Er wird dort Landvogt. 1865 stirbt seine Frau *Constanze,* ein Jahr später heiratet er *Dorothea Jensen.* 1868 wird er Amtsrichter in Husum und bleibt doch weiterhin Schriftsteller.

Nach und nach erscheinen seine bekanntesten Werke, 1874 die Novelle „Pole Poppenspäler", 1876 „Aquis Submersus", 1878 „Carsten Curator". 1880 wird *Storm* pensioniert, daraufhin siedelt er um nach Hademarschen. Dort entsteht die Novelle „Die Söhne des Senators". In den folgenden Jahren werden weitere bemerkenswerte Stücke veröffentlicht („Bötjer Basch"), aber erst 1888 gelingt es ihm sein berühmtestes Werk, „Der Schimmelreiter", zu beenden. Am 4. Juli stirbt *Theodor*

148ns Foto: fr

*Storm*, kurz nach Fertigstellung des „Schimmelreiters" am 9. Februar.

Erzählt wird im „Schimmelreiter" die Geschichte vom Aufstieg des *Hauke Haien* aus einfachen Verhältnissen zum angesehenen Deichgrafen, der mit seinen Ansichten seiner Zeit weit voraus war. *Hauke Haien* schuf neue, abgeflachte Deiche, die die alten, steil errichteten ersetzen sollten. Die Bevölkerung, die *Hauke* Kraft seines Amtes zum Deichbau verpflichtete, lehnte seine „neuen" Deiche ab. Die Erzählung endet mit dem Deichbruch in einer Sturmnacht und dem Untergang vom Deichgrafen *Hauke Haien* und seiner Familie in den Fluten.

So wird in der letzten von 85 Novellen noch einmal *Storms* zentrales Thema deutlich: die friesische Landschaft, in der ein Einzelner gegen unüberwindbare Mächte von Schicksal, Engstirnigkeit und Aberglauben vergebens ankämpft und letztlich scheitert. Und es wird klar, dass *Storms* „Husumerei" bestenfalls räumliche Enge bedeutet, keinesfalls geistige. Er sagte selbst: „Ich bedarf äußerlich der Enge, um innerlich ins Weite zu gehen". Das ist ihm im „Schimmelreiter" meisterhaft gelungen.

●**Hotel Hinrichsen** €€€, Süderstr. 35, Tel. 89070, Fax 2801, www.hotel-hinrichsen.de. Ein kleines, schmales Gebäude mit zwei Etagen, das ein klein wenig vom Zentrum entfernt liegt; es wurde bereits als „Gastliches Haus" ausgezeichnet.

●**Romantik Hotel Altes Gymnasium** €€€€€, Süderstr. 6, Tel. 8330, Fax 83312, www.altes-gymnasium.de. Ein Luxushotel, das keine Wünsche offen lässt. Untergebracht ist es in einer ehemaligen Schule aus dem Jahr 1866 und es bietet 72 großzügig ausgestattete Zimmer.

●**Theodor-Storm-Hotel** €€€€, Neustadt 60–68, Tel. 89660, Fax 81933, www.theodor-storm-hotel.de. Das 50-Zimmer-Haus liegt unweit vom Schloss und ist ein historisches Gebäude mit nettem Biergarten und eigenem Brauhaus, zählt zur Best Western-Gruppe.

●**Hotel Am Schlosspark** €€€€, Hinter der Neustadt 74–86, Tel. 66110, Fax 62062, www.hotel-am-schlosspark-husum. de. Ein nicht zu großes Haus mit 36 Zimmern in ruhiger Lage unweit vom Schloss.

●**Thomas Hotel** €€€€, Zingel 9, Tel. 66200, Fax 81510, www.thomas-hotel.de. Ein zweckmäßig und modern eingerichtetes Hotel mit 43 Zimmern, in unmittelbarer Nähe zum Hafen gelegen.

●**Husumer Campingplatz,** Dockkoog 17, Tel. 61911, Fax 4402, www.husum-camping.de. Liegt an der Nordsee, zur City sind es knapp 3 km.

●**Campingplatz Seeblick**, Nordseestr. 39, Tel. 3321, Fax 5773, www.camping-seeblick.de. Im benachbarten Schobüll direkt am Wattenmeer gelegen, etwa 3 km vom Zentrum entfernt.

●**Jugendherberge,** Schobüller Str. 34, Tel. 2714. Liegt schon etwas außerhalb des Zentrums in Richtung der Nachbargemeinde Schobüll.

●**Stellplatz für WoMos:** Loof's Wohnmobilhafen, Dockkoogstr. 2, Tel. 2034. Stellplatz mit Entsorgungsstation zwischen Dockkoog und Hafen gelegen.

●**Restaurant Altes Gymnasium,** Süderstr. 6, Tel. 8330. Ein Lokal der gehobeneren Gastronomie-Klasse, dem Ambiente des angeschlossenen Hotels angemessen. Als ausgesprochener Hit gelten hier die fünf- bis siebengängigen Menüs.

●**Restaurant Ban-Thai,** Norderstr. 57, Tel. 2823. Thailändische Spezialitäten, auch Mittagstisch.

●**Osterkrug,** Osterende 56, Tel. 2885. Ein modernes Haus, das bereits mehrfach ausgezeichnet wurde, auf der Speisekarte dominieren Fisch- und Fleischgerichte.

●**Historischer Braukeller,** Schlossgang 7, Tel. 4956. Das Lokal liegt in dem kleinen, gemütlichen Gang, der vom Markt zum Schloss führt, die Gäste hocken in einem urigen Gewölbe. Hier gibt es preiswerte Gerichte rund um Pizza, Pasta und Fleisch.

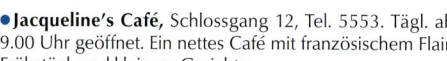
●**Jacqueline's Café,** Schlossgang 12, Tel. 5553. Tägl. ab 9.00 Uhr geöffnet. Ein nettes Café mit französischem Flair. Frühstück und kleinere Gerichte.

●Die gesamte Hafenmeile ist ein reizvolles Ensemble aus schicken, teils historischen Häusern, vielen Gaststätten mit Terrasse und einer Prise Meeresluft. Ausgehend von der Hafenspitze passiert man entlang der Straße Am Außenhafen einige beliebte Lokale, wie **„Tante Jenny"** wo es täglich ab 9.00 Uhr Frühstück gibt, ansonsten meist noch Fischgerichte. Oder auch **„Zur grauen Stadt am Meer",** Schiffbrücke 8–9, Tel. 89320. Hier werden hauptsächlich Fischgerichte gereicht.

Entlang der dann folgenden **Hafenstraße** liegen einige Lokale, die alle auf Fisch ausgerichtet sind. Dort dümpelt auch im Hafenbecken das **„Hafencafé"** auf einem Schiff an der Mole, ein historisches Restaurationsschiff, wo ab 12.00 Uhr warme Speisen serviert werden und am Sonntag ab 10.00 Uhr ein Frühstücksbüfett.

●**Compass,** Hafenstr. 12, Tel. 62577. Klassische Fischgerichte und ein ehrliches Bier am halbrunden Tresen.

●**Der Friesenkrog,** Kleikuhle 6, Tel. 81159. Liegt ein Stück weiter oben und bietet auf seiner teils plattdüütschen Speisekarte ebenfalls viel Fisch, aber auch regionale Gerichte.

●**Fischhaus Loof,** Kleikuhle. Rustikales Bistro mit netter Terrasse mit kleinen Gerichten und Fischbrötchen.

●**Ewalds Fischmarkt,** Hafenstr. 1, Tel. 839770. Der Glaskasten liegt direkt am Wasser und speziell in der oberen Etage hat man einen schönen Blick. Gute Fischgerichte und für den schnellen Hunger auch Fischbrötchen in die Faust.

## Aktivitäten

●**Bahnverbindung:** Von Husum gelangt man nach Westerland, aber auch nach St. Peter-Ording und quer durch das Land nach Schleswig.

●**Einkaufen:** Friesisches Teehaus Hansen, Neustadt 26, kleines, altehrwürdiges Geschäft.

●**Fahrradverleih:**
Zweirad Clausen, Osterende 94, Tel. 72975.
Radstation am Bahnhof, Tel. 805550.

●**Markt:** 7.00–13.00 Uhr Donnerstagvormittag.

●**Schiffsausflüge:** Die MS „Nordfriesland" geht ab Husum Außenhafen auf Fangfahrt, Gäste können mit. Termine schwanken stark, sind vor allem tideabhängig. Infos am Außenhafen, Tel. 2014 bis 2016. Außerdem geht es am Di. und Do. Mai–Sept. nach Helgoland mit der MS „Atlantis". Gäste fahren zunächst um 8.00 Uhr per Bus nach Büsum und entern dort das Schiff. Infos beim Schiffsmakler Schmid am Außenhafen, Tel. 2015.

●**Stadtführungen:** Vom 15.3. bis 31.10. starten täglich außer So. etwa zweistündige Führungen um 14.30 Uhr ab der Touristeninformation.

**Nordfriesland**

# Von Halligen
# und untergegangenen Inseln

„Heut bin ich über Rungholt gefahren,
die Stadt ging unter vor sechshundert Jahren."

Das dichtete *Detlev von Liliencron* vor mehr als einem Jahrhundert. Rungholt, das sagenhafte Rungholt, hat an der Küste ungefähr den Ruf wie das legendäre Atlantis, nur etwas bescheidener natürlich. Rungholt ist zwar weniger bekannt, dafür aber tatsächlich existent gewesen. So viel scheint nämlich sicher, dass Rungholt von der Sturmflut „Grote Mandränke" 1362 verschluckt wurde. Wattfunde lassen darauf schließen, dass die Insel einst bei Hallig Südfall lag, aber ganz sicher sind sich die Experten nun doch nicht. Ein bisschen Spökenkiekerei gehört dazu und noch immer flüstert man sich an Frieslands Tresen nach ein paar Grogs zu, dass der oder das mal wieder die Kirchenglocke von Rungholt in der bewegten See gehört habe. Uhaaa, wie schauerlich!

Rungholt jedenfalls versank im Meer, genau wie viele andere Inseln und Halligen. Die größte untergegangene Insel hieß Strand. Sie wurde bei der „Zweiten Groten Mandränke" 1634 in mehrere Stücke zerschlagen, in die heutigen Inseln Pellworm und Nordstrand nebst zweier winziger Halligen. 10.000 ertrunkene Menschen und 1300 zerstörte Häuser listet eine Chronik auf.

Rungholt und Strand sind aber nur die bekanntesten Unglücklichen, die von der Karte verschwanden. Sehr viel mehr kleine Halligen wurden ebenfalls ausradiert. Der Blanke Hans knabbert beständig seit Jahrhunderten an Küsten und Inseln, die Sylter können ein Lied davon singen! Wie viele Halligen bereits untergingen, kann niemand sagen. Als halbwegs gesichert gelten heute Angaben, die bis ins 12. Jh. zurückreichen. Vor allem bei den schweren Sturmfluten wurden von den Chronisten die Schäden registriert, nur so sind überhaupt einige der verschwundenen Halligen bekannt geworden.

*Peter Sax* und *Johannes Mejer*, zwei Kartografen des 17. Jh., zeichneten erste Landkarten von der Westküste. Auf diesen sind noch etliche Halligen verzeichnet, die es nicht mehr gibt. Insgesamt können Forscher heute bis zu 90 nicht mehr existierende Halligen benennen. Aber nicht alle versanken im Meer, einige wurden auch durch Eindeichung Teil des Festlandes, als bekanntester Ort sei Dagebüll, einstmals Hallig, genannt.

Halligen bleiben immer gefährdet, denn viel mehr als nicht eingedeichte Marschinselchen waren sie nie. Auch heute noch erschallt bis zu 50 Mal im Jahr der gefürchtete Ruf „Land unter!".

Das Fehlen eines Deiches macht eine Hallig übrigens per definitionem erst zur Hallig und nicht zur Insel. Hätten 4 der 10 noch existierenden Halligen nicht doch irgendwann mal einen Deich gebaut, würden Hooge, Langeness, Gröde und Oland vielleicht auch schon längst untergegangen sein. Und ob man die Hamburger Hallig und Nordstrandischmoor überhaupt noch als Hallig bezeichnen kann, darf auch ein wenig hinterfragt werden. Beide sind durch einen Damm mit dem Festland verbunden, genau wie Langeness und Oland übrigens.

Diese Wortklauberei wird die Bewohner wohl kaum interessieren. Und früher schon gar nicht. Vor noch gar nicht allzu langer Zeit war das Leben auf einer Hallig alles andere als ein Zuckerschlecken. Elektrizität gab es erst sehr spät und Wasser wurde zur Existenzfrage. Da das Grundwasser salzig war, stand den Halligbewohnern nur aufgefangenes Regenwasser zur Verfügung. In einer gemauerten Zisterne, Sood genannt, wurde Wasser für die Menschen gesammelt, im Fething, einer breiten offenen Kuhle, Trinkwasser für das Vieh. Wehe, wenn bei Flut Salzwasser in Fething oder Sood floss, dann wurde das mühsam gesammelte Nass ungenießbar. Mit teilweise schrecklichen Folgen für Mensch und Tier.

Das alles ist Geschichte, heute ist das Leben auf einer Hallig fast so bequem wie auf dem Festland. Wer heute auf einer Hallig lebt, weiß warum. Kommt klar mit der Einsamkeit, den gewaltigen Naturelementen und den Heerscharen von Tagesgästen. Findet nichts dabei, gleich für mehrere Wochen einzukaufen und nicht mal eben ins Kino gehen zu können. Irgendwie genießen sie ihren Sonderstatus. Wie beispielsweise bei den Bundestagswahlen. Da meldet Hallig Gröde als kleinste politische Gemeinde Deutschlands immer als erste das amtliche insulare Endergebnis. Ein paar Sekunden nach 18 Uhr!

Doch irgendwann werden alle Inseln und Halligen einmal den Weg allen Irdischen gehen müssen. Der Blanke Hans knabbert unaufhörlich, zerrt und zieht, holt sich Stück für Stück. Besonders groß ist das Problem auf Sylt. Die Sylter lassen Jahr für Jahr Sandvorspülungen durchführen, saugen Sand vom Meeresboden ab, transportieren ihn an Land und werfen ihn auf den Strand. Und alles nur, damit die Nordsee beim nächsten Sturm sich genau diesen Sand zurückholt und eben nicht an die Substanz geht. Eigentlich nur ein aufschiebendes Vorgehen. Sylt liegt nämlich wie ein riesiger, 40 km langer Wellenbrecher quer zur anrollenden See. Und die ist sowieso stärker. Computergestützte Hochrechnungen lassen Sylt bis zum Jahr 2300 auf einen Klecks Sand schrumpfen und Sylts Norden um List wird zur eigenen Insel, abgerissen von der Mutter.

Es wird wohl nur mit gewaltigen Anstrengungen möglich sein zu verhindern, dass alle Halligen und Inseln eines fernen Tages den Weg von Rungholt gehen müssen. Sonst wird sich vielleicht auch dieser Vers von *Liliencron* bewahrheiten:

„Wo gestern noch Lärm und lustiger Tisch,
schwamm andern Tags der stumme Fisch."

Nordfriesland

● **Stadtrundfahrten:** Gestartet wird bei der Touristinformation am Markt von Ende Mai bis Ende Sept. Di. und Do. um 14.30 Uhr.

## Ausflüge

**Desmerciereskoog**

Dieser Koog wurde 1767 eingedeicht und nach **Jean Henri Desmercieres** benannt, der eine der ersten Banken in Kopenhagen gründete und so zu Wohlstand kam. Er war ein sehr sozial eingestellter Mensch, denn er verzichtete so lange auf eine Pachtzahlung, bis die Bauern überhaupt einen Ertrag erwirtschaften konnten. Sein Nachfolger **Graf Heinrich Reuß** (Reußenköge) hielt es genauso, beide sind noch heute hochangesehen in der Region. Es war übrigens der erste Koog, zumindest in dieser Gegend, der zur Seeseite flach abfiel.

**Schimmelreiterkrug in Sterdebüll**

Dorthin ließ *Storm* den Erzähler in seinem „Schimmelreiter" selber reiten und der traf in der Gaststube auf Menschen, die ihm vom Schimmelreiter erzählten. Wer vor dem Deich von Norden kommend dort entlang fährt und den Beginn der Novelle hört bzw. sich vorlesen lässt, dürfte spüren, wie präzise *Storm* die **Atmosphäre der Landschaft** eingefangen hat.

**Hattstedt**

Dort ruht auf dem Friedhof der 1875 verstorbene **Deichgraf Johann Iwersen Schmidt,** der als **Vorbild** für *Storms* „Schimmelreiter" gilt. Sein Grabstein steht noch heute bei der Hattstedter Kirche gleich links neben dem Eingang zum Friedhof. Die Marienkirche ist aus massivem Granit gebaut, hier heiratete *Storm* seine zweite Ehefrau *Dorothea*.

## *Nordstrand*

### Überblick

Eine **Insel** – oder doch nicht? Die Antwort darf wohl nach Radio-Eriwan-Muster ausfallen: Im Prinzip ja, aber ... Nordstrand ist schon eine Insel, sie kann aber spielend auch mit dem Auto erreicht werden, da sie mit dem Festland durch einen ständig breiter werdenden Damm verbunden ist. Wer bei der Überfahrt als Beifahrer ein wenig vor sich hinträumt, wird vielleicht gar nicht merken, dass das Festland verlassen und Inselboden betreten wurde. Ein paar Fakten: Die Insel misst 50 km² (Fehmarn: 185 km² im Vergleich), zählt 2500 Einwohner, ein Deich von 28 km Länge läuft einmal ringsherum.

Der **Autodamm** wurde im Laufe der Jahre durch Anspülungen immer breiter, sodass selbst die Nordstrander manchmal nur noch von Halbinsel reden. Aber eben nur manchmal, im Kern fühlen sie sich noch als Insulaner.

## Geschichte

Nordstrand entstand, wenn man das denn so ausdrücken mag, nach einer **fürchterlichen Sturmflut.** In der Nacht vom 11. auf den 12. Oktober 1634 herrschte ein derartig brüllender Orkan, dass die Wassermassen weit höher stiegen als sonst bei Herbststürmen.

Die große Nordseeinsel Strand, auf der damals 9000 Menschen lebten, wurde völlig zerstört. Man muss versuchen, sich das vorzustellen, eine ganze **Insel wird zerrissen!** Der Deich brach an 44 Stellen und am Ende ertranken 6000 Einwohner, zwei Drittel der Bevölkerung. Die Insel Strand hörte auf zu existieren. Der Orkan hatte sie in mehrere Teile zerrissen, die ständige Flut überspülte das jetzt ungeschützte Land, vernichtete wertvollen Ackerboden. Aus der ehemaligen großen Insel Strand blieben die Hallig Nordstrandischmoor, eine noch kleinere Hallig, die später die „Hamburger" genannt wird, Pellworm und eben Nordstrand übrig.

Die verbliebenen Bewohner von Nordstrand versuchten nun verstärkt ihr Land zu schützen,

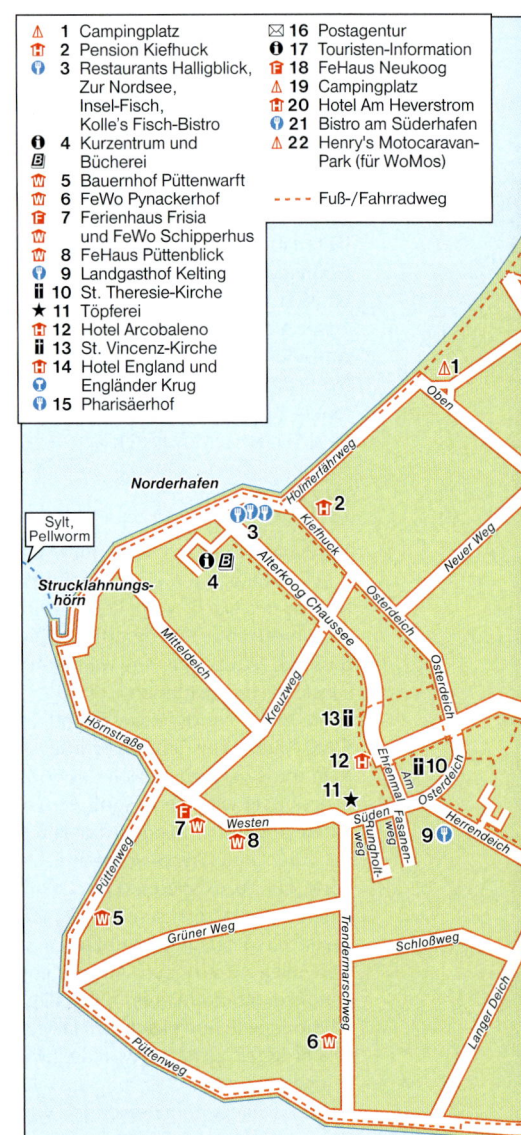

⚠ **1** Campingplatz
🏠 **2** Pension Kiefhuck
ℹ **3** Restaurants Halligblick,
    Zur Nordsee,
    Insel-Fisch,
    Kolle's Fisch-Bistro
ℹ **4** Kurzentrum und
Ⓑ    Bücherei
🏠 **5** Bauernhof Püttenwarft
🏠 **6** FeWo Pynackerhof
🏠 **7** Ferienhaus Frisia
    und FeWo Schipperhus
🏠 **8** FeHaus Püttenblick
ℹ **9** Landgasthof Kelting
👫 **10** St. Theresie-Kirche
★ **11** Töpferei
🏠 **12** Hotel Arcobaleno
👫 **13** St. Vincenz-Kirche
🏠 **14** Hotel England und
ℹ    Engländer Krug
ℹ **15** Pharisäerhof

✉ **16** Postagentur
ℹ **17** Touristen-Information
🏠 **18** FeHaus Neukoog
⚠ **19** Campingplatz
🏠 **20** Hotel Am Heverstrom
ℹ **21** Bistro am Süderhafen
⚠ **22** Henry's Motocaravan-
    Park (für WoMos)

- - - - Fuß-/Fahrradweg

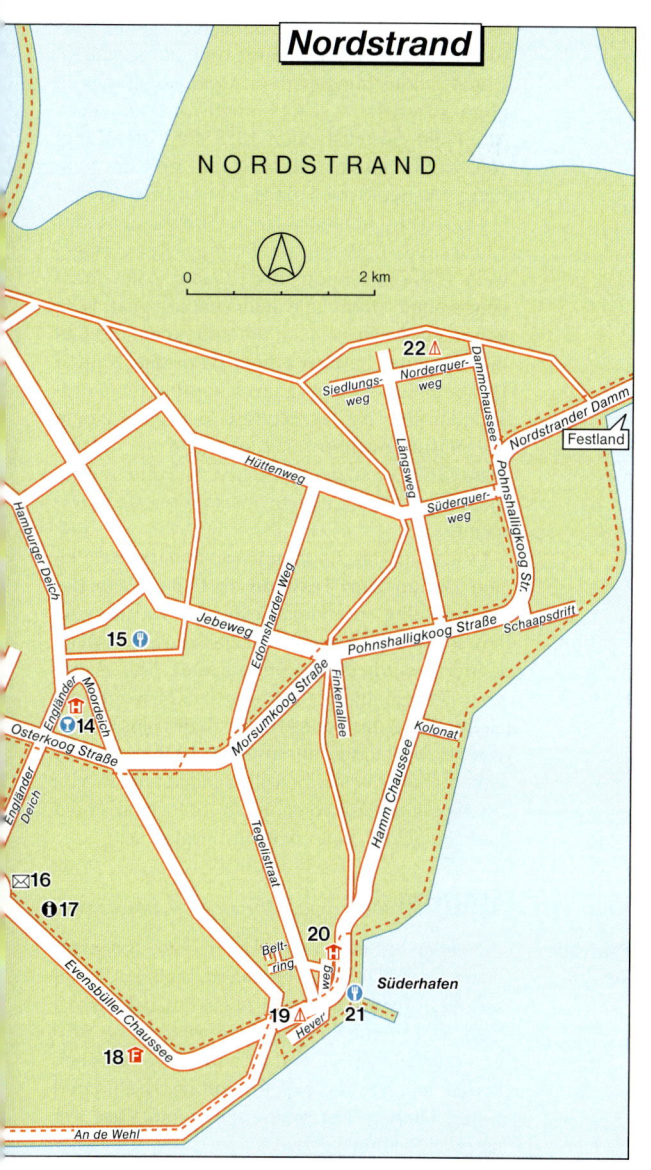

**Nordstrand**

NORDSTRAND

Nordfriesland

bauten Deiche, baten um Geld und Hilfe und versuchten immer wieder neues Land zu gewinnen. Durch Eindeichungen dem Meer abgerungene **Köge** sollten Raum schaffen und vor allem neues Ackerland. So entstanden 1657 der Oster-Koog, 1663 der Trendermarsch-Koog und 1691 der Neu-Koog, alle heute noch auf Nordstrand zu finden.

Aber nicht immer war den Bewohnern das Glück hold. 1739 wurde ein neuer Koog eingeweiht (Christians-Koog), der 12 Jahre später durch eine erneute Sturmflut wieder verloren ging. 1771 wurde ein neuer Versuch unternommen, das Gebiet einzudeichen, es erhielt dann den Namen Elisabeth-Sophien-Koog. So kämpften die Nordstrander über die Jahrhunderte beständig **gegen die Naturgewalten** an. Mal siegte der Blanke Hans (1825), mal die Menschen, die 1866 wieder einen neuen Koog eindeichen konnten, den Morsum-Koog.

Dann kam das 20. Jh. und mit ihm der Plan, einen **Damm zum Festland** zu bauen. Von der **Pohns-Hallig** aus, damals einer Art Vorland vom Morsum-Koog (heute ist die Hallig in die Insel integriert), wurde der Damm errichtet. 1907 feierte man Einweihung des Dammes. 1924 wurde die Eindeichung der Pohns-Hallig abgeschlossen, sie war nun Bestandteil der Insel. Bis 1936 wurde der Damm immer weiter befestigt und konnte von da ab ständig per Auto befahren werden. Nordstrand hatte aufgehört, eine „richtige" Insel zu sein.

## Sehenswertes

**Fahrrad-insel**

Zu sehen gibt es eigentlich nichts. Jedenfalls nichts Spektakuläres. Nordstrand ist eine platte Insel, als „Fahrradinsel" bewirbt ein Prospekt das Eiland. Viele schmale **Wege** und asphaltierte Straßen durchziehen sie und laden zum gemütlichen Radeln ein. Nur der ewige Wind darf nicht unerwähnt bleiben, der mindestens einmal aus der falschen Richtung weht ...

617ns Foto: fr

Die **Autofahrer** bewegen sich zumeist auf den breiteren Durchgangsstraßen, aber leider nicht immer. Zumindest wird hier recht „sutsche" gefahren, also schön langsam, das ist doch auch schon mal was.

**Orte**

Ein gutes Dutzend Dörfer verteilen sich hübsch über die Insel, zwei haben Gemeindestatus: **Nordstrand** und **Elisabeth-Sophien-Koog.** Dass nun dort das Leben tobe, kann wohl niemand behaupten, eher schon beim **Norderhafen,** denn dort existieren insgesamt vier Lokale in unmittelbarer Nachbarschaft. Oder in **Strucklahnungshörn,** dem Fährhafen, wo die Fähre zur Nachbarinsel Pellworm ablegt, einer „echten Insel" übrigens. Von besagtem Fährhafen starten auch zweimal täglich die Adlerschiffe der Reederei Paulsen zu ihrer Kreuzfahrt durch die Inselwelt des Wattenmeers hoch nach Sylt.

**Nordfriesland**

Radeln achtern Diek,
im Hintergrund die Fähre nach Pellworm

**Alte Kirchen**

Zwei alte Kirchen laden zu einem Besuch ein. Die alt-katholische **Kirche St. Theresie am Osterdeich,** auch „Dom" genannt, steht seit 1972 unter Denkmalschutz. Sie wurde 1662 von holländischen Deichbauern errichtet. Die schreckliche „Mandränke" hatte gerade ein paar Jahre vorher gewütet und die Holländer wurden zum Deichbau angeworben. Die Kirche ist klein, ein hochgewachsener Mensch sollte schon mal beim Eintreten den Kopf einziehen. Leise Musik begleitet den Besuch. Im Inneren befinden sich Altar, Taufstein und Kanzel sowie einige wenige Sitzbänke.

Am **Altar** hängt ein Kreuzigungsbild aus dem Jahr 1887. Vor der links befindlichen Kanzel hängt eine **Stickerei,** auf der ein Text in spanischer Sprache von *Theresa von Ávila* (1515–1582) eingestickt ist: „Nada te turbe, nada te espante" (Nichts verwirre dich, nichts ängstige dich) liest man in den ersten beiden Zeilen dieser Eloge an die Unfehlbarkeit von Gott. Der Text trägt den Titel „Sólo Dios basta" (Gott allein genügt), was man in der vorletzten Zeile lesen kann. Vor dem Altar liegen einige **Grabplatten,** die älteste stammt von 1662 und befindet sich ganz rechts.

Die evangelische **St.-Vincenz-Kirche von Odenbüll** stand schon zu Zeiten der „zweiten Mandränke", sie überlebte diese bittere Sturmflut im Jahr 1643. Die Innenmauern des Mittelschiffes sind der älteste Teil, sie wurden etwa vor 800 Jahren erbaut. Auch der Schnitzaltar mit seiner reichen Darstellung ist alt, er stammt aus der Zeit um 1480. Ansonsten zeigt sich die Kirche relativ schmucklos in einer gewissen Nüchternheit. Auffällig sind noch die geschmiedeten Eisenbögen aus dem 17 Jh. an den hinteren hellblauen Sitzbänken.

An der Außenwand lehnen ein paar **Grabsteine,** die aus dem 17. Jh. stammen. Arg verwittert sind sie schon, aber ein wenig ist die Inschrift noch lesbar. Sehenswert ist außerdem der kleine historische **Friedhof** mit den uralten Grabkreuzen und einem Gedenkstein, der an den Missionar

# Die Pharisäer von Nordstrand

Es war einmal ein rechtschaffener Pastor, der wurde zu einer neuen Gemeinde im fernen Friesenland geschickt. Nordstrand hieß der Ort und war eine Insel. Wie überall an der Küste war es da gar bitter kalt im Winter, kein Wunder, dass sich die Bewohner ständig mit einem oder gar mehreren s-teifen Grogs schützen mussten. Um es kurz zu machen, sie soffen wie die Löcher!

Der Pastor wetterte gegen die Trinkerei von der Kanzel herab, wünschte den saufenden Friesen Pest und Galle an den Hals. Vergebens. Friesen können verdammt stur sein.

Eines Tages wurde der gute Mann dann, wie es Brauch war, nach einer Kindstaufe noch zu einer kleinen Geselligkeit eingeladen. Natürlich gab es keine hochprozentigen Getränke, sondern nur Tee oder Kaffee. Der Tag ging, aber leider nicht der Pastor. Der blieb genauso stur hocken und die Nordstränder auf dem Trockenen.

Bis ein plietscher Bauer seiner Magd auftrug, in die Kaffeetassen einen kräftigen Schuss Rum zu gießen und obenauf einen ordentlichen Klecks Sahne zu drapieren. Gegen den Geruch. Und so geschah es, dass die Gesellschaft immer lustiger wurde, auch ohne Alkohol, wie jedenfalls der gute Pastor meinte. Er freute sich gar sehr, dass es anscheinend auch „ohne" ging, bis, tja, bis man ihm eine falsche Tasse gab. Entsetzt sprang er auf – sofort das Spiel durchschauend – und schimpfte laut los: „Ihr scheinheiliges Volk, Ihr Pharisäer!"

Und so wurde es geboren und auch gleich getauft, das Getränk, das man überall an der Nordseeküste in der kalten Jahreszeit bekommen kann: der „Pharisäer".

Und wann ist nun ein „Pharisäer" ein „Pharisäer"?: Ein echter Pharisäer ist erst „echt", wenn er 4 Zentiliter Flensburger Rum enthält. Das wurde vor einigen Jahren vom Flensburger Amtsgericht höchstamtlich entschieden. Ein Flensburger Bürger beschwerte sich nämlich in einer Kneipe beim Wirt, dass sein Pharisäer zu viel Kaffee und zu wenig Rum enthalte, er deshalb selbigen nicht zu bezahlen gedenke. Der Wirt, nicht faul, zeigte den störrischen Trinker wegen Zechprellerei an. So etwas landet in Deutschland vor Gericht. Was also war zu tun? Der Richter verlegte die Sitzung an den einzig richtigen Ort, nämlich in die Kneipe „Bei Tante Lene". Dort wurde dann über den Pharisäer zu Gericht gesessen. Mehrere Tassen unterschiedlicher Beimischung setzte Tante Lene dem strengen Herrn Richter vor, der genüsslich kostete. Jede einzelne Tasse, natürlich. Man müsse sich ja schließlich ein fundiertes Urteil bilden, hicks! Tschulligung! Das Urteil wurde um eine Woche vertagt und dann gefällt: Ein echter Pharisäer ist erst echt mit 4 Zentilitern Rum, alles andere wirke eher ernüchternd. Weise gesprochen! Da merkt man dann, dass der Richter ein Nordlicht war.

*Nommensen* erinnert. Dieser bekehrte im fernen Indonesien die Batak zum christlichen Glauben.

## Praktische Reisetipps

**Info**

- **PLZ:** 25845.
- **Vorwahl:** 04842.
- **Einwohner:** 2400.
- **Kurverwaltung:** Schulweg 4, Tel. 454, Fax 900990, E-Mail: info@nordstrand.de, www.nordstrand.de.
- **Kurtaxe:** 15.3.–31.5., 1.10.–31.10., 15.12.–15.1. je Erw. 1 €; 1.6.–30.9. je Erw. 1,80 €, Kinder bis 18 Jahren frei.
- **Strandkörbe:** Können vor Ort gemietet werden: „Holmer Siel", Strandcafé, Tel. 903466 oder über die Kurverwaltung.

**Unterkunft**

- **Hotel Am Heverstrom** €€€, Heverweg 14, Tel. 8000, Fax 7273, www.am-heverstrom.de. Direkt vor dem Deich beim Süderhafen gelegenes Haus mit 11 Zimmern. Eine nette Brücke verbindet die Hotelterrasse mit dem Deich.
- **Hotel England** €€-€€€, England 46, Tel. 1075, Fax 1344, www.hotel-england.de. 8 Doppelzimmer bietet dieses kleine Hotel, das in etwa in der Inselmitte liegt. Eine FeWo wird auch vermietet und ebenso ist ein Lokal angeschlossen. DZ €€€, FeWo €€.
- **Hotel Arcobaleno** €€€, Am Ehrenmal 10, Tel. 8212, Fax 1349, www.arcobaleno.de. 13 Zimmer unterschiedlicher Größe, außerdem ein Restaurant, Biergarten sowie Fahrradverleih.
- **Hotel Kiefhuck** €€, Kiefhuck 4, Tel. 327, Fax 1621, www. kiefhuck.de. 5 Zimmer hat dieses kleine Haus, das obendrein Restaurant und Saalbetrieb anbietet und knapp 200 m vom Deich entfernt liegt.
- **Ferienhaus Püttenblick** €€€, Westen 57, Infos: Klaus-Peter Englmann, Tel. 1200, Fax 903303. Ein großer Hausteil in einem reetgedeckten Haus in netter Lage mit Sauna und Liegewiese.
- **Ferienhaus Frisia** €€, Westen 39, Infos: Dietrich Coltzau, Hamm-Chaussee 1, Nordstrand, Tel. 278, Fax 1778, www.frisia-nordstrand.de. 3 Wohnungen mit separatem Eingang unter Reet, nett am Deich gelegen mit weitem Blick über die Felder.
- **FeWo Schipperhus** €€, Westen 41, Infos: Lothar Schipper, Schulstr. 4, 72764 Reutlingen, Tel. (07121) 337851. Kleines Reetdachhaus mit Garten und weitem freien Blick.
- **Bauernhof Püttenwarft,** Püttenweg 4, Infos: R. Nielsen, Berliner Str. 28, 25813 Husum, Tel. (04841) 4952, www. puettenwarft-nordstrand.de. Ein reetgedeckter Hof auf ei-

nem sehr großen Naturgrundstück, nur 100 m vom Deich entfernt. 4 DZ €€, 2 FeWos €€.

● **Ferienhaus Neukoog** €€, Evensbüller Chaussee 5, Infos: Uwe Paulsen, Husum, Tel. (04841) 968033. Ein Komforthaus im friesischen Stil unter Reet auf einem 2.000-m²-Grundstück.

● **FeWo Pynackerhof** €€, Trendermarschweg 12, Tel. 649, Fax 1503. Ein denkmalgeschützter Hof, der auf einer Warft liegt und von weiten Wiesen umgeben ist. Angeboten wird ein großes Gästehaus in Einzellage, knapp 400 m vom Meer entfernt.

● **Campingplatz Nordstrand,** Elisabeth-Sophien-Koog, Tel. 8534, Fax 8306. Ein Platz ohne Schatten und ohne Parzellen, aber nicht allzu weit zum Meer entfernt.

● **Campingplatz Margarethenruh,** Süderhafen 8, Tel. 8553. Sehr kleiner Platz beim Süderhafen.

● **Stellplatz für WoMos:** Henry's Motocaravan-Park, Norderquerweg 2, Tel. 473. Erster Platz nach Erreichen der Insel, ein Wiesengelände mit Stellplätzen für Wohnmobile.

**Gastro-nomie**

● **Mühlencafé,** in der Engelsmühle am Süderhafen, Tel. 214. Frühstück ab 9.00 Uhr, außerdem Eisspezialitäten und kleine Gerichte.

● **Bistro am Süderhafen,** Tel. 8265, Imbiss mit Meerblick, tägl. ab 9.00 Uhr bis open end. Kleine Gerichte, auch Außer-Haus-Verkauf.

● **Landgasthof Kelting,** Herrendeich 6, Tel. 335. Geöffnet: 11.30–14.00, 17.30–21.00 Uhr. Ein Traditionshaus seit 1868 mit reichhaltiger Karte: Salate, Geflügel, Lamm, Fisch und Sa. gibt's Eintopf.

● **Pharisäerhof,** Elisabeth-Sophienkoog 3, Tel. 353, tägl. außer Mo. 14.00–19.00 Uhr. Sehr schönes, reetgedecktes Bauernhaus mit nettem Garten, wo es hausgemachten Kuchen gibt.

● **Gasthof Kiefhuck,** Kiefhuck 4, Tel. 327, Di. Ruhetag. Hauptsächlich Fisch-, aber auch Fleischgerichte, wie beispielsweise Lamm, werden angeboten.

● **Insel-Fisch,** Norderhafen, Tel. 588. Die ganze Fisch-Palette: Krabben, Fischbrötchen, Räucherfisch und kleinere fischige Gerichte.

● **Kolle's Fischbistro,** Norderhafen, Tel. 397, tägl. ab 11.30 Uhr. Fischbrötchen in die Faust, aber auch kleinere Fischgerichte zum Hinsetzen.

● **Halligblick,** Norderhafen, Tel. 256, Mo. geschlossen, durchgehend ab 11.30 bis 21.00 Uhr. Neue und alte Küche gemischt, teilweise außergewöhnliche Kreationen. Nette Terrasse direkt auf dem Deich.

● **Zur Nordsee,** Norderhafen 22, Tel. 8607, tägl. außer Mi. ab 11.30 Uhr, im Juli und Aug. kein Ruhetag. Fisch, Lamm, aber auch kleinere Gerichte. Hat eine Terrasse direkt oben auf dem Deich.

**Nordfriesland**

●**Engländer Krug,** Tel. 301, neben dem Hotel England, eine kleine Dorfgaststätte mit Fisch-, Fleisch- und Lammspezialitäten. 11.00–14.00 und ab 17.00 Uhr, Do. Ruhetag.

**Aktivitäten**

●**Bücherei:** im Kurzentrum, Norderhafen.
●**Einkaufen:** Sparmarkt, Herrendeich.
　Supermarkt neben der St. Theresien-Kirche, Osterdeich.
　Bäckerei Petersen, Osterdeich 24, Tel. 288.
●**Fahrradverleih:** Uhle, Osterdeich 26, Tel. 219.
　Thiessen, Am Kurhaus 36, Tel. 1016.
●**Infozentrum Nationalpark Schleswig-Holsteinisches Wattenmeer,** Am Kurhaus 27, Norderhafen, Tel. 466.
●**Postagentur:** im Insel-Kaufhaus, Herrendeich.
●**Schiffsausflüge:** Nach Pellworm pendelt vom kleinen Hafen Strucklahnungshörn eine Autofähre sieben bis neun Mal pro Tag in der Saison. Die Fahrtzeit beträgt 35 Minuten. Räder können unweit vom Hafen auf Pellworm gemietet werden. Infos: NPDG, Tel. (048449) 753, www.faehre-pellworm.de oder am Info-Container am Hafen Strucklahnungshörn.

　**Hallig- und Inselrundfahrt:** Unter diesem Stichwort bietet die Reederei Paulsen Touren mit dem Schiff „Adler-Express" an, die über Hallig Hooge, Amrum nach Hörnum auf Sylt führen. Zweimal pro Tag wird gestartet, man kann diese Verbindung nutzen, um eine einzige Insel zu erkunden oder eine komplette Rundfahrt zu machen. Abfahrt von Strucklahnungshörn: 9.15 und 14.30 Uhr, Ankunft Strucklahnungshörn 14.25 und 19.40 Uhr.

　**Tickets** gibt es am Hafen im Büro der Adler Schiffe.

　**Infos:** Insel- und Halligreederei Paulsen, Tel. 268, www.adler-schiffe.de oder über die Info-Hotline Tel. 90000.
●**Schwimmbad und Sauna:** Am Kurhaus 27, Tel. 466.
●**Taxi:** Tel. 222 oder 219.
●**Töpferei:** Süden 44, Tel. 400. Drei auf einen Streich können bei einem Besuch der Nordstrander Töpferei erledigt werden: Tonwaren gucken, einen Tee schlürfen in der angeschlossenen Teestube und in die Galerie Lot di Tid gehen und – ein viertes also – in der oberen Etage ein kleines Keramikmuseum besuchen. Privatleute trugen Keramikfunde aus dem Watt zusammen und arrangierten sie zu einer interessanten Ausstellung. Eine zweite Töpferei befindet sich an der Straße Süderhafen 12.
●**Wattfahrten:** Mit einer Pferdekutsche zur Hallig Südfall, das bietet Herr Andresen an, Tel. 300.
●**Wattwandern:** zur Hallig Südfall. Kontakt aufnehmen mit Ehepaar *Kluge,* Tel. 903093, oder über die Schutzstation Wattenmeer, Tel. 519.

# Beltringharder Koog

## Naturschutzgebiet

Eine Art Dreieck bildet der Beltringharder Koog, bestehend aus Festlandküste, Nordküste der Insel Nordstrand und einem quer durchs Watt verlaufenden **Deich,** der Nordstrand mit dem Festland verbindet. Der Deich hat übrigens knapp 9 km Länge und verläuft von Nordstrand schräg durchs Watt bis zum Festland. Wer will, kann zu Fuß oder per Fahrrad die Strecke absolvieren.

Seit 1991 ist der Koog **Naturschutzgebiet.** Ein Damm, der auch mit dem Auto befahren werden kann, führt als ergänzende Verbindung vom Festland zum Deich.

Kurz bevor man die Zufahrt zu diesem Damm erreicht, passiert man die **Arlauschleuse.** Der kleine Fluss Arlau mündet an einem hohen Deich in den Koog, dort befindet sich auch eine Info-Tafel, die Flora und Fauna erklärt. Ebenso werden Termine zu vogelkundlichen Führungen angekündigt. Direkt bei der Schleuse besteht auch eine begrenzte Parkmöglichkeit.

Wer sich die Mühe macht **auf den Deich zu klettern,** der wird mit einem weiten Blick in den Koog belohnt, kann mit etwas Glück Nistplätze von Enten und Gänsen erspähen. Die Nordsee freilich ist zumeist noch weit weg, Salzwasserwiesen dominieren im Deichvorland. In dieser Einsamkeit kann man stundenlang auf dem Deich laufen. Ein schmaler, aber asphaltierter Weg schlängelt sich weiter Richtung Norden direkt am Deich entlang, etwa 2 km nach dem Passieren des Hotels Arlauschleuse erreicht man ein Aussichtstürmchen. Von diesem aus kann man einen prima Rundblick über den Deich und das Deichvorland genießen.

**Nordfriesland**

## Badestelle Lüttmoorsiel

**Zufahrts-
straße**

**Mitten durch das Naturschutzgebiet** Beltringharder Koog führt eine gut 5 km lange Straße zur Badestelle Lüttmoorsiel, die auf dem Deich des Beltringharder Koogs liegt. Eigentlich ja wohl ein Widerspruch, eine gut ausgebaute Straße durch ein schützenswertes Vogelrevier anzulegen, aber die Macher werden schon wissen, was geht. Links und rechts der Straße sieht man Salzwiesen und vereinzelt freie Wasserflächen und immer dazwischen Vögel. Ziemlich am Anfang des Damms kann ein kleines Häuschen zum stillen Vögelbeobachten aufgesucht werden (liegt rechts vom Damm).

**Badestelle**

Am Ende der Zufahrtsstraße wird eine etwas verbreiterte Landstelle vor dem Deich erreicht. Dort gibt es einen **Parkplatz** und eine **Kneipe.** Obendrein erklären Schautafeln ausführlich das Watt und den Koog. Im Sommer ist diese Ecke als Badeplatz ein beliebter Treffpunkt.

Direkt hinter dem Parkplatz steht auch eine kleine **Lorenbahn zur Hallig Nordstrandischmoor.** Auf einem schmalen Schienenstrang tuckert die Bahn über einen Damm durchs Wattenmeer. Die Schienen verlaufen schräg über den Deich, wer Glück hat, kann vielleicht eine „Zugfahrt" beobachten, wenn Post oder Lebensmittel rübergebracht werden. Touristen werden nur mitgenommen, wenn sie als Feriengäste auf die Hallig reisen. Von der Hallig Nordstrandischmoor kann man vier kleine Häuser gerade noch am Horizont erspähen. Dort leben nicht einmal zwei Dutzend Menschen, sogar Kinder, die in der wohl kleinsten Schule des Landes unterrichtet werden.

**Unterkunft**

●**Hotel Arlauschleuse** €€€€, Tel. (04846) 69900, Fax 1095. Etwa 800 m von der Arlauschleuse entfernt stehen zwei reetgedeckte Häuser in der Einsamkeit, das ist das Hotel Arlauschleuse. Aufgrund der abseitigen Lage direkt hinterm Deich bieten die Betreiber eine Menge Aktivitäten an, wie Bogenschießen, Kanu- und Fahrradverleih oder Beachvolleyball. Insgesamt 27 Zimmer.

# *Bredstedt*

### Überblick

Die **Bundesstraße 5** durchschneidet diese kleine Stadt und zumeist braust der Nordseeurlauber hier nur durch, ohne nach links oder rechts zu gucken. Bredstedt ist eine **Kleinstadt** mit einem durchschnittlich geschäftigen Ortskern.

Die urkundlich früheste Erwähnung datiert auf 1231 als Brethaestath, was damals soviel wie „breite Stelle" hieß. Bis zum 15. Jh. lag Bredstedt nahe zum Meer und hatte sogar einen eigenen Hafen. Ab 1520 wurde das westliche Vorland eingedeicht, Bredstedt rückte damit weiter ins Hinterland. 1900 erhielt der Ort dann Stadtrechte. Er hat eine echte Besonderheit zu bieten, das **Naturzentrum Bredstedt.** Und da lohnt sich auch für den eiligen Touristen ein Tritt auf die Bremse.

Nordfriesland

Schienenstrang zur Hallig Nordstrandischmoor

## Sehenswertes

**Natur-**
**zentrum**

Besucher können sich hier über die verschiedenen **Landschaftsformen der nordfriesischen Küste** informieren. 15 Räume bieten unterschiedliche thematische Schwerpunkte, die hautnahe Einblicke ermöglichen und auch zum spielerischen Lernen ermuntern. So findet man einen Waldbereich, das Wattenmeer, eine Heidelandschaft oder ein Moor nachgebildet.

Der **Besucher wird integriert in die jeweilige Landschaft,** betrachtet also das Biotop nicht von außen oder von oben, sondern fühlt sich durch das Arrangement der Exponate mitten in der Landschaft. So schaut man beispielsweise in der Moorlandschaft durch die Gräser und sieht sich auf gleicher Augenhöhe mit einer Ringelnatter. Oder im Flussbiotop „paddeln" einem Enten an der Nase vorbei, setzt ein anderer Wasservogel gerade zur Landung auf einer imaginären Wasseroberfläche in Kopfhöhe an.

Obendrein erklären **großformatige Modelle** das Wattenmeer oder zeigen eine Hallig inmitten einer Sturmflut sowie das langsame Entstehen eines Koogs. Alles in allem ein interessantes und optisch gut aufgebautes Haus.

●**Naturzentrum,** Bahnhofstr. 23, Tel. 4555. Geöffnet: 1.5.–31.10. Mo.–Sa. 10.00–17.00 Uhr, So. geschlossen. Eintritt: Erw. 2 €, Kinder 1 €, Familien 4 €.

**Marktplatz**

Der Marktplatz fällt dreieckig aus, dort liegen ein paar Lokale und das historische **Rathaus** aus dem Jahr 1891. Damit hat der Verwaltungssitz 9 Jährchen mehr auf dem Buckel als die Stadt, denn die feierte 2000 ihren hundertsten Geburtstag. Das Rathaus gehört übrigens der Sparkasse, die unten residiert. Sie baute das Gebäude, richtete im Erdgeschoss eine Bank ein und überließ die oberen Räume der Stadtverwaltung. Bis in die 1960er Jahre sogar kostenlos, erst danach wurde Miete kassiert. So gilt es noch heute.

**Nordfriisk Instituut**

Wer nicht gar so schnell das Ortsschild passiert, wird es vielleicht bemerken. Dort steht nämlich „Bredstedt" und nicht viel kleiner darunter friesisch „Bräist". Der Ort ist so etwas wie ein **lokales Zentrum der friesischen Kultur,** deshalb hat hier das Nordfriisk Instituut (Nordfriesisches Institut) seinen Sitz. Dessen Aufgabe ist die Pflege und Erforschung der friesischen Sprache und Kultur, sichtbar z.B. am zweisprachigen Ortsschild.

● **Nordfriisk Instituut,** Süderstr. 30, Tel. 2081, www.nord friiskinstituut.de.

## Praktische Reisetipps

**Info**

● **PLZ:** 25821.
● **Vorwahl:** 04671.
● **Einwohner:** 5000.
● **Fremdenverkehrsverein:** Markt 37, Tel. 5857, Fax 6975, E-Mail: touristcenter@foni.net, www.bredstedt.de.

**Unterkunft**

● **Hotel Friesenhalle** €€€-€€€€, Hohle Gasse 2, Tel. 60100, www.friesenhalle.de. Insgesamt 13 Zimmer hat dieses kleine Haus, welches unmittelbar am Markt liegt.
● **Stellplätze für Wohnmobile** befinden sich auf dem Parkplatz an der Osterstraße 26 A.

**Gastronomie**

● **Fiedes Krog,** Markt 35, Tel. 2300. Die Kneipe gehört dem bekannten Volkssänger *Fiede Kay,* kleine Gerichte werden geboten und vereinzelt gibt es „Live-Mucke".
● **Restaurant Friesenhalle,** Hohle Gasse 2, Tel. 60100. Bietet eine Mittagskarte sowie gehobene Fisch- und Fleischgerichte.

## Ausflüge

**Stollberg**

Er misst 44 Meter und gilt damit als der **höchste „Berg" Nordfrieslands.** Okay, das ist noch nicht sonderlich beeindruckend. Da das Land aber nun mal im Norden pottenflach ist, kann man schon recht weit von dort gucken. Außerdem wurde hierzu noch ein wenig nachgeholfen. Direkt beim Stollberg, der übrigens ab Bredstedt ausgeschildert wird, steht ein kleiner **Holz-Aussichtsturm,** der bezeichnenderweise „Turm- und Halligblick" genannt wird. Bei gutem Wetter soll man nämlich über alle Köge bis zum Meer schauen können. Noch besser geht es vom dort ebenfalls stehenden **Sendemast.** Nach Zahlung von einem Euro geht es über ein paar Treppen hoch zu einer Aussichtsplattform, von wo man nun wirklich einen exzellenten Weitblick genießt.

Außerdem liegt beim Stollberg der **„Naturerlebnisraum Stollberg".** An mehreren Stationen wird die Siedlungs- und Kulturgeschichte der Region gezeigt. Um diese zu erforschen, sind vier Radstrecken von maximal 10 km rund um den Stollberg abgesteckt. Infoblätter zeigen die genaue Route.

## Sönke-Nissen-Koog

Ein **weites, plattes Land** öffnet sich links und rechts der Straße. Weit im Hinterland schützt ein hoher Deich die Küste und den Koog. In regelmäßigen Abständen tauchen **Bauernhöfe** auf, alles recht große Wirtschaftsgebäude mit einem auffällig grünen Dach.

**Sönke Nissen** (1870–1923) stammte aus dem kleinen Dorf Klockries bei Niebüll. Wie so viele Friesen wanderte er aus, nach Deutsch-Südwest-Afrika (Namibia). Dort machte er ein Vermögen mit Diamanten und kehrte in späten Jahren zurück. Nun wollte er sich einen Kindheitstraum erfüllen, nämlich einmal Deichgraf sein. Dazu musste aber erstmal ein Deich geschaffen werden, also ließ er mit seinem Privatvermögen einen Koog eindeichen. Es war der letzte privat finanzierte Koog des Landes. *Sönke Nissen* starb noch vor Abschluss des Deichbaus am 1. Dezember 1926. Nicht nur im Namen des Koogs bleibt bis heute sein Vermächtnis sichtbar, auch in den grünen Dächern aller Häuser. So hatte er es gefor-

dert. Die Häuser tragen übrigens alle Namen, die identisch sind mit Bahnstationen, die *Nissen* in „Südwest-Afrika" gebaut hatte, beispielsweise Lüderitzbucht, Elisabethbay oder Keetmanshoop.

## Hamburger Hallig

Wann ist eine Hallig eine Hallig und wann nicht mehr? Eigentlich eine müßige Frage, hier wird sie aber virulent. Eine Hallig definiert das Lexikon als „Marschinsel im Wattenmeer". Die Hamburger Hallig ist so eine Insel, sie kann aber auch problemlos zu Fuß erreicht werden, sogar mit dem Auto. Sie ist nämlich **durch einen Damm mit dem Festland verbunden.**

Grünes Hausdach im Sönke-Nissen-Koog

Die Hamburger Hallig ist ein **Überbleibsel der Insel Strand,** die von einer gewaltigen Sturmflut 1634 zerstört wurde. Die „Grote Mandränke" zerriss Strand so nachhaltig, dass nur 4 Inselreste übrigblieben, Pellworm, Nordstrand, Nordstrandischmoor und die jetzt so genannte Hamburger Hallig. Zwei Jahrhunderte später näherten sich Hallig und Küste einander an, als 1875 die Verbindung zum Festland gebaut wurde. 1926 deichte man dann den vorgelagerten Sönke-Nissen-Koog ein, die Insel rückte damit noch näher ans Festland heran.

Heute gehört die Hallig zum Nationalpark Schleswig-Holsteinisches Wattenmeer. Die entstandenen Salzwiesen nutzen Vögel als Brut- und Rastgebiet, die Wiesen dürfen deshalb nicht betreten werden. Das **Naturschutzgebiet** sollte man nur zu Fuß oder per Fahrrad erkunden. Warum man Autofahrern immer noch die Möglichkeit gibt, gegen einen Obolus von 5 € in ein Naturschutzgebiet zu fahren, bleibt mir ein Rätsel. Aber möglich ist es, direkt am Damm hebt sich nach Zahlung eine Schranke. Sinnvoller ist es wohl, sich ein Rad zu leihen und die 4 Kilometer trotz Wind rüberzustrampeln.

Auf der Hallig stehen **3 Häuser,** davon ist eines eine Gaststätte, wo der Halligkröger kleine Leckereien anbietet.

● **Hallig-Krog,** Tel. 942788. Angeboten werden selbstgebackener Kuchen, nordfriesische Gerichte und zu bestimmten Terminen auch Salzwiesenlamm „satt". Letzteres nach Vorbestellung Fr. von Juni bis August.

Unmittelbar am Deich vor der Hamburger Hallig steht das **Amsinck-Haus,** ein Info- und Servicegebäude, in dem viel Wissenswertes über die Natur spielerisch-informativ vermittelt wird. Hier können auch gegen geringe Gebühr Fahrräder ausgeliehen werden, um zur Hallig zu radeln.

● **Amsinck-Haus,** Tel. (04671) 927154, www.amsinckhaus.de. Geöffnet: 1.4.–31.10.

Auf der Hallig selbst kann man dann einem Natur-pfad folgen, mit Erklärungen zur Pflanzen- und Tierwelt.

Wer direkt hinter der Schranke auf dem Deich steht und sich fragt, **welche Inseln da aus dem Watt blitzen,** erhält hier die Antwort: Die größte Häuseransammlung steht auf der Hallig Gröde, rechts davon liegt die Hallig Habel (dort lebt nur im Sommer ein Vogelwart) und links sind gerade noch die Häuser von Nordstrandischmoor er-kennbar.

## *Schlüttsiel*

Ein kleiner **Hafen** hinterm Deich mit einer Gast-stätte und einem großen Parkplatz, viel mehr ver-birgt sich nicht hinter diesem winzigen Punkt auf der Landkarte. Schlüttsiel liegt ziemlich genau in der Mitte des Hauke-Haien-Koogs.

Vom Hafen Schlüttsiel werden hauptsächlich **Halligfahrten** angeboten, vier Unternehmen offe-rieren hier Touren. Tickets gibt es zumeist an Bord, nur die W.D.R. hat einen Verkaufscontainer aufge-stellt. Wer sich vorab informieren möchte, kann die Kapitäne auch direkt anrufen. Die Abfahrtzei-ten schwanken beträchtlich, richten sich nach dem Ziel und nach der Tide. Die Touren dauern ein paar Stunden, zumeist ist ein kurzer Landgang möglich, bevor es wieder zurückgeht. Alle Anbie-ter legen eine Menge Programmhefte und Falt-blätter an allen möglichen touristisch relevanten Orten aus, sodass eigentlich jeder darüber stol-pern sollte und sich über die genauen Zeiten in-formieren kann.

**Nordfriesland**

**Gastro-nomie**

- ●**Restaurant Fährhaus Schlüttsiel,** Tel. (04674) 255. Di-rekt am Deich gelegenes Restaurant. Von dem Lokal aus kann man prima über den Deich gucken.
- ●Nebenan liegt noch das Bistro **„Watt'n Blick".** Direkt vorm Deich an der Straße befinden sich Parkplätze.

149ns Foto: mf

**Aktivitäten**

● **Schiffsausflüge:** Zu den Halligen Hooge, Gröde und zu den Seehundbänken schippert die „MS Hauke Haien". Infos: Kapitän *Bernd Diedrichsen,* Binnenhafen 60, 25813 Husum, Tel. (04841) 81481, Fax 82801, http://wattenmeer fahrten.inselseiten.de.

Hooge, Langeness und die Seehundsbänke steuert „MS Seeadler" an. Infos: Kapitän *Heinrich von Holdt,* 25842 Ockholm, Tel. (04674) 1535, Fax 378, www.seeadler-hooge.de.

Oland, Gröde, Hooge und Langeness fährt auch „MS Rungholt" an. Infos: Halligreederei, Westerweg 4, 25899 Galmsbüll, Tel. (04667) 367, www.halligmeerfahrten.de.

Obendrein fährt die große Reederei W.D.R. sowohl nach Hooge und Langeness als auch nach Amrum, Tel. (04674) 305 oder über die Zentrale (04681) 800 oder www.faehre.de.

# *Hauke-Haien-Koog*

Dieser Koog, dessen Namen an den legendären Deichgrafen aus *Theodor Storms* Novelle „Der Schimmelreiter" erinnert, weist eine Besonderheit auf, die anderen Kögen zumeist fehlt. Er hat **riesige Staubecken** im Hinterland. Das Wasser fließt

über automatisch arbeitende Siele ins Wattenmeer ab. Die Straße verläuft direkt am Deich entlang, weiter östlich breitet sich die Wasserfläche im künstlich angelegten Staubecken aus. Viele Seevögel nutzen dieses Gebiet als Brutplatz.

Entlang der Straße wurden einige **Parkbuchten** eingerichtet, von dort kann man prima das Staubecken überblicken oder auf den Deich klettern.

## Dagebüll

Der kleine Ort lebt zum nicht geringen Teil von seinem **großen Hafen,** von dort legen die Autofähren nach Föhr und Amrum ab. Das Ganze ist von beachtlicher Größe und wird effizient organisiert. Dazu zählt ein eigenes Ticket-Büro, hinter dem sich so mancher Fahrkartenschalter der Bahn verstecken kann. Leuchtanzeigen benennen die Abfahrtszeiten, dirigieren Lkw und Pkw in die richtige Spur und schlussendlich in die Bäuche der Fähren.

Sogar ein eigener **kleiner Bahnhof** existiert, sein Name: Dagebüll Mole. Dort enden die Kurswagen einiger weniger Fernzüge und die Verbindungsbahn von Niebüll. Die Gäste müssen nur vom Zug zur Fähre ein paar Schritte laufen.

Dagebüll hat einen **kleinen „grünen" Badestrand.** Dort sonnen sich Urlauber am Deich liegend, blicken verträumt hinaus aufs Meer und hinüber zu den Inseln. Ruhige Tage kann man hier verleben und genügend Ausflugsangebote gibt es obendrein. Am Deich stehen einige so genannte Badebuden bereits seit 1927. Diese dürfen nur innerhalb einer Familie vererbt und können nicht gemietet werden. Stirbt eine Familie aus, erlischt auch deren Budenrecht. Da vom Dagebüller Ha-

Nordfriesland

Hallig vor Schlüttsiel

fen viele Ausflügler eine Schiffstour starten, wurden hier sehr viele gebührenpflichtige Parkplätze eingerichtet.

## Praktische Reisetipps

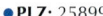

**Info**

- **PLZ:** 25899.
- **Vorwahl:** 04667.
- **Einwohner:** 980.
- **Fremdenverkehrszentrale Dagebüll-Bökingharde:** Am Badeteich 1, Tel. 95000, Fax 455, E-Mail: info@suedton dern.de oder info@nf-tourismus.de, www.suedtondern.de bzw. www.nordfrieslandtourismus.de.

**Unterkunft**

- **Strandhotel Dagebüll** €€€, Tel. 212, Fax 496, www.strand hotel-dagebuell.de. Direkt achtern Diek mit Blick auf Meer und Fährhafen liegt dieses 21-Zimmer-Haus. Unten ist ein Lokal angeschlossen.
- **Hotel Neuwarft** €€€, Tel. 325, Fax 537, www.neuwarft-nordsee.de. Ein familiäres Haus mit 30 Zimmern, knapp 300 m vom Meer entfernt. Ein Restaurant ist angeschlossen.
- **FeWo Friesenhof** €-€€, Am Badeteich 13, Tel. 272. Ein schönes, reetgedecktes, älteres Haus, das unmittelbar hinter dem Deich liegt. 4 FeWos werden vermietet.

Am „grünen Strand" von Dagebüll

●**FeWo Haus Seeblick** €-€€, Am Badeteich 19, Tel. 446. Zwei FeWos unterschiedlicher Größe in einem Haus, das unmittelbar am Deich liegt.

●**FeWo Ketelsen** €€, Halligweg 12, Tel. 286, www.ketelsen-dagebuell.de. Etwas zurückversetztes Haus, auf einer Warft gelegen, aber keine 50 Meter vom Meer entfernt.

●**Campingplatz Neuwarft,** Tel. 325. Ein kleiner Platz vor dem gleichnamigen Hotel.

●**Campingplatz Moin Moin,** Landstr. 9, Tel. 951168. Vor dem Hafen rechts abbiegen. Ein kleiner Platz, der auf einer Warft liegt.

●**Stellplatz für WoMos:** Harald Wolf, Am Badeteich 15, Tel. 349.

**Gastro-
nomie**

●**Restaurant des Strandhotels Dagebüll,** Telefon- und Fax-Nr. siehe „Unterkunft". Das geschätzte Restaurant hat eine Terrasse direkt auf dem Deich, von der man prima auf die Nordsee und den Schiffsverkehr schauen kann.

**Aktivitäten**

●**Bahnfahrt nach Niebüll:** Sicherlich keine ultraspannende Angelegenheit, aber warum nicht mal mit dem gemächlichen Bähnlein der neg (Norddeutsche Eisenbahngesellschaft Niebüll GmbH), Info: Tel. (04661) 9808890, www.neg-niebuell.de, nach Niebüll tuckern. Von dort lassen sich dann Anschlusszüge nach Sylt oder Husum erreichen und sogar Ausflugstouren 6x täglich über die Grenze nach Tønder.

●**Fahrradverleih:** Schmidt-Reisen, Am Badestrand 1, Tel. 94255.

●**Schiffsausflüge:** Die Fähren der W.D.R. schippern rund zehnmal pro Tag (mit saisonalen Einschränkungen) hinüber nach Amrum und Föhr. Spezielle Angebote gibt es für eine Tour nach Sylt oder Helgoland, konkrete Infos erhält man am Ticket-Schalter der W.D.R. am Hafen.

## Ausflug

**Bongsiel**

Ein Mini-Dorf, das knapp 10–12 km südlich von Dagebüll und etwas südwestlich von Schlüttsiel liegt. Dort befindet sich aber ein bemerkenswertes Gasthaus: der Landgasthof Bongsiel. Das Lokal ist ein Familienbetrieb und der Urgroßvater des heutigen Wirts sammelte bereits Kunstwerke. Die Nachfolger hielten an der Tradition fest und so kamen viele norddeutsche Künstler und hinterließen ihre Werke als Geschenk oder sogar als Bezahlung. Sogar **Emil Nolde** hat auf diese Weise be-

Nordfriesland

zahlt. Und all diese Bilder hängen nun in der blau-weiß gekachelten Gastwirtschaft, insgesamt etwa 150 Werke.

● **Landgasthof Bongsiel:** Ockholm-Bongsiel, Am Kanal 2, Tel. (04674) 1445, www.bongsiel.de. Geöffnet: tägl. außer Di. 11.30–14.00, 17.00–22.00 Uhr. Hier gibt es übrigens sehr leckere Aalgerichte!

● **Zu erreichen:** Von Dagebüll am Deich entlang bis Schlüttsiel fahren, dann noch knapp 3–4 km weiter Richtung Süden und schließlich nach links Richtung Ockholm und weiter zum Ortsteil Bongsiel.

# Niebüll

## Überblick

Niebüll ist ein schon **etwas größerer Ort,** jedenfalls im Vergleich zu den vielen umliegenden Ortschaften, die auch alle auf „-büll" enden.

Früher war Niebüll auch keine allzu große Siedlung, aber zwei historische Geschehnisse ließen den Ort wachsen. Zum einen der Bau einer Bahnlinie Ende des 19. Jh., was zu einem ersten, bescheidenen **wirtschaftlichen Aufschwung** führte. Zum anderen die Tatsache, dass 1920 die deutsch-dänische Grenze nach einer Abstimmung neu gezogen und der Sitz der Kreisverwaltung nach Niebüll verlegt wurde. Die Folge: Bäuerliche Betriebe schwanden, Handwerk und Dienstleister rückten nach.

Niebüll hat heute den Charme einer Kleinstadt. Der **Ortskern** zeigt sich weitestgehend verkehrsberuhigt. Hier liegen die wichtigsten Läden, einige Lokale, zwei Museen, ein großes Hotel und ganz in der Nähe eine große Parkfläche am Marktplatz.

Außerdem befindet sich am Bahnhof die **Autoverladung für die Sylt-Urlauber,** die mit ihrem Wagen auf die Insel wollen. Von Niebüll pendeln die Shuttle-Züge hinüber nach Sylt.

## Sehenswertes

**Richard-Haizmann-Museum**

Das Richard-Haizmann-Museum ist ein im ehemaligen Rathaus untergebrachtes **Museum für moderne Kunst,** das Werke von *Haizmann* (1895–1963) sowie wechselnde Ausstellungen zeigt. *Haizmanns* Arbeiten wurden von den Nazis als „entartete Kunst" verunglimpft, was ihn aus Hamburg nach Niebüll flüchten ließ, wo er bis zu seinem Tode dann blieb.

●**Richard-Haizmann-Museum,** Rathausplatz 2, Tel. 1010. Geöffnet: Di.-Fr. 11.00–16.30 Uhr, Sa. 10.00–12.00 Uhr, So. 14.00–17.00 Uhr. Eintritt: frei.

**Natur-kunde-museum**

Das Naturkundemuseum ist ein modernes Museum, das in einem älteren Gebäude untergebracht ist. In 12 Räumen werden **Tiere und Naturlandschaften der Region** vorgestellt, dabei wird sowohl über Wald und Wiesen, als auch über das Watt informiert. In drei größeren Aquarien können sowohl Süßwasserfische, als auch Meeresbewohner bestaunt werden.

●**Naturkundemuseum,** Hauptstr. 108, Tel. 5691. Geöffnet: 1.4.-31.10. Di.-So. 14.00–17.30 Uhr. Im Juni, Juli, August auch Mo. Eintritt: Erw. 2,50 €, Kinder 1 €, Kinder unter 6 Jahren frei.

**Friesisches Museum**

Das Friesische Museum liegt etwas außerhalb des Ortskerns in einem reetgedeckten ehemaligen Bauernhaus aus dem Jahr 1844. Es handelt sich dabei um ein so genanntes uthlandfriesisches Langhaus. Heute werden hier **Möbel, Einrichtungen und Lebenswelt der Friesen** aus den vorigen Jahrhunderten thematisiert. Der Besitzer des Hauses ist übrigens der „Frasche Feriin for Naibel-Deesbel än trinambai", der Friesenverein Niebüll.

●**Friesisches Museum,** Osterweg 76, Tel. (0175) 4146185. Geöffnet: von Juni bis September 14.00–16.00 Uhr. Eintritt: 2 €, Schüler 1 €.

Nordfriesland

## Praktische Reisetipps

**Info**

- **PLZ:** 25899.
- **Vorwahl:** 04661.
- **Einwohner:** 9000.
- **Fremdenverkehrsverein Niebüll:** Postfach 1205 oder Rathaus, 25892 Niebüll, Tel. 941015, Fax 8595, E-Mail: niebuell@nf-tourismus.de, www.nordfrieslandtourismus.de.

**Unterkunft**

- **Niebüller Hof** €€€€, Hauptstr. 15, Tel. 608001, Fax 1267, www.niebueller-hof.de. Das größte Haus am Ort mit 145 Zimmern, unweit vom Ortskern gelegen.
- **Insel-Pension** €€€, Gotteskoogstraße 4, Tel. 2145, Fax 942030, www.inselpension.de. Insgesamt 17 Zimmer bietet dieses kleine Haus mit Garni-Betrieb, das ein klein wenig entfernt vom Zentrum liegt.
- **Jugendherberge,** Mühlenstr. 65, Tel. 937890, Fax 9348744.

**Gastronomie**

- **Café am Rathaus,** Rathausplatz, Tel. 8468. Zentraler geht's nimmer und man sitzt ab 9.00 Uhr nett vor dem Rathaus, im Sommer bis 22.00 Uhr.
- **Restaurant Zur alten Schmiede,** Hauptstr. 27, Tel. 4218. Bietet eine fundierte Küche mit Hausmannskost.
- **Friesenhof,** Bahnhofstr. 26, Tel. 5525. Gemütlich-rustikales Ambiente, auf der Speisekarte dominieren Fisch- und Fleischgerichte, tägl. ab 17.00 Uhr.

**Aktivitäten**

- **Bahnverbindungen:** Nach Dagebüll geht es etwa (!) alle 2 Stunden mit der neg (Norddeutsche Eisenbahngesellschaft); nach Sylt: mindestens einmal pro Stunde mit der NOB; nach Husum: stündlich, teilweise häufiger; nach Tønder verkehrt ein Zug der NOB grob (!) alle 2 Stunden, mit Anschluss nach Ribe und Esbjerg. Bis Tønder gilt übrigens das Schleswig-Holstein-Ticket. Infos: Tel. 0180-1018011 oder www.nord-ostsee-bahn.de.
- **Hallenbad:** Tondernstraße, Tel. 96160.

## Ausflüge

**Rio Reiser Museum**

In diesem kleinen Museum auf dem Hof Fresenhagen wird die Geschichte von **Rio Reiser** und der Band **„Ton Steine Scherben"** eindringlich dokumentiert, von den Anfängen in Berlin bis zur Solokarriere von *Rio Reiser*. 1975 zog die Band von Berlin nach Nordfriesland auf einen alten Bauern-

hof und richtete sich dort ein Tonstudio ein. Im Garten liegt der mit 46 Jahren viel zu früh verstorbene Künstler begraben, er landete mit *„König von Deutschland"* seinen wohl bekanntesten Hit.

● **Geöffnet:** 10.00–18.00 Uhr, Eintritt: 2 €, idealerweise nach Voranmeldung unter Tel. (04662) 5222, www.rio reiserhaus.de.
● **Zu erreichen:** Zunächst nach Leck fahren, dann weiter auf der B 199 Richtung Flensburg und etwa 3 km hinter Leck links in einen Wald abbiegen. Das Museum ist recht klein ausgeschildert, auffälliger der Hinweis zu einem Golfplatz, an dem man vorbei fährt. Das Haus, ein alter Bauernhof in Fresenhagen, wird nach einem knappen Kilometer durch den Wald erreicht.

Hier lebte Rio Reiser

## *Klanxbüll*

### Überblick

Für viele angehende **Sylt-Urlauber** bleibt Klanxbüll nur als flüchtiger letzter Stopp in Erinnerung, bevor die Bahn zum Endspurt über den Hindenburgdamm ansetzt. Aber gar nicht so wenige kommen zurück, um wenigstens für einen Tag friesische Festlandluft zu schnuppern. Genügend Urlauber bleiben auch gleich ganz da und genießen ein deutlich unverfälschteres Ambiente.

Klanxbüll ist ein **kleiner Ort mit vielen Parkplätzen.** Die sind aber durchaus nötig, kommen doch genügend Urlauber aus allen Winkeln der Nord- und Ostsee, um einen Schnuppertag auf Sylt zu verbringen. Und da alle mit dem Pkw kommen, braucht es halt Parkraum, den sich die Klanxbüller folgerichtig auch gut bezahlen lassen.

### Sehenswertes

**Info-
zentrum
Wieding-
harde**

In Klanxbüll lohnt vor allem das Infozentrum Wiedingharde einen Besuch. Hier erhält man anschauliche und nicht faktenüberladene **Einblicke in das Leben der Region.** Landwirte, Naturschützer und Betreiber von Windenergie haben sich in diesem Projekt zusammengetan und stellen die Region in ausgesuchten Beispielen vor. Anfassen ist hier ausdrücklich erwünscht, die Erlebnis-Ausstellung vermittelt Eindrücke vom Leben hinter dem Deich und im Watt.

●**Infozentrum Wiedingharde:** Toft 1 (200 Meter vom Bahnhof entfernt, aus dem Gebäude raus nach rechts und dann an der Querstraße nach links), 25924 Klanxbüll, Tel. (04668) 313, Fax 319, www.wiedingharder-infozentrum.de. Geöffnet: Juni–Sept. Mo.–Sa. 9.00–16.00 Uhr, So. 9.00–12.00 Uhr, Okt.–Mai Mo.–Sa. 9.00–12.00 Uhr.

## Praktische Reisetipps

**Aktivitäten**

● **Wattwandern:** Der Wattführer *Boy Boysen* bietet Touren durchs Watt an, sowohl eine dreistündige kleine Tour zum kennenlernen, als auch eine große Wanderung hinüber zur Insel Föhr. Außerdem unternimmt *Boysen* Exkursionen zur Hallig Oland, Langeness oder Hooge. Infos: *Boy Boysen,* W.N.Koog 6, 25924 Klanxbüll, Tel. (04668) 92000, Fax 920020.

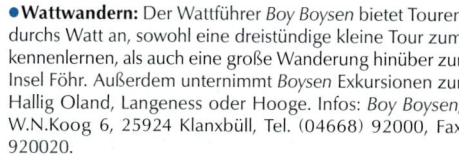

*Friedrich-Wilhelm-Lübke-Koog*

Ganz oben links, nur wenige Kilometer von der dänischen Grenze entfernt, liegt der Friedrich-Wilhelm-Lübke-Koog. Eine gut ausgebaute Straße verläuft in fast rechteckiger Führung durch den Koog. Er war das **letzte große Projekt der Eindeichung** zur Landgewinnung an der Westküste. Vom Hindenburgdamm bis nach Horsbüll wurde ein 8,7 Kilometer langer Deich errichtet, sodass 1300 Hektar Land gewonnen werden konnten. Teilweise arbeiteten damals über tausend Menschen am Deichbau.

Der Koog wurde 1954 besiedelt, immerhin fast 1000 Menschen hatten sich als mögliche **Siedler** beworben. Ausgewählt wurden schließlich 41, von denen 21 Vertriebene waren.

Auffällig sind heute vor allem die **vielen Windräder,** die sich hier im ständig wehenden Wind drehen. Jeder Sylt-Urlauber kennt das Bild: Kurz vor dem Erreichen des Hindenburgdamms stehen die Windräder wie die Orgelpfeifen aufgereiht auf der linken Seite. Genau dort liegt der Koog. Wer hier auf den Deich klettert, kann die Züge nach Sylt über den Hindenburgdamm vorbeirattern sehen und nicht nur bei gutem Wetter hinüber auf die Ostspitze Sylts schauen.

**Nordfriesland**

# Seebüll

## Sehenswertes

**Emil-Nolde-Museum**

Das Emil-Nolde-Museum wurde in dem **Atelier und Wohnhaus des Malers Emil Nolde** in Seebüll eingerichtet. Hier entstanden seine großartigen Werke, die von den Eigenarten der friesischen Landschaft berichten, von Sturm und Deich, rasendem Himmel und Farbenpracht des Frühlingsraps'. Auch die Geschichte der „ungemalten Bilder" wird erzählt, als die Nazis mit einem Malverbot versuchten, *Nolde* kaltzustellen. Hervorzuheben bleibt auch sein prachtvoller Blumengarten.

Besucher betreten zunächst ein elegantes Forum mit Museumsshop, Restaurant und einer Ausstellung zu *Noldes* Leben (inklusive eines Filmes).

●**Emil-Nolde-Museum,** Tel. (04664) 364. Geöffnet: März bis Nov. 10.00–18.00 Uhr, Dez. bis Febr. geschlossen. Eintritt: Erw. 8 €, ermäßigt 3 €.

# Emil Nolde und das Malverbot

Der Brief kam per Einschreiben. Das Datum: 23. August 1941, der Absender: der Präsident der Reichskammer der bildenden Künste. Im besten Amtsdeutsch wurde dem Maler *Emil Nolde* ein Berufsverbot mitgeteilt. Der Führer höchstpersönlich hatte „Richtlinien zur künstlerischen Haltung ... in Verantwortung gegenüber Volk und Reich" festgelegt. Der Herr Präsident kam zu der Erkenntnis, dass „... Sie jedoch auch heute noch diesem kulturellen Gedankengut fern (stehen) und entsprechen nach wie vor nicht den Voraussetzungen, die für Ihre künstlerische Tätigkeit im Reich ... erforderlich sind."

Die Konsequenz: Ausschluss aus der Kammer der bildenden Künste und Malverbot. Ergänzt wurde der Brief mit der Bemerkung, dass „anlässlich der (...) vom Führer aufgetragenen Ausmerzung allein 1052 Werke beschlagnahmt wurden." Das war wohl ein trauriger Rekord. Zu jenem Zeitpunkt war Emil Nolde bereits 76 Jahre alt und lebte in der friesischen Abgeschiedenheit auf einem Hof in Seebüll.

Nolde wurde überwacht, bekam kein Material und malte dennoch. Gerade in jener Zeit entstanden kleine Aquarelle, seine so genannten „Ungemalten Bilder". Kaum jemand wusste davon. Etwa 1300 Kunstwerke schuf Nolde auf diese Weise bis 1945. Einige übertrug er später, am Ende seiner Karriere, in großformatige Ölbilder.

Nolde wurde am 7. August 1867 als *Emil Hansen* in dem winzigen Dorf Nolde bei Tondern geboren. Er war der Sohn eines Bauern, der wenig Verständnis für Klein-Emils künstlerische Neigung hatte. So kam es wie so oft, Emil lernte erst einen „richtigen" Beruf (Möbelschnitzer) und fand über etliche Umwege zur Malerei.

1892 war er beispielsweise Lehrer in St. Gallen. Dort erfuhr er auch erste künstlerische Erfolge, nachdem er die Gebirgslandschaft mit menschlichen Gesichtern verfremdet auf Postkarten darstellte. Die gingen weg wie die sprichwörtlichen warmen Semmeln und machten ihn finanziell unabhängig. Daraufhin studierte er in Paris, München, Dresden und Kopenhagen.

So langsam machte er sich einen Namen, nannte sich nun auch Nolde und nicht mehr Hansen. Kurze Zeit war er Mitglied der Künstlervereinigung „Brücke", verließ diese aber bereits 1907 wieder. Dem Expressionismus blieb er jedoch treu. Nolde pendelte in jener Zeit zwischen Berlin und der dänischen Insel Alsen, eine Studienreise führte ihn dann sogar bis Neuguinea.

Nolde gewann nach dem Ersten Weltkrieg an Renommee, lebte in Berlin und in Friesland. 1927 baute er sich sein großes Haus in Seebüll, wo er die Nazizeit überstand. Eine Emigration lehnte er ab. Am 13. April 1956 verstarb Emil Nolde in seinem Seebüller Domizil.

Neben seinen „Ungemalten Bildern" blieb die friesische Landschaft, mit grellen, kontrastreichen Farben dargestellt, sein beherrschendes Thema und beeindruckt auch heute noch. Siegfried Lenz setzte Nolde mit seinem Roman „Deutschstunde" ein literarisches Denkmal.

Nordfriesland

# Rosenkranz

## Überblick

Rosenkranz ist eigentlich nur ein Punkt auf der Landkarte, obendrein Grenzübergang nach Dänemark. Aber der Ort weist ein einzigartiges Kuriosum auf, einen ziemlich **merkwürdigen Grenzverlauf.** Die Grenze verläuft nämlich genau auf der Straße, die Rosenkranz mit dem nur 300 Meter entfernten Nachbarort Rudbøl verbindet. Der deutsche und der dänische Grenzposten lagen etwa 100 Meter auseinander (seit 2001 gibt es keine Grenzposten mehr). Genau auf der Straße, die beide Posten verband, verläuft die Grenze. Aus Deutschland kommend zählt die rechte Straßenseite zu deutschem Territorium, die linke zum dänischen. In die Straße wurden Grenzsteine eingelassen, die den genauen Verlauf markieren, erkennbar an den kleinen Richtungsstrichlein. So kann jeder das klassische Foto machen, mit einem Bein in Dänemark, mit dem anderen in „Tyskland".

## Praktische Reisetipps

**Gastro-nomie**

- **Rudbøl Grænsekro:** auf der dänischen Seite gelegen.
- **Alter deutscher Grenzkrug:** Tel. (04664) 386. Auf der deutschen Seite gelegen.

# Rickelsbüller Koog

## Überblick

Der 535 ha große Rickelsbüller Koog ist **Deutschlands nordwestlichster Zipfel** auf dem Festland. Gleich hinter dem Grenzdamm schließt sich der benachbarte dänische Margrethekog an.

Seitdem der Rickelsbüller Koog 1928 geschlossen wurde, entwickelte sich hier ein ungewöhn-

liches Süßwasserbiotop, das eine **Vielzahl von Vögeln** anlockt. Speziell im Frühjahr und Spätsommer versammeln sich hier Scharen von Zugvögeln. Am Grenzdamm wurde eine kleine Hütte zur Vogelbeobachtung geschaffen und am Außendeich erwartet ein Parkranger Gäste im Informations-Pavillon.

## Praktische Reisetipps

**Unterkunft**

● **Rickelsbüller Hof** €€, Neudorf 8, 25924 Rodenäs, Tel. (04668) 92010, Fax 920148, www.rickelsbueller-hof.de. Das Haus liegt nicht weit vom Koog entfernt und bietet 6 Doppelzimmer, 4 Einzelzimmer, 2 Vierbettzimmer sowie ein Ferienhaus und ein Heuhotel. Ein Restaurant ist angeschlossen.

Mit einem Bein in Dänemark, mit dem anderen in Tyskland

Nordfriesland

0k9ns Foto: fr

*Ausflüge*

# *Sylt*

Entweder man liebt die Insel oder man hasst sie, dazwischen gibt es nichts. Behaupten viele. Denn: ja, es stimmt schon, Sylt ist teuer. Sylt kann schnöselig sein. Auf Sylt laufen Promis herum, Neureiche und Möchtegerne. Alles richtig, aber vor allem sind dort ganz normale Menschen zu treffen. So wie du und ich. Und alle suchen den tollen Strand und die herrliche Seeluft.

**Westerland**

Angucken: Westerland. Auf jeden Fall den **Strand.** Dorthin geht es durch die **Friedrichstraße,** der Hauptflaniermeile von Westerland. Hier gibt es sehr viele Lokale, allen voran der nicht zu übersehende **„Gosch".** Und es gibt mindestens so viele Geschäfte wie gastronomische Betriebe.

Hier also muss jeder einmal durch. Außerdem lohnt ein Schwenk in die Parallelstraße, die **Strandstraße,** auch dort gibt es noch Lokale und Geschäfte.

Der Strand ist sehr breit (bei Ebbe) und wird von einer ziemlich langen **Promenade** begleitet. Allerdings bedeutet „Promenade" hier mehr ein Holzsteg ohne Shops u.Ä., dennoch kann man da nett laufen. Wird der Strandübergang beim Hotel Miramar erreicht, liegt halbrechts die **Musikmuschel,** wo am Nachmittag immer Kurkonzerte stattfinden. Nach links gegangen werden schnell zwei Lokale erreicht, die leicht erhöht über den Dünen liegen. Von der jeweiligen Terrasse genießt man einen formidablen Blick auf Strand und Meer, besonders zur Sonnenuntergangszeit.

**Keitum**

Wenn schon, dann nach **Keitum** fahren. Es ist das mit Abstand schönste Dorf der Insel. Mehrere alte, reetgedeckte Kapitänshäuser, hohe Kastanien und richtig idyllische Straßen prägen das Dorfbild. Auch beeindruckend: die etwas am Ortsrand stehende **St.-Severin-Kirche.**

Ausflüge

●**Hinkommen:** Nach Sylt geht es nur per Bahn (oder über
die dänische Insel Rømø per Fähre), die NOB (Nord-Ostsee-Bahn) fährt etwa einmal pro Stunde entlang der gesamten Westküste von Hamburg kommend. Einstieg ist
möglich u.a. in Heide, Husum, Friedrichstadt, Niebüll,
Klanxbüll. Wer nach Keitum möchte, steigt an der gleichnamigen Station aus, sonst im Endbahnhof Westerland.
●**Ticket:** Eine Kleingruppe von bis zu fünf Personen kann
nach 9.00 Uhr mit dem Schleswig-Holstein-Ticket fahren,
am Wochenende sogar ganztägig, also bereits vor 9.00
Uhr. Aber **Achtung:** Das Ticket gilt nicht im IC, die auch
noch vereinzelt nach Sylt hochfahren.
●**Infos:** www.nord-ostsee-bahn.de, www.westerland.de,
www.sylt-ost.de (für Keitum).
●**Buchtipp: „Nordseeinsel Sylt",** erschienen im REISE
KNOW-HOW Verlag, Bielefeld.

Am schönen breiten Strand

## Hamburg

Mal einen Besuch an Alster und Elbe machen und mit einem Bummel über die Reeperbahn abrunden? Nichts leichter als das. Die Züge der NOB fahren entlang der Westküste direkt ins Herz der Hansestadt.

**Rathaus**

Vom Hauptbahnhof führt die **Mönckebergstraße,** die Hamburger Einkaufsstraße, direkt zum schmucken **Rathaus.** Für gewöhnlich sind Hamburger ja ruhige, zurückhaltende Zeitgenossen, aber beim Bau ihres Rathauses ließen die Hanseaten einmal alle Bescheidenheit fahren. Beim Bau wurde an nichts gespart, 1897 wurde dieses Schmuckstück eingeweiht. Schon die Außenfassade ist beeindruckend, aber erst recht die Inneneinrichtung. Etwa stündlich finden 50-minütige Führungen statt. Lohnend!

**Binnen-alster**

Vom Rathaus wird in wenigen Schritten die **Binnenalster** erreicht, ein in diesem Bereich aufgestauter Fluss, der in die Elbe mündet. Hier liegen weitere Shopping-Passagen, Lokale und ein Luxushotel. Man kann mit kleinen Schiffen eine Alsterkreuzfahrt unternehmen, der Anleger befindet sich bei der Straße Jungfernstieg, unweit des Rathauses.

**Hafen**

Der Hamburger Hafen ist einer der größten weltweit, aber so richtig gut besichtigen kann man ihn eigentlich nicht. Mit einer **Hafenrundfahrt** ist es schon ganz gut möglich, diese Boote starten bei den Landungsbrücken. Auch ein **Spaziergang** entlang einer etwa einen Kilometer langen Straße am Hafenrand zeigt das schöne Hafenpanorama. Am besten dazu beim Rathaus die U-Bahn von der gleichnamigen Station „Rathaus" nehmen, konkret die **U-3 in Richtung Barmbek** und sich möglichst auf die **linke Seite (!)** setzen. Alsbald kriecht nämlich die U-Bahn nach oben, fährt oberirdisch am Hafen entlang und garantiert die tollsten Ausblicke. Aussteigen dann bei der Station „Landungsbrücken", wo eine Hafenrundfahrt gebucht werden kann. Oder Sie schlendern entlang der Hafenkante an einigen wenigen Lokalen sowie an zwei **Museumsschiffen** (können beide besichtigt werden) vorbei. Wenn Sie die U-Bahnstation „Baumwall" erreicht haben, können Sie nach rechts über den Kanal noch einmal kurz in die **Speicherstadt** hinüber. Das ist ein Ensemble von wuchtigen Speicherhäusern aus dem 19. Jh., in denen Waren in Milliardenwerten gelagert wurden und teilweise noch werden. Im Hinterland entsteht heute ein ganz neuer Stadtteil mit Namen **„Hafencity",** die ersten Bauten stehen schon.

**Reeper-
bahn**

Oder Sie fahren rüber zur Reeperbahn, die allerdings bei Tageslicht doch etwas trist wirken kann. Vom „Baumwall" mit der U-Bahn der Linie U-3 zwei Stationen in Richtung Barmbek fahren bis zur

Ausflüge

08/2hh Foto: mf

**Station „St. Pauli".** Dort dann aussteigen, die Treppe hoch und schon ist die sündige Meile erreicht. Jetzt einmal die Reeperbahn entlang bummeln bis zum anderen Ende, wo die S-Bahnstation „Reeperbahn" liegt. Von hier kommen Sie rasch wieder mit der S-Bahn nach Hamburg-Altona, von wo die Züge zurück an die Nordseeküste starten.

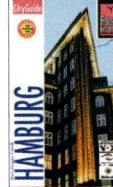

● **Hinkommen:** Die NOB fährt von Westerland kommend bis Hamburg-Altona (nicht zum Hauptbahnhof!). Im Altonaer Bahnhof dann runter zur S-Bahn und vier bzw. fünf Stationen (es gibt zwei Linien) bis zum Hauptbahnhof fahren. Das Schleswig-Holstein-Ticket gilt auch im HVV (Hamburger Verkehrsverbund) und damit in der U-Bahn und auch in der S-Bahn.

● **Infos:** www.hamburg.de, www.hvv.de (Infos zum Öffentlichen Nahverkehr).

● **Buchtipps: „Hamburg"** und **„CityTrip Hamburg",** beide erschienen im Reise Know-How Verlag, Bielefeld.

## Tønder

Nur wenige Kilometer hinter der Grenze liegt Tønder (ausgesprochen wie „Tönner"). Das war in vergangenen Tagen auch schon mal anders. Da hieß der Ort Tondern und war **deutschsprachig,** aber 1920 wurde bei einer **Volksabstimmung** für Dänemark optiert.

**Ortskern**   Tønder hat einen reizvollen **Ortskern.** Herausragendes Gebäude ist **Det gamle Apotek** (die alte Apotheke) aus dem Jahr 1617 in der Østergade 1, wo ein breites Sortiment an dänischem Kunsthandwerk angeboten wird.

Die **Kristkirke** aus dem späten 16. Jh. diente mit ihrem 48 m hohen Turm früher als Seezeichen. Weitere schöne Häuser stehen in der **Fußgängerzone** Storegade und in deren Verlängerung Vestergade.

Der Schnitzaltar im Dom zu Schleswig

●**Hinkommen:** Per Auto immer der B 5 bis zur dänischen Grenze folgen und dann weiter auf der dänischen Fernstraße 11.

Per Bahn: Ab Niebüll fährt knapp alle zwei Stunden ein Zug der NOB rüber nach Tønder.

●**Infos:** www.nord-ostsee-bahn.de, www.marschundfoerde. de (mit Tipps zum Ort und weiteren Weblinks).

## *Schleswig*

Schleswig liegt am äußersten westlichen Ufer der **Schlei,** also noch nicht an der Ostsee. Diese Lage wussten aber auch schon die Wikinger zu nutzen, die hier am Kreuzungspunkt wichtiger Handelsstraßen ihr legendäres Dorf Haithabu errichteten. Weiterhin können die reizvolle Altstadt mit dem eindrucksvollen Dom, sowie das Schloss Gottorf besucht werden.

**Schloss Gottorf**

Es ist das **größte Fürstenschloss im Lande** und war von 1544 bis 1713 die Residenz der Herzöge von Schleswig-Holstein-Gottorf, einer Nebenlinie des dänischen Königshauses. Heute befindet sich

Ausflüge

535ns Foto: mf

hier das **Schleswig-Holsteinische Landesmuseum,** in dem alle wichtigen Exponate zur Landesgeschichte, zur Kunst- und Kulturgeschichte, sowie zur Archäologie ausgestellt sind. So auch die ca. **2000 Jahre alten Moorleichen,** die so etwas wie die Stars der Sammlung sind.

Hinter dem Schlossgebäude öffnet sich ein weitläufiger Barockgarten, wo auch ein einmaliger Riesenglobus aus dem 17. Jh. steht.

**St. Petri-Dom**

Der Dom steht in der Altstadt und ist einer der mächtigsten Sakralbauten des Landes, errichtet im 15. Jh. Der Dom ist größer als die meisten anderen Kirchen, alleine der **Turm** misst 112 Meter. Man kann nach oben steigen, ein traumhafter Blick über die Schlei ist die Belohnung. Schönster Teil im Inneren ist der **Schnitzaltar** aus dem 16. Jh., gefertigt von *Hans Brüggemann*.

Die alte Fischersiedlung „Holm"

Wikinger-Häuser in Haithabu

536rs Foto: mf

**Fischer-siedlung „Holm"**

Nur wenige Schritte entfernt liegt die alte Fischer-siedlung „Holm", ein wahres architektonisches Kleinod. Ausgehend von einem kreisrunden zentralen Platz, auf dem der örtliche **Friedhof** untergebracht ist, stehen hier ausschließlich kleine, gedrungene Häuser, die teilweise schon mehrere hundert Jahre alt sind.

**Haithabu**

Etwas außerhalb liegt das **Wikingermuseum** Haithabu an historischer Stelle. Ausgestellt sind in fünf Räumen viele Exponate aus der Wikingerzeit inklusive des Nachbaus eines Wikingerschiffes. Etwas entfernt vom eigentlichen Museum stehen originalgetreue Nachbauten einiger Häuser aus der Wikingerzeit.

●**Tipp:** Eine kleine Fähre pendelt einmal pro Stunde vom Hafen über die Schlei bis zu einem Anleger unterhalb des Museums.
●**Hinkommen mit dem Auto:** Schleswig kann gut erreicht werden, ab Husum beispielsweise über die B 201. Oder ab St. Peter-Ording zunächst auf der B 202, weiter dann ab kurz hinter Erfde auf einer Landstraße Richtung Kropp, von wo es über die B 77 hoch nach Schleswig geht. Von Heide auf der B 203 bis Rendsburg und weiter dann auf der B 77.

Ausflüge

**Per Bahn:** Machbar, aber etwas umständlich. Erst nach Husum fahren, dort dann umsteigen in einen Zug der NOB Richtung Kiel und bis Schleswig fahren. Frequenz: einmal pro Stunde. Vom Schleswiger Bahnhof ist es ein strammer 30-Minuten-Fußmarsch bis in die City und immer noch 15 Minuten bis zum Schloss (Haithabu ist eigentlich nicht zu Fuß erreichbar). Stadtbusse 1502, 1503 und 1505 fahren vom Bahnhof bis zum ZOB, der nur 5 Minuten Fußweg vom Dom entfernt liegt. Alle Busse passieren auch das Schloss.

## *Helgoland*

Ein Besuch auf Helgoland, der einzigen Hochseeinsel Deutschlands, hatte für viele nur einen Zweck: zollfrei einkaufen. Kein Wunder, dass somit der geringschätzige Name **„Fuselfelsen"** entstehen konnte. Aber nur um ein paar Euro zu sparen, eine mehrstündige Schiffsfahrt unternehmen? Das wohl doch nicht.

Helgoland fällt tatsächlich ein wenig aus dem Rahmen, liegt die Insel doch weit draußen in der Nordsee, 70 km vom Festland entfernt. Allein das **An-Land-Gehen** gestaltet sich etwas umständlich, muss doch jeder Besucher ausgebootet werden. Kein Schiff, mit Ausnahme der schnellen Katamarane, kann direkt im Hafen anlegen. Alle anderen Ankommenden müssen von der Fähre in kleine offene Börde-Boote hinunterklettern, das versteht man unter Ausbooten.

●**Angucken:** Ein Besuch der Insel ist relativ schnell abgehakt, selbst wer sich viel Zeit lässt, umrundet Helgoland in weniger als 2 Stunden. Sehenswert sind der Kontrast zwischen Ober- und Unterland (kann per Fahrstuhl überbrückt werden) und die farbenprächtigen Hummerbuden am Hafen. Falls Zeit bleibt, lohnt ein Besuch auf der Düne, einer Art Nebeninsel. Nur dort kann man an einem Strand baden. Helgoland ist nach wie vor Duty-free-Zone, es lohnt sich also auch wegen des Einkaufs dort hinzuschippern.
●**Hinkommen:** Von Büsum starten in der Saison täglich Ausflugsschiffe.
●**Buchtipp:** „Helgoland", erschienen im REISE KNOW-HOW Verlag, Bielefeld.

## Halligen

**Hallig Hooge** oder **Hallig Gröde** sind die meist-
besuchten Inselchen. Diese Mini-Eilande bieten
keine klassischen Sehenswürdigkeiten, sie selbst
sind das eigentlich Faszinierende. „Hier könnte ich
nicht leben", diesen Ausruf hört man immer wieder von staunenden Besuchern. Alles sei viel zu
klein und zu einsam. Hooge misst 5,5 km², Gröde
2,8 km².

Als Besonderheit gelten die etwas erhöht liegen-
den Häuser, die auf so genannten **Warften** erbaut
wurden. Im Herbst heißt es regelmäßig „Land-
unter", dann überspült die graue Nordsee die gesamte Hallig, und die Bewohner hoffen das Beste,
viel mehr können sie nicht tun.

●**Angucken:** Auf Hallig Hooge existiert ein **Heimatmuseum,** in dem 300 Jahre Hallig-Geschichte dokumentiert
sind.
●**Hinkommen:** nach Gröde per Schiff von Schlüttsiel oder
nach Hooge von Nordstrand.

## Bergenhusen

Bergenhusen wird auch das „**Storchendorf**" genannt. Der Grund hierfür sind etwa ein Dutzend
Storchenpaare, die jedes Jahr kommen, ein Nest
besetzen und ihre Jungen aufziehen. Die Störche
nisten buchstäblich übers Dorf verteilt. Hier mal
auf einem Hausdach, dort auf einem Pfahl und
wieder woanders auf einer Scheune. Besucher
können durch das Dorf schlendern und die Störche aus der Distanz beobachten. Außerdem lohnt
zum vertiefenden Verständnis eine Visite im **Na-
turschutzzentrum,** dort weiß man alles über
Adebar und die umgebende Landschaft.

Die Störche kommen meist im April, im Juni
schlüpfen die ersten Jungen und etwa Mitte August verlassen sie ihr holsteinisches Quartier.

Ausflüge

●**Hinkommen:** Über die B 202 aus Richtung St. Peter-Ording über Friedrichstadt in Richtung Kiel bis Norderstapel fahren. Dort die B 202 verlassen und der Ausschilderung nach Bergenhusen folgen.

## *Von Küste zu Küste*

Wenn man sich nun schon mal im hohen Norden an der Nordsee aufhält, dann spricht doch wenig dagegen, sich auch einmal das andere Meer unseres Landes anzuschauen, die Ostsee. Ich möchte Ihnen hier eine kleine Rundreise vorschlagen, sozusagen einen Schnupperkurs in Sachen Ostsee anbieten, eine Reise „coast to coast".

Egal wo Sie an der Nordseeküste Urlaub machen, die Tour sollte Sie zunächst nach **Schleswig** führen. Was man da alles sehen kann, das steht ausführlich unter dem Stichwort „Schleswig". Wir aber wollen ja an die Ostsee und Schleswig liegt noch gute 30 km entfernt.

**Schlei**

Das Wässerchen, das Sie vielleicht bei Einfahrt in die Stadt sehen, ist nämlich noch nicht die Ostsee, das ist die **Schlei.** Die Schlei? Genau, jener gut 30 km lange traumhaft schöne Fjord, an dem die beliebte Fernsehserie „Der Landarzt" gedreht wurde.

Also, von Schleswig geht es zunächst auf der B 201 in Richtung Kappeln. Diese Verbindung ist ausgeschildert und damit relativ leicht zu finden. Allerspätestens in Tolk sollten Sie abbiegen und in Richtung Brodersby fahren. Von dort geht es scharf links ab und dann immer entlang der Schlei.

Zunächst in Richtung **Lindau.** Dort können Sie ein Unikum betrachten, eine Brücke, auf der Autos und Züge wechselseitig fahren. Kommt ein Zug, müssen die Autos warten. Und manchmal haben auch die Segler Vorfahrt, dann wird die Brücke hochgeklappt, immer um „Viertel vor".

Weiter geht es jetzt unmittelbar an der Schlei entlang in Richtung Kappeln und Arnis. Traumhafte Ausblicke verspreche ich Ihnen! Rechts ziehen Segler vorbei, das Schilf wiegt sich im sanften Wind, winzige Dörfer mit malerischen Häusern werden passiert – beinahe idyllisch schön!

**Arnis**

Dann wird Arnis erreicht. Nicht irgendein Ort, sondern **die kleinste Stadt Deutschlands!** Knapp 400 Einwohner zählt dieses Städtchen und die Arnisser sind mächtig stolz auf ihren Status. Aber Autos lassen sie nicht mehr hinein, bitte draußen parken. Macht ja auch nichts, die Wege auf der einzigen Straße sind eh kurz.

**Kappeln**

Weiter geht es nach Kappeln. Dazu entweder die Fähre von Arnis nehmen und auf dem anderen Schleiufer nach links fahren, oder eben auf der „alten" Schleiseite noch ein Kilometerchen fahren. Kappeln hat einen **netten Ortskern** und eine Brücke, die stündlich einmal geschwenkt wird, damit Segler passieren können. Im Ortskern steht die Kneipe „Hotel Aurora", wo sich der „Landarzt" immer zum Stammtisch trifft.

**Maasholm**

Von Kappeln fahren Sie ein kurzes Stück auf der B 199 in Richtung Gelting, aber schon nach kurzer Zeit biegen Sie ab nach Maasholm. Wenn Sie dieses kleine Fischerdörflein erreicht haben, haben Sie auch die Ostsee gefunden! **Hübsche kleine Häuschen** lassen sich entdecken, ein paar Fischlokale und ein nicht ganz kleiner Hafen.

Die Reise wird fortgesetzt mit dem Überqueren der Drehbrücke in Kappeln und der Weiterfahrt auf der B 203 in Richtung Eckernförde.

**Schön-hagen**

Aber nur ein kurzes Stück, bei Karby wird abgebogen nach Schönhagen. Dieser kleine Ort liegt sehr schön am Ende der Straße, also ohne Durchgangsverkehr, an der Ostsee. Er zeichnet sich durch einen **feinen, hellen Sandstrand** aus. Hier kann man einen kleinen Spaziergang auf dem Deich machen, immer entlang der Ostsee.

Ausflüge

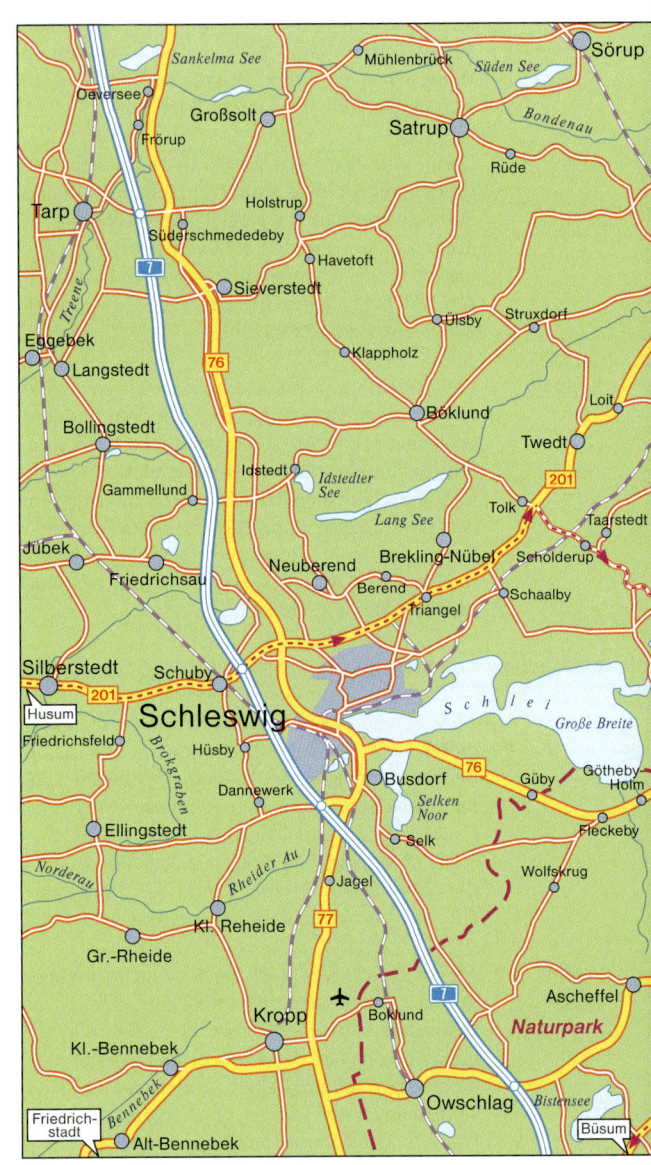

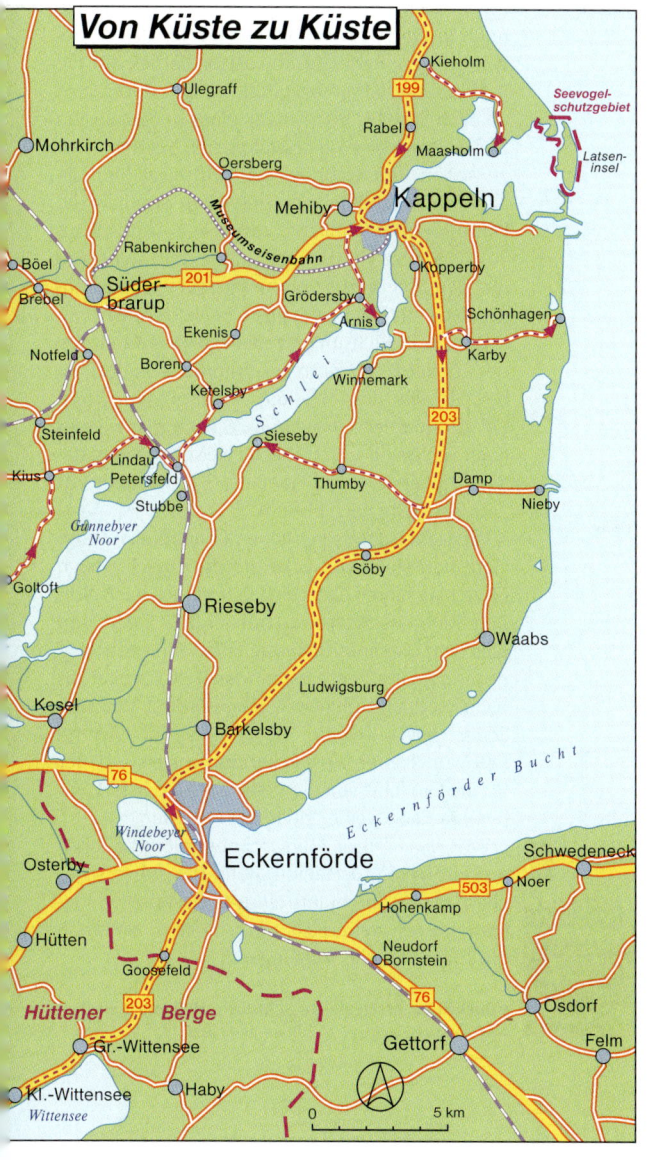

# Von Küste zu Küste

Kieholm

199

Rabel

Ulegraff

Maasholm

Seevogel-
schutzgebiet

Latsen-
insel

Mohrkirch

Oersberg

Mehiby

**Kappeln**

Rabenkirchen

Museumseisenbahn

Böel

201

Süder-
brarup

Kopperby

Brebel

Grödersby

Schönhagen

Ekenis

Arnis

Notfeld

Boren

Karby

Ketelsby

Winnemark

203

Steinfeld

Sieseby

Lindau

Petersfeld

Thumby

Damp

Kius

Stubbe

Nieby

*Gunnebyer
Noor*

Söby

Goltoft

**Rieseby**

Waabs

Ludwigsburg

Kosel

Barkelsby

*Eckernförder Bucht*

76

*Windebyer
Noor*

**Eckernförde**

Schwedeneck

Osterby

503

Noer

Hohenkamp

Hütten

Neudorf
Bornstein

Googefeld

203

76

Osdorf

*Hüttener* **Berge**

Gettorf

Felm

Gr.-Wittensee

Kl.-Wittensee

Haby

*Wittensee*

0          5 km

Ausflüge

**Sieseby**

Bevor es nun langsam zurückgeht, möchte ich Sie noch in **eines der schönsten Dörfer** dieser Gegend lotsen, nach Sieseby. Also: Zurück auf die B 203, runterfahren bis Grünholz und dort rechts ab nach Sieseby. Wie gesagt, eines der schönsten Dörfer des schleswig-holsteinischen Nordens. Fast zu schön, um wahr zu sei, schwappt hier die Schlei ans schilfbewachsene Ufer, strahlen die Häuser eine gemütliche, kuschelige Atmosphäre aus. Und wer Hunger bekommen hat, sollte einmal den „Schliekrog" probieren, ein weit bekanntes Lokal mit einer einmaligen Schlei-Terrasse.

**Zurück in Richtung Nordsee** geht es dann wieder auf der B 203 nach Eckernförde. Von dort haben Sie alle Möglichkeiten, abhängig von Ihrem Urlaubsquartier. Über die B 76 kann man wieder nach Schleswig fahren (mit teilweise erneutem tollem Schleiblick) und über die B 201 rüber zur Nordsee-Seite nach Husum.

Wer sein Urlaubsquartier im Großbereich Eiderstedt hat, sollte von Eckernförde zunächst nach Owschlag fahren. Dort ein kurzes Stück nach Norden (Richtung Schleswig) auf der B 77 weiter und gleich wieder links Richtung Erfde abbiegen. Von dort angelangt, geht es auf der B 202 weiter bis nach Friedrichstadt und St. Peter-Ording. Wer südlicher wohnt (Heide, Büsum, Friedrichskoog), fährt am besten von Eckernförde stets auf der B 203. Die führt von der Ostsee quer durchs Land hinüber nach Heide und endet in Büsum.

Wer dieser Tour folgt, schnuppert tatsächlich nur ein wenig Ostseeluft, aber, das sei versprochen, er/sie durchfährt eines der schönsten Gebiete im Ostseebereich, nach meinem Dafürhalten sogar die schönste Gegend!

●**Buchtipp: „Ostseeküste Schleswig-Holstein"**, erschienen im REISE KNOW-HOW Verlag, Bielefeld.

*Anhang*

692ns Foto: fr

# Literaturtipps

- *Augustiny, Waldemar:* **Die große Flut,** Husum 1996. Bericht von der „groten Mandränke", bei der die Insel Strand auseinander gerissen wurde.
- *Dünschede, Sandra:* **Deichgrab,** Gmeiner Verlag Meßkirch, 2006. Ein Dorf in Nordfriesland, abgeschieden und von verschlossenen, stolzen Menschen bewohnt. Tom Meissner kehrt nach dem Tod seines Onkels in eben jenes kleine Dorf zurück und erfährt, dass sein Onkel ein Mörder gewesen sein soll. Nun versucht er herauszufinden, was tatsächlich geschah. Die Autorin stammt aus Niebüll und schafft es mit präziser Schilderung die ureigene Atmosphäre Nordfrieslands auszubreiten.

  Von der gleichen Autorin: **Nordmord,** bei dem es um einen Mordfall in der friesischen Provinz geht, mit den gleichen handelnden Protagonisten aus dem Erstlingswerk.
- *Jung, Robert:* **Wiben Peter,** Boyens Verlag, Heide 1996. Der Bauer Wiben Peters kämpft zur Zeit der Dithmarscher Bauernrepublik vergeblich um sein Recht. Aus dem stolzen Dithmarscher Bauern wird ein verbitterter Seeräuber, der schließlich die eigenen Regenten bekriegt.
- *Köster-Lösche, Kari:* **Die letzten Tage von Rungholt,** Ullstein 2007. 1361 ging Rungholt in einer gewaltigen Sturmflut unter, hier wird ein spannender Roman um die Tatsachen herum gesponnen.

  Außerdem: **Mit der Flut kommt der Tod,** Droemer-Knaur München, 2006. Ein neuer Ermittler betritt die nordfriesische Bühne Ende des 19. Jh. *Sönke Hansen,* Wasserbauinspektor beim preußischen Amt in Husum, wird eher zufällig-widerwillig in einen Mordfall hineingezogen. Hansen soll eigentlich einen Steindeich auf der Hallig Langeneß durchsetzen gegen den Willen der Bewohner. Da wird eine Leiche geborgen und *Hansen* muss plötzlich ermitteln. Die Autorin, die selbst auf Langeneß lebt, gibt einen fundierten Einblick in die politische und soziale Situation jener Zeit und erzeugt gleichzeitig schöne Stimmungsbilder.

  Weitere Romane um den Wasserbauinspektor *Sönke Hansen:* **Der Austernmörder** und **Das Grab im Deich.**
- *Laage, Karl-Ernst:* **Theodor Storms Schimmelreiterland,** Verlag Boyens, Heide 2003. Schöner Bildband mit sowohl stimmungsvollen als auch historischen Fotos aus dem Land des Schimmelreiters, also aus der Husumer Bucht. Unterlegt sind die Fotos mit Zitaten aus dem berühmten Roman von *Theodor Storm.*
- *Speyer, Eugen:* **Wind der Freiheit,** Boyens, Heide 2000. Spannender Roman, der eine fiktive Geschichte wenige Tage vor der Schlacht von Hemmingstedt erzählt. In ständig wechselnden Szenen, die Spannung kontinuierlich er-

höhend, führt der Autor zum grausigen Finale, der entscheidenden Schlacht. Neben den historischen Fakten wird dem Leser auch ein vertiefender Blick in die Dithmarscher Sozialwelt jener Zeit vermittelt.

● *Völker, Thies:* **Quizbuch der Schleswig-Holsteinischen Nordseeküste,** Boyens Verlag Heide, 2007. Frage: „Was ist ein Quarkbüdel?" Antwortmöglichkeiten: A: Herrenunterhose, B: Quarktorte, C: Sporttasche, D: Nörgler, E: Physiklehrer. 300 Fragen wie diese stellt der Autor und liefert humorvolle Antworten zu allen möglichen Themenbereichen, teils witzig, teils absurd, aber immer auch lehrreich. Das ideale Familien-Buch bei Schietwetter. Richtige Antwort ist übrigens D.

# *Langfristige Sommerferienregelung*

| Bundesland | 2009 | 2010 | 2011 |
|---|---|---|---|
| Baden-Württemberg | 30.07.–11.09. | 29.07.–10.09. | 28.07.–10.09. |
| Bayern | 03.08.–14.09. | 02.08.–13.09. | 30.07.–12.09. |
| Berlin | 16.07.–28.08. | 08.07.–21.08. | 30.06.–12.08. |
| Brandenburg | 16.07.–29.08. | 08.07.–21.08. | 30.06.–13.08. |
| Bremen | 25.06.–05.08. | 24.06.–04.08. | 07.07.–17.08. |
| Hamburg | 16.07.–26.08. | 08.07.–18.08. | 30.06.–10.08. |
| Hessen | 13.07.–21.08. | 05.07.–14.08. | 27.06.–05.08. |
| Meckl.-Vorpommern | 20.07.–29.08. | 12.07.–21.08. | 04.07.–13.08. |
| Niedersachsen | 25.06.–05.08. | 24.06.–04.08. | 07.07.–17.08. |
| Nordrh.-Westfalen | 02.07.–14.08. | 15.07.–27.08. | 25.07.–06.09. |
| Rheinland-Pfalz | 13.07.–21.08. | 05.07.–13.08. | 27.06.–05.08. |
| Saarland | 13.07.–22.08. | 05.07.–14.08. | 24.06.–05.08. |
| Sachsen | 29.06.–07.08. | 28.06.–06.08. | 11.07.–19.08. |
| Sachsen-Anhalt | 25.06.–05.08. | 24.06.–04.08. | 11.07.–24.08. |
| Schleswig-Holstein | 20.07.–29.08. | 12.07.–21.08. | 04.07.–13.08. |
| Thüringen | 25.07.–05.08. | 24.06.–04.08. | 11.07.–19.08. |

Anhang

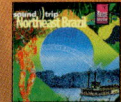

# Register

**A**

Albersdorf 165
Alt-Brunsbüttel 120
Amsinck-Haus 272
Angeln 96
Anreise 13
Ansgar 101
Aquarium
(Nordsee) 178
Archäologisch-Ökologisches Zentrum
Albersdorf 167
Architektur 89
Arlauschleuse 265
Arnis 301
Ausflüge 289
Ausflugsschiffe 34
Austernfischer 60
Auto 13, 31

**B**

Badestellen 50
Badestelle
Elpersbüttel 156
Badestelle
Lüttmoorsiel 266
Bahn 15, 32
Barschel-Affäre 110
Bauernhof 20
Beltringharder Koog
265
Bergenhusen 299
Bernsteinmuseum 216
Bier 28
Biikebrennen 29, 83
Bismarck, Otto von 105
Blanker Hans 179
Bökelnburgwall 132
Bongsiel 277
Boßeln 85
Brachvogel 62
Brahms, Johannes 160
Brahmshaus 160
Brandgänse 61
Brauerei 127
Bredstedt 267
Briten 108
Bronzezeit 96

Brunsbüttel 117
Brutkamp 166
Bungsberg 135
Burg
(Dithmarschen) 132
Bus 32
Büsum 34, 50, 173
Büsumer
Meereswelten 178

**C**

Campingplätze 22
Carstensen,
Peter Harry 111
Chauken 94
Christianisierung 97

**D**

Dagebüll 34, 275
Dänen 98, 102
Deiche 54
Deichgrafen 56
Deichmuseum 180
Desmerciereskoog 254
Dithmarschen
97, 113, 134
Dithmarscher
74, 97, 134
Dithmarscher Fehde 98
Dithmarscher
Landesmuseum 153
Draisine 129

**E**

Ebbe 46
Eiderenten 61
Eidersperrwerk 229
Eiderstedt 191
Eiderstedter
Heimatmuseum 217
Eierwerfen 85
Eisenbahnhochbrücke
Hochdonn 138
Eisenzeit 96
Eiszeit 43
Elbtunnel 14
Elisabeth-Sophien-
Koog 259
Elpersbüttel 157
Emil-Nolde-
Museum 284

Endreinigung 18
Engholm, Björn 110
Essen 24

**F**

Fähre 14, 34
Fahrrad 14, 35
Ferienhäuser 20
Ferienwohnungen 19
Feste 27, 29
Fische 24, 60
Fischersiedlung
„Holm" 297
Flüchtlinge 108
Flut 46
Fremdenverkehrs-
büro 12
Friedrichskoog 50, 140
Friedrichstadt 194
Friedrich-Wilhelm-
Lübke-Koog 283
Friesen 73, 96
Friesenfahne 84
Friesenhaus 89
Friesenwall 92
Friesenwappen 84
Friesisch 81
Friesisches Museum 279

**G**

Garding 206
Geschichte 94
Geschlechter 97, 187
Geschlechter-
friedhof 187
Gezeiten 46
Gezeitenkalender 46
Glückstadt 14
Gottorf 295
Grog 28
Großer Hans 26
Grote Mandränke
43, 237
Groth, Klaus 159
Grüner Strand 50, 173
Grünkohl 24

**H**

Haithabu 101, 297
Hallig Gröde 299
Hallig Hooge 299

Halligen 252, 299
Hamburg 15, 292
Hamburger Hallig 271
Hattstedt 254
Haubarg 92, 229
Hauke-Haien-Koog 274
Haus Peters 227
Hebbel, Friedrich 171
Hebbel-Museum 171
Heide 157
Heimatmuseum 121
Helgoland 298
Hemmingstedt 99, 162
Herzmuscheln 59
Heuler 62
Hochdorfer Garten 226
Hochwasser 47
Holm 297
Hotels 20
Husum 34, 237
Husumer Schloss 243

**I, J**
Informationsstellen 12
Informationszentrum
  Schutzstation
  Wattenmeer 147
Infozentrum
  Wiedingharde 282
Internet 12
Jugendherbergen 23
Julbogen 85

**K**
Kaiser-Wilhelm-
  Koog 131
Kanalschleusen 119
Kappeln 301
Karl der Große 99
Karneval 128
Katinger Watt 231
Kegelrobben 64
Keitum 290
Kinder 36
Kirchspielgemeinden 98
Klanxbüll 282
Klaus-Groth-
  Museum 159
Klima 67
Klöndöör 91
Kohlosseum 171

Kompassqualle 59
Koog 52
Krabben 182
Krokusse 246
Kronprinzenkoog
  130, 141
Kultur 83
Kurverwaltungen 12
Küste 48
Küstenschutz 54, 229

**L**
Labskaus 25
Land & Leute
  Erlebnispark 172
Landgewinnung 53
Landwirtschafts-
  museum 154
Linienbusse 32
Lunden 187
Lüttmoorsiel 266

**M**
Maasholm 301
Marcellusflut 43
Marne 125
Marschenbahn 138
Marschland 52
Maskenlaufen 85
Mehlbüdel 26, 27
Meldorf 151
Meldorfer Bucht 156
Menschen 72
Miesmuscheln 59
Mietvertrag 17
Missionierung 101
Modellbahnzauber 199
Mommsen,
  Theodor 207
Moorleichen 296
Möwen 61
Multimar
  Wattforum 38, 202
Muscheln 58
Museum für
  Archäologie und
  Ökologie 168
Museum
  Alte Münze 195
Museum am Meer 178
Museumsinsel 159

**N**
Nationalpark 65
Nationalpark Schleswig-
  Holsteinisches
  Wattenmeer 65
National-
  sozialismus 108
Natourcentrum
  Lunden 189
Naturkundemuseum
  279
Naturzentrum
  Bredstedt 268
Nesselqualle 59
Nationalpark 57
Neuendorf 137
Neufeld 130
Niebüll 278
Niederdeutsch 75
Niedrigwasser 46
Nipptide 46
Nissen, Sönke 270
Nolde, Emil 277, 284
Norderhafen 259
Nordfriesen 81
Nordfriesland 233
Nordfriisk Insituut 269
Nord-Ostsee-Kanal
  117, 122, 138
Nordsee 42
Nordseebernstein-
  museum 216
NordseeMuseum 242
Nordsee-Tourismus-
  Service 12
Nordstrand 254
Nordstrandischmoor
  266
NSDAP 108

**O**
Ohrenqualle 60
Ording 218
Ostenfelder
  Bauernhaus 244
Osterhever 227

**P**
Pensionen 22
Pfahlbauten 213
Pfeffermuschel 59

Pharisäer 28, 261
Pierwurm 58
Plattdeutsch 75
Plattmuschel 59
Pohns-Hallig 258
Poppenspäler-Tage 31
Poppenspäler-
   Museum 247
Preiskategorien 18
Preußen 105
Priele 57
Privatzimmer 22
Puppentheater 210

Q
Quallen 59

R
Radfahren 35
Reeperbahn 293
Reet 90
Regentage 38
Reizklima 67
Remonstranten 194
Richard-Haizmann-
   Museum 279
Rickelsbüller Koog 286
Ringreiten 88
Rio Reiser Museum 280
Römer 94
Rosenkranz 286
Roter Haubarg 228
Rübenmus 24
Rungholt 252

S
Säbelschnäbler 62
Sachsen 96, 99
Salzwiesen 56
Sandklaffmuschel 59
Sandregenpfeifer 62
Schiff 34
Schifffahrts-
   museum 246
Schlacht bei
   Bornhöved 98
Schlacht bei Hemming-
   stedt 99, 162
Schlei 295, 300
Schleswig 295

Schleswig-
   Holsteinisches
   Landesmuseum 296
Schleusenmuseum 119
Schloss Gottorf 295
Schlüttsiel 34, 273
Schnaps 26
Schnecken 58
Schneekatastrophe 70
Schollen 60
Schönhagen 301
Schutzstation
   Wattenmeer 147
Schweden 104
Seebüll 284
Seehunde 62
Seehundstation 144
Seeschwalbe 62
Siele 54
Sieseby 304
Simonis, Heide 111
Skatclub Museum 126
Sönke-Nissen-Koog 270
Sonne 67
Speicherkoog 156
Sprache 75
Springflut 46
St. Peter-Bad 217
St. Peter-Böhl 216
St. Peter-Dorf 216
St. Peter-Ording 49, 211
Stegner, Ralf 111
Steingräber 166
Steinzeitdorf 167
Sterdebüll 254
Stollberg 269
Störche 299
Storm, Theodor
   237, 242, 248
Strände 48
Strömung 50
Strucklahnungshörn
   34, 259
Sturmfluten 43, 44, 255
Sturmflutwelt
   Blanker Hans 179
Südschleswigscher
   Wählerverband 109
Swattsuer 24
Swyn, Peter 188
Sylt 290

T
Tating 226
Tetenbüll 227
Theodor-Storm-
   Haus 244
Tiden 46
Tønder 294
Tönning 201
Tote Tante 28
Touristeninformation 12
Traditionen 83
Trinken 26
Trischen 147
Trischendamm 147

U, V
Unterkunft 16
Vögel 60
Vogelinsel Trischen 148
Volksabstimmung 107
Vollerwiek 227

W
Waldmuseum 135
Warften 299
Watt 43, 231
Wattenmeer 57
Wattolümpiade 30
Wattwanderungen 64
Wattwurm 58
Wellen 50
Welt 227
Wesselburen 169
Westerhever 228
Westerland 290
Westküstenpark 219
Wikinger 100
Wikingermuseum
   Haithabu 297
Windmühle Edda 139
Windmühle
   Vergissmeinnicht 146
Windstärken 69

Z
Zug 15, 32
Zweiter Weltkrieg 108

Anhang

## *Der Autor*

Hans-Jürgen Fründt ist ein waschechter Holsteiner, den es schon seit frühester Jugend jeden Sommer an die Nord- oder Ostseeküste zieht – kaum ein Strand, den er nicht irgendwann einmal probegelegen hätte. Aber dann war die Neugierde auf die Fremde doch stärker, es zog ihn zunächst nach Hamburg und später nach Madrid, wo er Spanisch studierte. Durch mehrjährige Aufenthalte in Spanien und Mittelamerika kam er zum Journalismus.

Er schreibt seit 1983 Reiseführer, mittlerweile sind es über 40 Bände geworden. Daneben entstanden Reisereportagen, die u.a. in überregionalen Zeitungen und großen Reisemagazinen veröffentlicht wurden. Für diesen Band reiste er noch einmal mit Auto, Fahrrad und Bahn die gesamte Küste von Süd nach Nord ab, entdeckte Altbekanntes neu, aber auch viele unbekannte Seiten, und ist immer noch erstaunt, wie schön die schleswig-holsteinische Küste sein kann.

In diesem Verlag sind von ihm mehrere Bände über einzelne spanische „Costas" erschienen, außerdem die Schleswig-Holstein-Titel „Sylt", „Fehmarn", „Ostseeküste Schleswig-Holstein" sowie „Hamburg" und „CityTrip Hamburg".